千年镇蛟

长江水文化研究

黄权生 著

中国水利水电出版社
www.waterpub.com.cn
·北京·

内 容 提 要

我国幅员辽阔，水域众多，不同地区受地理、气候、物产、民族等因素的影响，水文化各具特色。本书放眼中华大地，以水文化为基点，阐述了全国各地尤其是长江流域水文化的历史、现状以及与治理洪水相关的知识。本书重点揭示了古代长江洪水被称为“蛟水”或“蛟害”、治理洪水即“镇蛟”的缘由，而牛、马、龙和蛟之间有相生相克的关系。另外，本书还探讨了水神崇拜的流播与国家的认同问题。

本书可作为相关专业师生的辅助读物，也适合水文化爱好者阅读。

图书在版编目（CIP）数据

千年镇蛟：长江水文化研究 / 黄权生著. -- 北京：中国水利水电出版社，2021.11
ISBN 978-7-5226-0097-0

Ⅰ. ①千… Ⅱ. ①黄… Ⅲ. ①长江—水—文化研究 Ⅳ. ① K928.4

中国版本图书馆 CIP 数据核字（2021）第 209442 号

书　　名	千年镇蛟：长江水文化研究 QIANNIAN ZHEN JIAO：CHANG JIANG SHUIWENHUA YANJIU
作　　者	黄权生　著
出版发行	中国水利水电出版社 （北京市海淀区玉渊潭南路 1 号 D 座　100038） 网址：www.waterpub.com.cn E-mail：sales@mwr.gov.cn 电话：（010）68545888（营销中心）
经　　售	北京科水图书销售有限公司 电话：（010）68545874、63202643 全国各地新华书店和相关出版物销售网点
排　　版	黄建锋
印　　刷	天津嘉恒印务有限公司
规　　格	184mm×260mm　16 开本　14.75 印张　297 千字
版　　次	2021 年 11 月第 1 版　2021 年 11 月第 1 次印刷
定　　价	78.00 元

前　言 PREFACE

本书是2012年湖北省社科基金一般项目“中国长江流域水文化研究”的部分研究成果。前两章从历史地理的视角考察地域水文化的地理差异和水对地域文化的影响，后四章紧密围绕长江水崇拜、兼顾其他地域水崇拜展开论述，主要对长江水神崇拜、治蛟防洪文化、镇水铁牛文化等进行系统探讨。

首先，本书是笔者十余年来开设“三峡文化”“水文化”“长江水文化”等课程教研的总结性成果。其次，本书受到了西南大学历史地理研究所所长蓝勇先生“读万卷书、行万里路”治学理念的影响，本人读硕期间，曾在蓝勇先生的带领下前往川北、滇东北、川西南、三峡等地考察。在三峡大学工作期间，笔者考察了洪泽湖、洞庭湖、鄱阳湖、滇池、抚仙湖、都江堰、石龙坝、太湖、大运河、嘉兴海塘、荆江大堤、蒲州铁牛遗址、洪泽湖铁牛遗址、颐和园铁牛、宜昌黄陵庙等诸多水利文化遗址及水域，努力践行“读万卷书、行万里路”的学术理念。再次，本书主体内容是在复旦大学完成的，撰写过程中得到了笔者的博士生导师张海英先生的指导和帮助，以及复旦大学授课教师葛剑雄、杨伟兵、冯贤亮、余蔚、温海清等老师课堂教授和课后的指导。从次，本书在撰写和考察过程中，还得到中国水利文协水文化研究会会长、中华水文化专家委员会副主任委员靳怀堾老师和中国写作学会现代写作学委员会会长、中华水文化专家委员会副主任委员尉天骄老师的关心和指导。最后，2013年，本人和罗美洁邀请中国古都学会会长朱士光老师一起考察三峡、荆江、当阳等地，朱老师对本书给出了诸多有益的建议与指导。此外，特别感谢历史地理学理论家侯甬坚先生的指导和帮助，本人非常荣幸能多次跟随侯老师一起考察，并得到侯老师的指导与帮助。借本书结集出版之际，对上述师长的关爱和付出表示衷心感谢。

是为序。

黄权生

2020年7月15日

目　录 CONTENTS

第一章　引论

一、地域水文化的定义

区域泛指一个地区或一定地域范围，不是土地的界划，也不是地区界限之意。空间是区域的核心，文化则是其重心。而地域是一个历史概念，涉及时间和传统。《说文解字》指出，“区，踦区，藏匿也”“或，邦也。从口从戈，以守一。一，地也”；域，“或又从土”。西晋文学家潘岳有诗云：“茫茫九有，区域以分。”区域偏重政区，地域偏重地理；政区偏人文，地域偏自然，故本书取“地域水文化”，而不取“区域水文化”。

《释名》曰：“地者，底也，其体底下载万物也，亦言谛也。五土所生，莫不信谛也。”[①] 底，为位置，指方位，引申为舆地或地理；谛，道理之义，也有引申之义。古之“地”当指舆地或地理，如古籍有《括地志》《舆地纪胜》。《神农书》曰：“湛浊为地。”《黄帝·素问》曰：“积阴为地，故地者浊阴也。”《神农书》和《黄帝·素问》释义“地”均与“水”相关。“湛浊”因水而生，或与水相关，皆为因土而生的泥、滓、污、浊之物。蔡邕《月令章句》曰：“总丘陵、原隰、阪险曰地。”“地”是水的沉淀物，在古代，长江平原和黄河平原的土地确实源自江河洪水带来的沉积之物，从这个角度来说，“地”源自“水”。《河图括地象》曰：“地广东西二万八千，南北二万六千，有君长之州，州有九，阻中土之文德，及而不治。”此“地”取“舆地”之义。《周官》曰：“大司徒，

① ［清］张英，［清］王士祯，［清］王掞，等．渊鉴类函·地部［M］．上海：上海古籍出版社，2008：494．

掌天下土地之图，知九州之地域广轮之数，辩五地之物。”[①]《周官》所说之“地”有土地、地域、地方之义，大司徒则是掌管土地多寡、地域政区、地方物产的重要官员。“五地”又称“五土”，古人眼里的“五土”为“山林、川泽、丘陵、坟衍、原隰”[②]。而水与土，二者合为“水土”，土与地并称，则为“土地”。“地”字以“土”为偏旁，地为传统哲学上的“土”。“土”为五行之“土”，而非“泥土”，否则“土”为地中之物，反而属“地”了。

明末清初的思想家顾炎武撰有《肇域志》，该书将各地有关沿革、建置、山川、名胜等资料皆归入其中，故沿革、建置、山川、名胜属于顾炎武所理解的“域”的范畴或范围。“肇域”与《括地志》之“括地”、《舆地纪胜》之“舆地”相类。《诗经·商颂·玄鸟》曰：“宅殷土芒芒。古帝命武汤，正域彼四方。”此处“土”和“域”相同或相类。《诗经·商颂·玄鸟》又曰：“邦畿千里，维民所止，肇域彼四海。四海来假。”[③]“邦畿”和“肇域”相同或相类。前者为疆界，后者为疆域。“肇域”虽然包含自然地理的范畴，但是偏重人文，有人文疆界之意。“地域”之“地”与“域”，如“土地”之“土”与“地”的关系，域从土，为地的一种，故“地域”可并称，即舆地、地理之“地”。本书所论和《周官》所谓“地域”意思大致相同。

中国古地理书《山海经》将全国山地分作东、南、西、北、中五个走向系统，以方位定区域（地域），这奠定了中国行政区划最主要的划分原则——“山川形便”。这种根据山脉、河流等自然地理特征划分行政区域的方法，能够使行政区划与经济区划、文化区划一致，有利于经济和社会发展。但地域文化或区域文化并非精确意义上的行政区划下的文化，也不是精确的地理概念，而是在地理空间基础上辅以时间的文化空间范畴。现实中地域文化十分模糊，既要参考地理单元和要素，也要考虑约定俗成，尤其是沉淀在人们观念中的地域文化。

《管子·心术上》指出：“道在天地之间也，其大无外，其小无内。故曰不远而难极也。”[④]该思想明显具有朴素的哲学空间观，即空间有其无限性，也有其有限性。地域是一个比较性的概念，因此必定要有某种可资比较的参照物或参照系。从大的区域看，中国的南北分界以淮河连接秦岭之一水一山为断，南北地

---

① ［唐］欧阳询. 艺文类聚·地部［M］. 汪绍楹，校. 上海：上海古籍出版社，1982：99-100.

② ［清］张英，［清］王士祯，［清］王掞，等. 渊鉴类函·地部［M］. 上海：上海古籍出版社，2008：496.

③ ［先秦］佚名. 诗经下·雅颂·商颂·玄鸟［M］. 刘毓庆，李蹊，注. 北京：中华书局，2011：888.

④ 黎翔凤，梁运华. 管子校注·心术上［M］. 北京：中华书局，2004：767.

域气候迥异，形成了自然和文化的差异。而东西为界，中国可分成三个阶梯，由于海拔高度不同，且受季风气候影响不同，加之水文化环境的影响，人们生产方式、生活习性迥异，故以水为物质生活基础之一的地域文化也差异较大。仅仅以南北或东西划分，中国水文化环境差异非常大，无论以河流流域还是纬度、经度，抑或政区、文化区皆难准确地划分出中国的地域文化。而因各地域水环境差异较大，且因季节不同，水环境变化也较大。中国水利工程建设方兴未艾，水环境的改造将对地域文化造成很大影响。

古人所谓“风”和“俗”是分开的，如《汉书·地理志》指出：“凡民函五常之性，而其刚柔缓急，音声不同，系水土之风气。故谓之风；好恶取舍，动静亡常，随君上之情欲，故谓之俗。”[①] 班固强调了自然水土对“风”的影响，“俗”则强调了人本身和外在人文环境对人的影响。

地域文化在各地域的民风民俗中都有显著表现。东汉应劭《风俗通义·序》释“风者”曰：“天气有寒暖，地形有险易，水泉有美恶，草木有刚柔也。”此处“风”就是气候、地形、水文（水泉）、植被（草木）等自然环境，即为水土。应劭《风俗通义·序》释“俗者”曰：“含血之类，像之而生，故言语歌讴异声，鼓舞动作殊形，或直或邪，或善或淫也。圣人作而均齐之，咸归于正；圣人废，则还其本俗。”应劭所谓“俗”是指因人形成的语言、歌舞、性格、品德等，属于人的精神层面。应劭《风俗通义·序》引用《尚书》曰：“天子巡守，至于岱宗，觐诸侯，见百年，命大师陈诗，以观民风俗。”《风俗通义·序》引用《孝经》曰：“移风易俗，莫善于乐。”可见古代统治者非常重视民间风俗。应劭《风俗通义·序》最后指出之所以写作《风俗通义》，是因为各地“百里不同风，千里不同俗，户异政，人殊服”。应劭为给统治国家提供参考，了解各地不同风俗，认为这是至关重要的，因为“为政之要，辨风正俗，最其上也”[②]。

所谓“地域文化”是指在一定地理空间范围内受到自然环境（气候、纬度、海拔、水土等）并受物质生产条件影响，以及历史文化传统（时间性）影响的特定人群或族群的行为模式和思维模式的总和。这里主要讨论地域文化中水的自然环境和人文环境对地域文化的影响，即讨论“一方水土养一方人”的问题。

李宗新先生定义的水文化有狭义和广义之分，广义上是指人们在水务活动中获得的物质、精神的生产能力和创造的物质、精神财富的总和；狭义上是指人们在水务活动中形成的精神生产能力和产品，是人们对水务活动及其与社会生活各

---

① ［东汉］班固. 汉书·地理志［M］. ［唐］颜师古，注. 北京：中华书局，1962：1640.

② ［东汉］应劭. 风俗通义校注［M］. 王利器，注. 北京：中华书局，1981：8.

方面关系的历史和现实进行理性思考形成的社会意识[①]。

“文化自觉”是费孝通先生于 1997 年在北京大学社会学人类学研究所开办的第二届社会文化人类学高级研讨班上首次提出来的，它是指“生活在一定文化中的人对其文化有‘自知之明’，明白它的来历、形成过程，所具有的特色和它发展的方向”[②]。中华民族自诩为龙的子孙，龙为司水之神灵，不了解水，就不了解自身的文化，不知道我们自身的来历，就不了解中国未来发展的方向。

水纳百川，有容乃大，谈广义水文化，须知地域水文化是地域文化的一部分，这里“地域水文化”可界定为：在一定地理空间范围内受到水（水量、水质、水环境）影响的特定人群或族群创造的与水相关的物态和精神产品，另外各地域上的人群或族群对水的行为模式以及对水的相关心态等水文化的总和。地域水文化中最显性的水文化是水信仰和水崇拜。

作为龙（水神）的子孙，我们必须关心我们的水文化，而关心水文化可以从了解自己所在地域的水文化开始。

二、地域水文化的划分

古有“九域”之说，如《渊鉴类函・地部・九域》曰：“张衡《灵宪》曰：‘元气剖判清浊异位，地定于内而体于阴，地有九域山川。圣人始纲纪而后经纬。’”[③]“九”指多，非实指，指地域多，需要政区给予规划，而此处所说的“圣人”当指定九州的大禹。九州体现了我国古代大地域的概念。

地域须有一个空间和界限，有空间或界限，就需要坐标与参照物。我们知道方位有东、西、南、北、中，这五个方位定下来的前提是“中”。朱熹《四书集注・中庸章句》指出：“中者，不偏不倚、无过不及之名。”在传统儒学思想中，具有中国古代传统哲学含义的“中”代表不偏、中正、好之意，在儒家思想，“中”更表示一种人生处世的态度，要不偏不倚、中正。子程子曰：“不偏之谓中，不易之谓庸。中者，天下之正道，庸者，天下之定理。”在宋代理学中，“中者”为“天下之正道”，“中”更多是一种哲学境界，而不单指方位。我国历代以“中土”（中

① 李宗新．浅议中国水文化的主要特性［J］．北京水利，2004（6）：56-57．

② 费孝通．关于“文化自觉”的一些自白［J］．学术研究，2003（7）：5-9．

③ ［清］张英，［清］王士祯，［清］王掞，等．渊鉴类函・地部一［M］．上海：上海古籍出版社，2008：497．

国、中州、中夏、中央）为地域行政的参照，“中土”以及“中原”“中国”“中央”等，显然具有哲学层面的含义，也具有地域方位的意思。恰恰“中原”属于“天下之中”的区位，在中国东、南、西、北、中的地域方位中，自然以“中原”为坐标，基于此再谈东、西、南、北。“中国”中心确位后，东、南、西、北四个方位少数民族的称呼也便定了下来。对此《中庸》第一章指出：“喜怒哀乐之未发，谓之中；发而皆中节，谓之和。中也者，天下之大本也；和也者，天下之达道也。致中和，天地位焉，万物育焉。”①

在中华民族传统文化心理上，“中原”确实是“天下之大本”，这是三代（夏、商、周）以来文化发展造就的。中央是三代帝王所居之地，得天之道，坐中位，从中道。故《中庸》第二十一章指出：“诚者，天之道也；诚之者，人之道也。诚者，不勉而中，不思而得，从容中道，圣人也。”② 中原便是圣人所居之地。

在中华文明肇始时期，黄河和洛水交汇的流域为天下之中。中原为三代活动的核心区域，即今天的黄河中下游地区。古楚国欲争霸，后有“问鼎中原”或“入主中原”之说，古之“中原”和“中国”意思相同。《艺文类聚》卷六引《河图括地象》曰：“地广东西二万八千，南北二万六千，有君长之州，州有九，阻中土之文德，及而不治。”③“中土”有文德，周边则为蛮荒之地，没有文化，国家治理得也很混乱。三代时期，“中国”就是指夏、商、周国都所在区域。西周曾以其国都（京师）镐京为“中国”，如《诗经·大雅·民劳》写道，“民亦劳止，汔可小康。惠此中国，以绥四方”“民亦劳止，汔可小休。惠此中国，以为民逑”“民亦劳止，汔可小息。惠此京师，以绥四国”④。此处歌咏的“中国”“京师”“镐京”为一个概念，其他周边诸国则为四方之国。即便周朝东迁，夏、商、周三代主体还是以黄河中下游为核心区域。

《艺文类聚》卷六引《尔雅》曰：“东至泰远，西至邠国，南至濮铅，北至祝栗，谓之四极；觚竹、北户、西王母、日下，谓之四荒；九夷、八狄、七戎、六蛮，谓之四海。”⑤ 有一个“中”的坐标，才能论东、南、西、北之四极、四荒、四海。那么“中”的位置何在呢？就中国文化而言，帝王都言“三皇五帝”，王朝动辄以夏、

① ［南宋］朱熹. 四书集注·中庸章句［M］. 长沙：岳麓书社，1987：25.

② ［南宋］朱熹. 四书集注·中庸章句［M］. 长沙：岳麓书社，1987：44.

③ ［唐］欧阳询. 艺文类聚·地部·地［M］. 汪绍楹，校. 上海：上海古籍出版社，1982：100.

④ ［先秦］佚名. 诗经下·雅颂·大雅·民劳［M］. 刘毓庆，李蹊，注. 北京：中华书局，2011：730-732.

⑤ ［唐］欧阳询. 艺文类聚·地部·地［M］. 汪绍楹，校. 上海：上海古籍出版社，1982：100.

商、周三代为喻。《淮南子·原道训》指出："夫道者，覆天载地，廓四方，柝八极，高不可际，深不可测。"四方观念已经形成，中央又在哪里呢？《原道训》又指出："泰古二皇，得道之柄，立于中央。神与化游，以抚四方。"[①]《淮南子》所论"中央"和《河图括地象》所论"中土"是一致的，都是三代"中央"王朝所在地域。中华民族的"中"，主要是三代王朝所居的地区，周则主要指河洛之东周，而西周则偏居渭水了。

事实上，西汉时期"中土"还是一个模糊的概念。我们先看夏人所指的范围。司马迁《史记·货殖列传》指出："颍川、南阳，夏人之居也。夏人政尚忠朴，犹有先王之遗风。……南阳西通武关、郧关，东南受汉、江、淮。宛亦一都会也。俗杂好事，业多贾。其任侠，交通颍川，故至今谓之'夏人'。"[②]夏人所在范围为黄河中下游，夏为三代奠基的朝代，黄河和古洛水相汇的流域为中原地区，或曰我国古代的文化心脏地带，位于汉江和长江以北，淮水西北，包括今天河南省及其周边部分地区。

商代所指的范围相比夏代有所拓展，且地域更偏东一些。《汉书·地理志》指出："河内本殷之旧都，周既灭殷，分其畿内为三国，《诗·风》邶、庸、卫国是也。"邶在今河南省汤阴地界，卫位于古济水，今属河北，庸地接汉水流域，可见商代"中原"地域明显扩大。西周在渭水流域，其地为"宗周"之地，东迁后来到黄河和古洛水之间的洛阳地区，其为成周之地，也为天下的中心之地，即东周时的"中原"或"中土"以春秋之东周、魏国、韩国、郑国、宋国等区域为中心。班固《汉书·地理志》描述周地时曰："今之河南雒阳、穀城、平阴、偃师、巩、缑氏，是其分也。"描述魏国时曰："在晋之南河曲。……至于文公，伯诸侯，尊周室，始有河内之土。"描述郑国时曰："今河南之新郑，本高辛氏火正祝融之虚也。及成皋、荥阳，颍川之崇高、阳城，皆郑分也。本周宣王弟友为周司徒，食采于宗周畿内，是为郑。……四方之国，非王母弟甥舅则夷狄，不可入也。其济、洛、河、颍之间乎！"[③]司马迁《史记》描述宋地时曰："夫自鸿沟以东，芒、砀以北，属巨野，此梁、宋也。陶、睢阳亦一都会也。昔尧作成阳，舜渔于雷泽，汤止于亳。其俗犹有先王遗风。"[④]周地跨渭水、黄河中下游、济水、淮河等地。可见，周代中原之地的范围进一步扩大，其中心地域的文化对周边文化的影响也不断加强。秦、汉、隋、唐等统一王朝，中原文明的影响均是在夏、商、周先王活动的

---

① ［西汉］刘安．淮南子·原道训［M］．顾迁，注．北京：中华书局，2009：2-3.

② ［西汉］司马迁．史记·货殖列传第六十九［M］．北京：中华书局，1959：3269.

③ ［东汉］班固．汉书·地理志［M］．［唐］颜师古，注．北京：中华书局，1962：1647-1652.

④ ［西汉］司马迁．史记·货殖列传第六十九［M］．北京：中华书局，1959：3266.

中心地域范围向四周扩散的。《孟子·滕文公章句上》曰:“吾闻用夏变夷者,未闻变于夷者也。陈良,楚产也,悦周公、仲尼之道,北学于中国。”[①]孟子认为,应当以诸夏之礼义化变蛮夷之人,这体现了中原文化的强势地位。

葛剑雄指出:“在相当长的历史阶段,以黄河中下游为中心、以后又扩大到长江流域的中国中原王朝是经济文化最发达的地方,是文明的中心,不仅是周边地区,而且是朝鲜半岛、日本列岛、东南亚和印度支那半岛等地人民仰慕和学习的目标。”[②]明代王士性指出:“周、宋、齐、鲁、晋、卫自古为中原之地,是圣贤明德之乡也,故皆有古昔之遗风焉。入境问俗,恍然接踵遇之,盖先王之泽远矣。”[③]周含西周和东周,西周在关中之地,故明代中原的范围是非常宽泛的。不过,古人所谓的中原还是有一个相对的中心,即以渭水、洛水和黄河大拐弯为主的位于华北平原的流域。王士性在《广志绎·地脉》中指出:“自昔以雍、冀、河、洛为中国,楚、吴、越为夷。”[④]在战国七雄中,除了楚国外,秦、韩、赵、魏、燕、齐都在雍州、冀州和黄河及洛水流域,除了楚国,其他六雄便是沿着黄河中下游河流并作为主轴的“大中原”。以战国七雄为例,北方六雄位于中原,南方楚国(含西南巴蜀、东南吴越)即为“蛮夷之地”。

由张正明主编的《中国地域文化·楚文化卷》指出,中国形成了春秋战国时代华夏文化二元耦合(北中原与南楚)的格局——南江北河、南炎北黄、南凤北龙、南道北儒、南《骚》北《诗》。春秋战国时期,在长城以南、淮河秦岭以北,无形中有一个黄河中下游农耕区,即“古中国”的中央地带,我们习惯称之为中原地区,而将古秦陇、燕赵、齐鲁部分属于该地区的,一般整体纳入大中原地域,作为一个整体探讨,概称中原文化区。以北方人文景观长城为断,可划分一个北方游牧区域文化,主要包括东北地域风俗区、北方大漠风俗区、西北回疆风俗区。北方游牧文化经过历史性发展,已经不是传统意义上的游牧文化区了,因为历史上闯关东、走西口的人口流动,让北方游牧文化区和农耕文化、商贸文化融合在一起。以秦岭和淮河为断,淮河以南的地区概称为淮汉以南的南方渔猎和农耕文化区,其区域以巴蜀文化、楚文化、吴越和岭南文化为主体。兼及西南滇黔地区文化和沿海台湾、海南及其他诸岛文化,我们概称南方地区文化区,受楚文化影

---

① [南宋]朱熹. 四书集注·孟子集注·滕文公章句上[M]. 长沙:岳麓书社,1987:373.

② 葛剑雄. 全面正确地认识地理环境对历史和文化的影响[J]. 复旦学报(社会科学版),1992(6):51-55,104.

③ [明]王士性. 广志绎·江北四省[M]. 周振鹤,校. 北京:中华书局,2006:223.

④ [明]王士性. 广志绎·王太初先生杂志·地脉[M]. 周振鹤,校. 北京:中华书局,2006:330.

响最大。张正明先生指出，南方风光佳丽，北方山川壮伟；长江清奇，黄河雄浑；炎帝狂怪，黄帝尊严；凤秀美，龙威武；道家重哲理，儒家重伦理；《骚》谲而艳，《诗》正而葩。楚地居长江中游，尊炎，崇凤，尚道，喜《骚》，因而，楚文化是先秦南方文化的表率[①]。

三、一方水土养一方人

俗话说，“一方水土养一方人”。那么，“水土”的本质是什么呢？在中华民族的传统思想里，水为雨、露、冰、雪、霜、汽等一切液态、固态、气态的物质，“水土”并称。水要“养”人，无“土”不养，无论是自然领域还是人文方面，“水”都必须有“土”才能发挥作用。“土”又与“地”互通、并称，土或地以固态为主，故分类非常多，且易描述。晋代《博物志・地》记载：“地以名山为之辅佐，石为之骨，川为之脉，草木为之毛，土为之肉。三尺以上为粪，三尺以下为地。”[②]此以地上之物和形状分类，即山、石、川、草木、土、粪、地，分为七类。唐代《艺文类聚・地部》分为“地、野、关、冈、岩、峡、石、尘”[③]，此以所含之物分为八类。清代《渊鉴类函・地部一・地一》分为“地、郊、野、原隰、丘、陵、阜、培塿、附堆、阪、陇、泥、沙、尘、田、邨、墩、坡”，以所包之物分为十八类。若以地貌分，又为五大类，即“五土”，《渊鉴类函・地部一・地一》释之曰：“山林、川泽、丘陵、坟衍、原隰为五土。”[④]“五土”即“五地”，土与地不分，“五”“七”或“九”皆为古代的概数，“五土”指出了古代人民生活的土壤、地貌环境上的差异。

我国古代社会以农耕为主，自然重视土壤结构对农作物的影响。《营田辑要校释・粪田》指出：“大凡用粪肥田，必辨水土之性。”[⑤]指的是农耕因水土不同，尤其土壤和地方气候的不同，施肥的方法、施肥的种类也有差异。早在春秋之时，

① 蒋宝德，李鑫生．中国地域文化［M］．济南：山东美术出版社，1997：443．

② ［西晋］张华．博物志・地［M］．王根林，校．上海：上海古籍出版社，2012：9．

③ ［唐］欧阳询．艺文类聚・地部・地［M］．汪绍楹，校．上海：上海古籍出版社，1982：99．

④ ［清］张英，［清］王士祯，［清］王掞，等．渊鉴类函・地部一［M］．上海：上海古籍出版社，2008：494-496．

⑤ ［清］黄辅辰．营田辑要校释・粪田［M］．马宗申，校．北京：农业出版社，1984：239．

我国劳动人民就注意到土壤对农业生产的影响，故《尚书·禹贡》分土地之“田”或“土”为上上、上中、上下、中上、中中、中下、下上、下中、下下九等，以区别不同农耕条件下物产的差异。土（地）不同，地（土）上动植物就不同，《酉阳杂俎·木篇》记载：“雨露所均，混天区而齐被。草木有性，凭地气而潜通。”[①]草木在雨露和地气的作用下生长，地气不同，植物习性不同。事实上，不同的地气、不同的土壤适宜的植物，差异确实非常大，《渊鉴类函·地部一·地一》引扬雄《太玄经》释“九地”曰：“一为沙泥，二泽浼，三沚崖，四下田，五中田，六上田，七下山，八中山，九上山。”《渊鉴类函·地部一·地一》引范子《计然》曰：“夫地有五土之宜，各有高下。”又引郑玄注《孝经》曰：“分别五土，视其高下。若高田宜黍稷，下田宜稻麦，丘陵阪险宜种枣栗。”[②]也就是说不同的土地，农业作物不同。王士性《广志绎·南都》指出，田土差异，作物不同，“江南泥土，江北沙土，南土湿，北土燥，南宜稻，北宜黍、粟、麦、菽，天造地设，开辟已然，不可强也”[③]。生活在不同土地上的人，吃了不同土地上生长的食物，各地人的肤色、形体（体格）、性格不同。五地之土，水土有差异，人也有差异。《周礼·大司徒》对“五地”解释如下。

> 以土会之法，辨五地之物生。一曰山林，其动物宜毛物，其植物宜皂物，其民毛而方。二曰川泽，其动物宜鳞物，其植物宜膏物，其民黑而津。三曰丘陵，其动物宜羽物，其植物宜核物，其民专而长。四曰坟衍，其动物宜介物，其植物荚物，其民晳而瘠。五曰原隰，其动物宜裸物，其植物宜丛物，其民丰肉而庳。因此五物者民之常，而施十有二教焉。[④]

五地之民，人形、体格、性格各异，管理和教化方法自然也不同。《酉阳杂俎·境异》认为，五方之人的面部完全不同，“东方之人鼻大，窍通于目，筋力属焉。南方之人口大，窍通于耳。西方之人面大，窍通于鼻。北方之人窍通于阴，短颈。中央之人窍通于口”[⑤]。唐朝描绘的五方人的面部特征至今还是如此，这与五方水土密切相关。各个地方水土不同，物产自然不同，人们吃的东西也就不同。

---

① ［唐］段成式．酉阳杂俎·木篇［M］．曹中孚，校．上海：上海古籍出版社，2012：107．

② ［清］张英，［清］王士祯，［清］王掞，等．渊鉴类函·地部一［M］．上海：上海古籍出版社，2008：498．

③ ［明］王士性．广志绎·两都［M］．周振鹤，校．北京：中华书局，2006：207．

④ 杨天宇．周礼译注［M］．上海：上海古籍出版社，2004：146-148．

⑤ ［唐］段成式．酉阳杂俎·境异［M］．曹中孚，校．上海：上海古籍出版社，2012：26．

《酉阳杂俎·酒食》指出：“水居者腥，肉玃者臊，草食者膻。”[①]吃的东西不同，人的体质特征、个性也是不同的。故《酉阳杂俎·境异》认为：“息土人美，耗土人丑。”[②]“息土”指肥沃的土地，“耗土”指瘠薄的土地。肥沃土地上生活的人美貌，贫瘠地方生活的人丑陋，从营养学的角度看，可谓恰如其分。水土还会影响民风，如《酉阳杂俎·黥》记载：“越人习水，必镂身以避蛇龙之患。今南中绣面獠子，盖雕题之遗俗也。”[③]古代越地百姓文身，南中（滇地）百姓戴面罩，都是受地方水土的影响，而文身、戴面罩是为了驱赶猛兽。

土地影响人的社会生活，不同的土地生长不同的动植物、生养不同的人，“土”或“地”乃万物之本原。土地，是世间万物的本原，是地球上一切生命的植根之处和来源，世间人之美或丑、贤或不肖、愚蠢无知或才华出众，都源于它。《管子·水地》接着指出，土地能成为万物之本原，在于其有水的作用，土离水万物不生，故《管子·水地》曰：“水者，地之血气，如筋脉之通流者也。故曰：水，具材也。”[④]在中国古人眼里，水是地的血气，如果以人喻地，则水为血液，水在土地里流通着，为人供给养分，正如血液流动于人体筋脉一样。因此，《中庸》第二十六章有如下描述。

> 天地之道：博也，厚也，高也，明也，悠也，久也。今夫天，斯昭昭之多，及其无穷也，日月星辰系焉，万物覆焉。今夫地，一撮土之多，及其广厚，载华岳而不重，振河海而不泄，万物载焉。今夫山，一卷石之多，及其广大，草木生之，禽兽居之，宝藏兴焉。今夫水，一勺之多，及其不测，鼋鼍、蛟龙、鱼鳖生焉，货财殖焉。[⑤]

对于治国者而言，天地之道不可违。地为“载万物”之物，山为地的一种，是载草木、禽兽、宝藏之物；水则是一切财富、贸易、种植等生产、生活的根本。水与天、地、山，四物有生生不息之能，尤其是水，能载物，更能化为汽、雾、雨、雪、冰、霜，周而复始，是产生“货财殖”之物。水与土不可分割，土为万物之本原，水也是万物之本原。这与《管子·水地》对“水”和“土”的定性相同，它们均是万物之本原。

---

① ［唐］段成式．酉阳杂俎·酒食［M］．曹中孚，校．上海：上海古籍出版社，2012：40.

② ［唐］段成式．酉阳杂俎·境异［M］．曹中孚，校．上海：上海古籍出版社，2012：26.

③ ［唐］段成式．酉阳杂俎·黥［M］．曹中孚，校．上海：上海古籍出版社，2012：42.

④ 黎翔凤，梁运华．管子校注·水地第三十九［M］．北京：中华书局，2004：813.

⑤ ［南宋］朱熹．四书集注·中庸章句［M］．长沙：岳麓书社，1987：49.

四、水得“天地”：万物之本原

古人根据地貌环境、流量、干支的差异将水分为五种：经水、枝水、谷水、川水、渊水。《管子·度地》曰：“水有大小，又有远近，水之出于山而流入于海者，命曰经水。水别于他水，入于大水及海者，命曰枝水。山之沟，一有水，一毋水者，命曰谷水。水之出于他水，沟流于大水及海者，命曰川水。出地而不流者，命曰渊水。此五水者，因其利而往之可也，因而扼之可也。”①《管子》所说的“五水”称呼不同、水量不同、长度不同，但都是“水”，有其共同特征。《管子·水地》曰：“是故具者何也？水是也。万物莫不以生，唯知其托者能为之正。具者，水是也，故曰：水者何也？万物之本原也，诸生之宗室也，美恶、贤不肖、愚俊之所产也。”②

土为万物之本原，水也为万物之本原；水为万物之母，土也为万物之母。中国古代人民认为，阴阳调和，水土同居于地，流行于天，彼此不可分，而天为阳。故《春秋左传》记载：“坤，土也。巽，风也。乾，天也。风为天于土上，山也。有山之材而照之以天光，于是乎居土上……风行而着于土，故曰其在异国乎。……山岳则配天，物莫能两大。”③坤是周易八卦之一，故“土”往往代表国家。

《大学》指出：“道得众则得国，失众则失国。是故君子先慎乎德。有德此有人，有人此有土，有土此有财，有财此有用。德者本也，财者末也，外本内末，争民施夺。故财聚则民散，财散则民聚。”④“有土”指得到国家，“有人”指得到民众支持，为得到民众支持，必须让民众得到好处，将国家财产和利益与民众分享。晋文公重耳曾流落诸侯各国，路过卫国，一行人“出于五鹿，乞食于野人，野人与之（土）块，公子怒，欲鞭之。子犯曰：‘天赐也。’稽首，受而载之”⑤。得土，有国之祥，故以为天赐。在后来的传统文化中，“土”常常为国家或天子的象征。《孟子·万章上》记载：“普天之下，莫非王土；率土之滨，莫非王臣。”⑥此处“王土”

① 李山．管子·度地［M］．北京：中华书局，2009：315．

② 黎翔凤，梁运华．管子校注·水地第三十九［M］．北京：中华书局，2004：831．

③ ［春秋］左丘明．春秋左传集解·第三·庄公二十二年［M］．上海：上海人民出版社，1977：180．

④ ［南宋］朱熹．四书集注·大学章句［M］．长沙：岳麓书社，1987：16-17．

⑤ ［春秋］左丘明．春秋左传集解·第六·僖公二十三年［M］．上海：上海人民出版社，1977：333．

⑥ ［南宋］朱熹．四书集注·孟子集注·万章章句上［M］．长沙：岳麓书社，1987：438．

指国家，最早见于《诗经·小雅·北山》。而在儒家思想中，治理国家必须承“天时”，得“水土”，了解和适应国家或地方的水土成为个人适应国家或地方的前提条件。各地，人们“故土难离”时，也常捧一抔家乡之土，以遣思乡之情。

《黄帝·素问》曰：“积阳为天，故天者清阳也。”《春秋繁露》曰：“天有十端，天、地、阴、阳、水、土、金、木、火、人。”① 天地相对，其中“地”指“水土”，阴阳为对，天为阳，地（含水）为阴。天地、水土，皆为万物之祖，犹人之有父母，天为父为阳，地（水土）为母为阴。阴阳调和则生万物。万物欲生，水作用于土则生物，物之循环，尤其水变汽，循环于天，万物周始，不生不息。《文子》云：“水之道，上天为雨露，下地为江河。”② 故天地不可分，水为连通、交接天地的媒介，水环流天际，流淌江河，天地得以交合。《渊鉴类函·天部一》转引《释名》曰，天“坦也，坦然高而远也”，又曰：“天，显也，在上，高显也。”而《渊鉴类函·天部一》转引《物理论》曰：“水土之气升而为天。”《渊鉴类函·天部一》转引《礼统》曰：“天地者，元气之所生，万物之祖也。”③ 地（土）和水同为万物之祖，故“水土”为地域文化研究之本。研究水文化必须从地域的水土入手。水土相和，万物以生，人得水土，其性格、体魄、习惯受“水土”的作用或影响。地（土）“载万物、成万物、生万物、含万物”④，而水润万物、容万物、产万物、化万物。《渊鉴类函·地部八·水总载三》曰，水“包天、带地、流尘、润下、习坎、盈科、至清、滋浊、万顷、尺波、投石、浮天”。《渊鉴类函·地部八·水总载三》引《春秋元命苞》曰：“水者，天地之包幕，五行之始焉，万物之所由生。”⑤ 水为万物之本原，万物之祖，五行之始，天地之交，江河之流，天地之阴，其与天地同体，与人化生。万物之枢、万物之源皆解于水。

水是人类生存最基本的条件。人类向来善于利用水，人因水得到滋润，农田因水得到灌溉，船因水得以航行，水磨因水得以转动，大坝因水得以发电。民以食为天，食以水为先，水是美的，她是伟大的母亲，是世间最美的天使。电视系列片《话说长江》的主题曲《长江之歌》描绘“母亲河”长江时唱道：“你用甘

① ［唐］欧阳询. 艺文类聚·天部［M］. 汪绍楹，校. 上海：上海古籍出版社，1982：1-2.

② ［清］张英，［清］王士祯，［清］王掞，等. 渊鉴类函·地部八［M］. 上海：上海古籍出版社，2008：695.

③ ［清］张英，［清］王士祯，［清］王掞，等. 渊鉴类函·天部一［M］. 上海：上海古籍出版社，2008：64.

④ ［清］张英，［清］王士祯，［清］王掞，等. 渊鉴类函·地部一［M］. 上海：上海古籍出版社，2008：500.

⑤ ［清］张英，［清］王士祯，［清］王掞，等. 渊鉴类函·地部一［M］. 上海：上海古籍出版社，2008：701.

甜的乳汁，哺育各族儿女；你用健美的臂膀，挽起高山大海。我们赞美长江，你是无穷的源泉；我们依恋长江，你有母亲的情怀！”这是对长江水养育中华万物最深情的歌唱与最生动的概括。

华夏古谚曰：“人往高处走，水往低处流。”孙子曰：“水之形，避高而趋下。”[①]老子曰：“江海所以能为百谷王者，以其善下之，故能为百谷王。……以其不争，故天下莫能与之争。”[②]孟子曰：“今夫水，搏而跃之，可使过颡，激而行之，可使在山。是岂水之性哉？其势则然也。”[③]何为水之性？对此《淮南子·原道训》有精彩的描述。

> 泰古二皇，得道之柄，立于中央。神与化游，以抚四方。是故能天运地滞，转轮而无废，水流而不止，与万物终始。风兴云蒸，事无不应；雷声雨降，并应无穷。鬼出电入，龙兴鸾集；钧旋毂转，周而复匝。[④]

《淮南子·原道训》以水为喻，指出治国的道理，而水是文明之源，水生万物，因水生人。水在滋润地球万物和生灵的同时，孕育了人，以及人类的智慧与文明。人傍水而居，才诞生了文明，发展了文化。水何以能创造万物、孕育生命、诞生文明、发展文化呢？换言之，水的本质是什么？

答案是：在地顺势而流，在天成雨、雪、气、汽等，循环而轮回。

水流不止，周而循环轮回，如人类文明。长江、黄河之畔诞生华夏文明，恒河、印度河流域诞生古印度文明，尼罗河边诞生古埃及文明，两河流域诞生古巴比伦文明。四大文明古国实为世界四大文化区域，形成四大文化的根基都是水。《老子·八章》曰：“上善若水，水善利万物而不争，处众人之所恶，故几于道。”[⑤]所谓“上善若水”，是相对于地域文化而言的，水是了解和剖析地域文化的钥匙，地域文化因得到水的滋润而发展。对此，《淮南子·原道训》阐述如下。

> 天下之物，莫柔弱于水。然而大不可极，深不可测；修极于无穷，远沦于无涯……行而不可得穷极也，微而不可得把握也；击之无创，刺之不伤，斩之不断，焚之不然。淖溺流遁，错缪相纷，而不可靡散。利贯金石，强济天下。动溶无形之域，而翱翔忽区之上；遭回川谷之间，而滔腾大荒之野。……是故无所私而无所公，靡滥振荡，与天地鸿洞；

① ［春秋］孙武. 孙子兵法·虚实篇［M］. 刘国建，戴庞海，注. 郑州：中州古籍出版社，2008：40.

② ［春秋］李耳. 老子·道经［M］. 李存山，注. 郑州：中州古籍出版社，2008：132–133.

③ ［南宋］朱熹. 四书集注·孟子集注·告子章句上［M］. 长沙：岳麓书社，1987：466.

④ ［西汉］刘安. 淮南子·原道训［M］. 顾迁，注. 北京：中华书局，2009：3.

⑤ ［三国］王弼. 老子道德经注·八章［M］. 楼宇烈，校. 北京：中华书局，2011：22.

> 无所左而无所右，蟠委错紾，与万物始终。是谓至德。
>
> 夫水所以能成其至德于天下者，以其淖溺润滑也。故老聃之言曰："天下至柔，驰骋天下之至坚，出于无有，入于无间。吾是以知无为之有益。"①

在古人眼里，水刚柔并济。"以柔克刚"不仅体现了水之柔性，更表现了水之刚性，"滴水成冰""滴水穿石""利贯金石，强济天下"等，无不囊括了水的柔弱品质和刚韧精神。水之刚、之坚，体现在水得势、得高、得压后无坚不摧的能量。华夏武术太极拳，可以说是这种"以柔克刚"精神的最佳解读。因此，解读地方文化，离开了水则一切无从谈起。

水"无所私而无所公"，与万物始终；水"至德于天下"，称赞人品德高尚，莫过于拟之似水美。《孟子·离娄下》记载："仲尼亟称于水，曰：'水哉，水哉！'何取于水也？"孟子答曰："原泉混混，不舍昼夜，盈科而后进，放乎四海。有本者如是，是之取尔。"称人为水，是对对方品格、学识的最高赞誉，而能以"水"为称号者，唯圣人孔子。智者也可称"水"，例如"禹之行水"（大禹治水的方法），大禹治水因地制宜，顺应形势，因势利导，堵疏结合，以疏为主。《孟子·离娄下》指出："智者若禹之行水也，则无恶于智矣。禹之行水也，行其所无事也。如智者亦行其所无事，则智亦大矣。天之高也，星辰之远也，苟求其故，千岁之日至，可坐而致也。"②《孟子·告子下》指出："禹之治水，水之道也，是故禹以四海为壑。"③孟子指出，大禹治水是顺应水的自然之势，有所为，更有所不为，尊重水的秉性，让人之秉性适应水之秉性。

明代王士性指出，关中人的秉性受到关中水的影响，关中"四五丈不及黄泉，井以数十丈方得水脉，故其人禀者博大劲直，而无委曲之态。盖关中土厚水深，川中则土厚而水不深，乃水出高原之义。人性之禀多与水推移也"④。"人性之禀多与水推移"，成为我们关注地域文化的指导思想。王士性还指出："盖龙神之行，以水为断。……惟问水则知山。"⑤研究水文化，研究地域文化，看民风民俗，必然问水，用水性"推移"民风民俗。水土为地理环境最重要的要素之一。葛剑雄认为："从本质上和总体上说，地理环境对人类和人类社会起着决定性的

① 张双棣．淮南子校释·原道训［M］．北京：北京大学出版社，1997：73.

② ［南宋］朱熹．四书集注·孟子集注·离娄章句下［M］．长沙：岳麓书社，1987：421–426.

③ ［南宋］朱熹．四书集注·孟子集注·告子章句下［M］．长沙：岳麓书社，1987：495.

④ ［明］王士性．广志绎·江北四省［M］．周振鹤，校．北京：中华书局，2006：231.

⑤ ［明］王士性．广志绎·王太初先生杂志·地脉［M］．周振鹤，校．北京：中华书局，2006：330.

作用，但同时为人类的发展保留着相当广泛的自由，因为人类对地理环境的利用远远没有达到极限，丰富多彩的历史和文化就是人们对地理环境不同的利用程度和方式的产物。”[①] 蓝勇也认为：“从长时段来看，地理环境对人类社会肯定起到决定性的作用，只是在一定的时间和地域里，人类可以加速和延缓历史发展的进程，在一些具体问题上起决定性作用。”[②] 靳怀墉《中华文化与水》引用杨慎《赶州乡试录·序》说：“人有恒言曰：水土，人也者，非水土不生，而非水土所能囿也……自畿土中至于海隅，日出一地。习者则系乎君之令，师之教，而非水土之含也。”《中华文化与水》一书指出杨慎之“水土”，“强调了人的性情是水土与政令教化等诸多因素综合而成的，并非由水土单独铸定”。这种评价是十分恰当的。《中华文化与水》一书接着指出：“事实上，时代愈趋近代，随着人们的交往和流动日益扩大，地理环境的影响呈现弱化的趋势。”[③] 水土对人的性格和民风民俗的影响确实随着时代发展有弱化的趋势，但历史地理学者指出：“不能简单地说生产力越高，地理环境对人类社会的作用越小，只能说社会生产力越高，人类在更广泛的领域内和更深刻的程度上接受地理环境的制约。”[④] 随着地理环境的日趋恶化，水土对人类的生产和生活的影响越来越大，而且是在更深层次上彼此影响，即使我们离开地球，登上月球或其他星体，其水土，尤其是水——人类生存的前提条件之一，人类无法因为科技的发达而摆脱水土的束缚，水土只会从更广泛的空间上、从更深刻的程度上加大对人类的影响。从这个层面看，水土对人类的影响是在加强，而非弱化。如今，水土问题不仅影响每一个人的生活，而且影响每一个国家的政策，以至影响人类的未来。

总之，研究地域文化，当以“水”为钥匙，结合地域所在之土（地），这可谓窥见地域文化的最佳路径，从而找出区域水文化的成因及其特点，希冀对今天水利建设和水文化建设有所启迪。

---

① 葛剑雄. 全面正确地认识地理环境对历史和文化的影响［J］. 复旦学报（社会科学版），1992（6）：51-55，104.

② 蓝勇. 中国历史地理学·导言［M］. 北京：高等教育出版社，2002：25.

③ 靳怀墉. 中华文化与水［M］. 武汉：长江出版社，2005：368.

④ 蓝勇. 中国历史地理学·导言［M］. 北京：高等教育出版社，2002：25.

第二章　地域水文化的地理差异

地域水文化的形成，离不开所在地域生产生活方式和历史积淀的影响，从历史地理和区域（地域）的角度看，差异来自以下诸多方面：中国南北纬度、东西海拔、各地气候等。下面从纬度、海拔和气候三个方面看地域水文化的差异。

一、水之纬度：北马南舟

1. 北纪南纪

以纬度而论，水多则气候湿润，水少则干燥。《中国自然地理纲要》指出：“我国干燥指数的分布，在秦岭—淮河一线以南均≤ 1.0，属于湿润气候。该线向北逐渐增大。东北与华北大部在 1.0 ～ 1.5 之间，属于半湿润气候。内蒙古 1.5 ～ 4.0，属于半干旱至干旱气候。贺兰山以西都超过 4.0，属于荒漠气候。”[①] 气候干湿是由降水量的多寡决定的，干燥指数为 1.0 时，降水在 800 毫米左右，而淮河以南一般都超过 800 毫米。

我国降水量空间分布的基本趋势是：从东南沿海向西北内陆递减，越向内陆递减越迅速。400 毫米等雨量线，从大兴安岭西坡向西南延伸至雅鲁藏布江河谷。以该线为界，可将我国分为两部分，线以东明显受季风影响，属于湿润部分，线以西少受或不受季风影响，属于干旱部分。在湿润部分，降水量随纬度的增高而递减。800 毫米等雨量线大致与秦岭—淮河一线相符合，该线以南，水循环活跃，

① 任美锷．中国自然地理纲要［M］．北京：商务印书馆，1992：58.

长江两岸降水量为 1000 ～ 1300 毫米，江南低山丘陵和南岭山地为 1400 ～ 1800 毫米。秦岭—淮河一线以北的黄河下游、华北平原为 500 ～ 750 毫米，大兴安岭西部和内蒙古高原年降水量一般为 200 ～ 400 毫米[①]。以水为断，淮河以南高于 800 毫米降水量的地域为水资源相对丰沛地区，即我们广义上的江南，古为农耕、渔猎混合经济区；淮河以北、内蒙高原以南（习称长城以南）降水量为 400 ～ 800 毫米，该地区为农耕区；长城以北少于 400 毫米的为游牧区。

张衡《灵宪》曰："地有九域山川。圣人始纲纪而后经纬。"[②]纬为南北之纬。古代南北之分甚多，《渊鉴类函·地部一》载："八极之广，东西二亿三万三千里，南北二亿三万一千五百里。"[③]此处东西、南北之数并非实指，仅为形容地域之广阔。李淳风《法象志》曰："北戒：自积石，负终南，地络之阴，东及太华，逾河，并雷首、底柱、王屋、太行，北抵常山之右，乃东循塞垣，至涉貊、朝鲜，是谓北纪。南戒：自岷山、嶓冢，负地络之阳，东及太华，连商山、熊耳、外方、桐柏，自上洛，南逾江汉，携武当、荆山，至于衡阳，乃东循岭缴，达东瓯、闽中，是谓南纪。"[④]古代北纪和南纪也以淮水为断。北纪和南纪之地，因水土不同，风俗也不同。

《淮南子·原道训》指出："九疑之南，陆事寡而水事众。于是民人被发文身，以像鳞虫；短绻不绔，以便涉游；短袂攘卷，以便刺舟；因之也。雁门之北，狄不谷食，贱长贵壮，俗尚气力；人不驰弓，马不解勒；便之也。故禹之裸国，解衣而入，衣带而出；因之也。"[⑤]无论是淮水之南的人善于游泳操舟、其俗"被发文身"，还是雁门之北的游牧民族善马射箭，其俗"贱长贵壮""尚气力"，都是水土决定的。

2. 淮南为橘，淮北为枳

一方水土养一方之人，而水土所养之人，是受水土所养物质尤其是动植物所需的生长条件限制的。自然环境中，植物是动物包括人类存在的物质基础，中国南北植物差距很大，受南北纬度影响，差异明显。《晏子春秋·内篇杂下第十》曰："橘生淮南则为橘，生于淮北则为枳，叶徒相似，其实味不同。所以然者何？

---

① 任美锷. 中国自然地理纲要［M］. 北京：商务印书馆，1992：51-53.

② ［清］张英，［清］王士祯，［清］王掞. 渊鉴类函·地部一［M］. 上海：上海古籍出版社，2008：497.

③ ［清］张英，［清］王士祯，［清］王掞. 渊鉴类函·地部一［M］. 上海：上海古籍出版社，2008：496.

④ ［清］张英，［清］王士祯，［清］王掞. 渊鉴类函·地部一［M］. 上海：上海古籍出版社，2008：496.

⑤ ［西汉］刘安. 淮南子·原道训［M］. 顾迁，注. 北京：中华书局，2009：16.

水土异也。”[①]《淮南子·原道训》亦指出：“今夫徙树者，失其阴阳之性，则莫不枯槁。故橘树之江北，则化而为枳；鸲鹆不过济；貈渡汶而死；形性不可易，势居不可移也。”[②]屈原《楚辞·橘颂》歌咏道：“后皇嘉树，橘徕服兮。受命不迁，生南国兮。”王逸注曰：“言橘受天命，生于江南，不可移徙，种于北地则化而为枳也。”[③]屈原的《橘颂》以橘树喻人，说橘树（喻如有橘树品格的人，即屈原本人）只愿意生于南国（江南），不愿意离开故土。屈原借用了橘树的自然属性喻人之社会属性，由此可见古人已经十分了解地域环境对生物和人的影响。

“淮南为橘，淮北为枳”说明环境变了，事物的性质也会改变，体现的是纬度不同，作物生长不同，暗喻人生活在不同气候和环境条件下品性也不同。《列子·汤问》对此解释和描述得更为具体：“吴楚之国有大木焉，其名为櫾，碧树而冬生，实丹而味酸。食其皮汁，已愤厥之疾。齐州珍之，渡淮而北而化为枳焉。鸲鹆不逾济，貈逾汶则死矣。地气然也。虽然，形气异也，性钧已，无相易已。”[④]所谓“地气”，很大程度上是纬度造成的。而明人评价指出：“橘渡淮而北，则化为枳，故《禹贡》：‘扬州厥包，橘柚锡贡。’盖以其不耐寒，故包裹而致之也。”[⑤]明人分析南北之暖寒不同，皆因纬度不同，造成植物生长不同，事实上也造成不同地域之人性格的不同。中国南北地域文化差异巨大，最北的漠河地处寒带，最南的曾母暗沙为热带，因纬度差异，南北各地人之性格差异显而易见，而地域文化之迥异也在情理之中了。元代《农书·地利第二》指出：“南北渐远，寒暖殊别，故所种早晚不同；惟东西寒暖稍平，所种杂错，然亦有南北高下之殊。”[⑥]

《古今注卷中·鸟兽第四》曰：“雁自河北渡江南，瘦瘠能高飞，不畏缯缴。江南沃饶，每至还河北，体肥不能高飞，恐为虞人所获，尝衔芦长数寸，以防缯缴焉。”[⑦]此指大雁因南北食物丰歉，鸟类体型出现差异。

晋代《博物志》记载：“南越巢居，北朔穴居，避寒暑也。”[⑧]该句指出，南北地域因气候差异，居住方式迥异。而“东南之人食水产，西北之人食陆畜。食水产者，龟蚌螺蛤以为珍味，不觉其腥臊也；食陆畜者，狸兔鼠雀以为珍味，不

① ［西汉］刘向．晏子春秋·内篇杂下［M］．汤化，注．北京：中华书局，2011：403.
② ［西汉］刘安．淮南子·原道训［M］．顾迁，注．北京：中华书局，2009：16.
③ 王泗原．楚辞校释·九章·橘颂［M］．北京：人民教育出版社，1990：194.
④ ［战国］列子．列子·汤问［M］．景中，注．北京：中华书局，2007：137.
⑤ ［明］谢肇淛．五杂组·物部二［M］．傅成，校．上海：上海书店出版社，2001：200.
⑥ ［元］王祯．东鲁王氏农书译注［M］．上海：上海古籍出版社，1994：460.
⑦ ［西晋］张华．博物志［M］．王根林，校．上海：上海古籍出版社，2012：126.
⑧ ［西晋］张华．博物志·五方之民［M］．王根林，校．上海：上海古籍出版社，2012：10.

觉其膻也”[①]。明人指出：“五方之人，口食既殊，肠胃亦异。海峤之人，久住北方，啖面食炙，辄觉唇焦胃灼；亦犹北人至南方，一尝海物，辄苦暴下，其于蟹鲎蜂蛸之属，不但不敢食，亦不敢见之。始信《周礼》所载八珍皆淳熬之类，亦其所习然也。”[②]此文指出，南北饮食文化差异皆因物产不同，南方多“蟹鲎蜂蛸”，即今日所说的海鲜，皆因南方多水、近海。这也应了我们常说的“有山吃山，临水吃鱼”的说法。早在晋代人们就意识到“有山者采，有水者渔”，而这种物产的差异必然影响到人的性格。故晋人认为“山气多男，泽气多女。平衍气仁，高陵气犯，丛林气躄，故择其所居，居在高中之平，下中之高，则产好人”[③]。

《孔子家语》曰：“食水者乃耐寒而善浮，食土者无心而不息，食木者多力而不治，食石者肥泽而不老，食草者善走而愚，食桑者有绪而蛾，食肉者勇毅而悍，食气者神明而寿，食谷者智慧而夭，不食者不死而神。”[④]这种吃什么“产”什么的观点，至今还流传着，而吃什么补什么的说法，仍然是中药的重要思想之一。四海物产迥异，则山珍海味不同，故“穷山之珍，竭水之错，南方之蛎房，北方之熊掌，东海之鳆炙，西域之马奶，真昔人所谓富有小四海者”[⑤]。

南北饮食确实差异甚大，尤其是南方人，有“无物不食”的勇气。明人记载：“南人口食可谓不择之甚。岭南蚁卵、蚺蛇，皆为珍膳。水鸡、虾蟆，其实一类。闽有龙虱者，飞水田中，与灶虫分毫无别。又有泥笋者，全类蚯蚓。扩而充之，天下殆无不可食之物。燕齐之人，食蝎及蝗。……有食毛虫、蜜唧者。又何足怪？”[⑥]民以食为天，中国古人确实做到了“天下殆无不可食之物”。但总的看来，南方可食的动植物品种要多一些，这与南方多水、生物品种众多有关。时至今日，南方仍有“天上飞的除了飞机，地上跑的除了汽车以外，广东人什么都敢吃”的戏谑说法，这种“敢为天下先”的饮食之风不过是继承古代南方“天下殆无不可食之物”的古风罢了。当然，并非任何食物都适宜人类食用，一些动物常常携带疾病，或者为病毒传染源，因此“天下殆无不可食之物”的古风习惯，需要有所收敛以至做出改变了。

以蔬菜为例，南方四季可食不同蔬菜，北方则受到季节影响。春天北方吃春芽，史载“燕、齐人采椿牙食之以当蔬，亦有点茶者，其初茁时，甚珍之，既老

---

① ［西晋］张华．博物志·物产［M］．王根林，校．上海：上海古籍出版社，2012：10.

② ［明］谢肇淛．五杂组·物部三［M］．傅成，校．上海：上海书店出版社，2001：217.

③ ［西晋］张华．博物志·物产［M］．王根林，校．上海：上海古籍出版社，2012：10.

④ ［西晋］张华．博物志·服食［M］．王根林，校．上海：上海古籍出版社，2012：25.

⑤ ［明］谢肇淛．五杂组·物部三［M］．傅成，校．上海：上海书店出版社，2001：217.

⑥ ［明］谢肇淛．五杂组·物部一［M］．傅成，校．上海：上海书店出版社，2001：184-185.

则菹而蓄之。南人有食而吐者。然椿有香、臭二种。臭者，土人以汤沦而卤之，亦可食也。”[①]“北方有葡萄酒、梨酒、枣酒、马奶酒，南方有蜜酒、树汁酒、椰浆酒。”[②]南北酒品不同，因南北物产不同。北方多枣、梨、葡萄，尤其多马，故北方产葡萄酒、梨酒、枣酒、马奶酒。而南方多椰子树、蜜蜂等，如“闽、楚之橘，燕、齐之梨，霜液满口，足称荔支、龙眼之亚矣”[③]，故多蜜酒、椰浆酒。可见，物产不同，酒文化存在差异，而物产相同，饮食方法也有所不同。例如“北人虽有梨，而不甚珍之，且畏其性寒，多熟而啖。昔人谓得哀家梨，亦复蒸食者是已。至于菱、藕之类，亦皆熟食。山楂弥满山谷，什九为童稚玩弄之具。惟闽人得之，能去其滓，煎作琥珀色，所谓‘楚有才而晋用之’者也。”[④]明人指出：“江南多豺、虎，江北多狼。”“齐、晋、燕、赵之墟、狐魅最多。今京师住宅，有狐怪者十六七，然亦不为患。北人往往习之，亦犹岭南人与蛇共处也。”“滇人蓄象，如中夏畜牛、马然，骑以出入，装载粮物，而性尤驯。”[⑤]

南方多豺、虎，因虎啸林中，故南方多林木；北方多狼、狐，因狼、狐行走于草原。至于蛇等冷血动物南方居多，也是自然环境决定的。北方多牛马以骑乘或耕种，南方的云南在明代时多将大象当作牛马驱使，这也是南北动物的多寡对人及区域文化的影响。华南虎本在南方，且数量众多，但因南方森林遭到破坏，加之人类捕杀，华南虎几近灭绝，反而北方东北虎残存少许，可见人类对地域文化的塑造是多么惊人！

3. 北马南舟

《虎钤经·地利第二》总结气候对南北军事的影响时指出：“以方位观之，则寒热之气异也。当有气之用，顺之者善矣。南方之气热，北方之气寒也。其气异，则水土之性必相戾，逆诸人而使之饮其地脉，食其土毛，蒙其风气，瘴疠之疾、冻涩之戾加焉。”军事斗争中，水土不服是败军之兆。北人南下怕热且怕瘴疠之疾，南人北上则怕寒，怕运输不便，常有冻馁之虞。北方地处游牧区，多马；南方多水，江河纵横，多舟。故南北军事斗争中，北方多骑兵，陆军占有绝对优势，而南方多舟船，水军占有优势。“故利不可以专一。北人之马，南人之航也，各有便焉。”[⑥]

① ［明］谢肇淛．五杂组·物部二［M］．傅成，校．上海：上海书店出版社，2001：197.
② ［明］谢肇淛．五杂组·物部三［M］．傅成，校．上海：上海书店出版社，2001：215.
③ ［明］谢肇淛．五杂组·物部三［M］．傅成，校．上海：上海书店出版社，2001：217.
④ ［明］谢肇淛．五杂组·物部三［M］．傅成，校．上海：上海书店出版社，2001：225.
⑤ ［明］谢肇淛．五杂组·物部一［M］．傅成，校．上海：上海书店出版社，2001：170-172.
⑥ 雷庆．中国兵学文化名著·虎钤经·地利［M］．上海：延边大学出版社，1995：262.

此处“越人”泛指南方人，南方人善于操舟。

古代战争之胜负，讲究天时、地利与人和，其中地利非常重要，“主三军行止形势，利害消息，远近险易，水涸山阻，不失地利”[①]。就军事地理而言，占据水之上游至关重要，故《虎钤经》指出：“欲夺敌之力者，先夺其水。得之上流者，美莫大焉。”[②]中国古代战争多为南北之战，秦、汉、隋、唐、元、清以及明成祖朱棣发动的“靖难之役”，均是北方政权取得最后胜利。何也？从军事地理的角度看，北方政权可先图巴蜀或荆襄，然后据水之上流，使舟之利与南方对等，从而对下游产生极大的军事震慑优势。故对荆楚而言，“既处下流，受敌二境。若敌泛舟顺流，舳舻千里，星奔电迈，俄然行至，非可恃援他部，以救倒县也。此乃社稷安危之机……若有不守，非但失一郡，则荆州非吴有也。如其有虞，当倾国争之。”[③]对于北方政权而言，地利为其一；二则北方骑兵在冷兵器时代占据重要军事优势；其三，南方经济条件优越，统治者往往没有进取心，倒是北方气候寒冷，为求发展，北方统治者往往更有进取之心。这难道不是南北纬度的差异使然吗？而南北最大的差异就在于水，一是水量有多寡，二是水质有不同。

南北纬度的差异除了表现为寒暑差异外，还有降水差异，北方整体干燥，南方整体湿润，这种差异造成了南北之人性格上的不同，进而在地域文化中表现出饮食、出行、居住、服饰等方面的巨大差异。从历史地理的角度看水对区域文化影响，南北地理纬度的不同是不得不考虑的因素。《管子·水地》指出：“水者何也？万物之本原也，诸生之宗室也，美恶、贤不肖、愚俊之所产也。”在古人眼里，美、恶、贤、不肖、愚、俊的人文精神皆是由水决定的。古人以中原为中心，指出北方的人性格是“夫齐之水道躁而复，故其民贪粗而好勇……秦之水泔最而稽，淤滞而杂，故其民贪戾罔而好事；晋之水枯旱而运，淤滞而杂，故其民谄谀葆诈，巧佞而好利；燕之水萃下而弱，沉滞而杂，故其民愚戆而好贞，轻疾而易死”，莫不与黄河之水相关；“宋之水轻劲而清，故其民闲易而好正”，则可能因与淮河相连；“楚之水淖弱而清，故其民轻果而贼，越之水浊重而洎，故其民愚疾而垢”[④]，大概因为楚地、吴越之水无不与长江及其周边流域相通。黄河水浑浊，长江水清澈，古人从水质看地域文化，虽有偏颇，但总体上有一定的科学性。

① ［西周］姜尚．六韬·龙韬［M］．曹胜高，注．北京：中华书局，2012：77.

② ［北宋］许洞．虎钤经·料水［M］．北京：中国人民解放军出版社，1992：90.

③ 赵幼文．三国志校笺·陆抗传［M］．成都：巴蜀书社，2001：1860.

④ 李山．管子·水地［M］．北京：中华书局，2009：211.

4. 淮河分南北

秦汉以来，我国以长城为界，北为大漠，为游牧区，长城以南为农耕区，为广义上的南方。当然，从严格意义上讲，南北自然分界线当为淮河及与之平行的秦岭。我们耳熟能详的“橘生淮南则为橘，生于淮北则为枳”之说，实则是南北气候、环境、水文甚至人文差异导致的。然而换个角度来看，淮河流域则兼具南北自然、人文的双重特色，自然特点囊括南北，人文底蕴极其深厚，管子生于淮河支流颍水，涡河是道家故里，泗水为儒墨圣地，孔子曾于泗水观水，墨子曾于此传学授道。正是在淮河流域，儒墨成为当时两大显学，这里是儒墨学说交锋的阵地。《博物志·水》指出：“四渎，河出昆仑墟，江出岷山，济出王屋，淮出桐柏。八流亦出名山。……山泽通气，以兴雷云，气触石，肤寸而合，不崇朝以雨。”[①] 诸多学说的兴起，是不是淮河“山泽通气”化育而成的呢？南北碰撞，思想的火花是不是由此而生的呢？

墨子推行“兼爱”思想，尊大禹为师，而大禹为古代治水英雄，因此墨子的思想自然有大禹治水精神的精髓。墨子曰：“古者禹治天下，西为西河、渔窦，以泄渠、孙、皇之水；北为防原派，注后之邸，呼池之窦，洒为底柱，凿为龙门，以利燕、代、胡、貉与西河之民；东方漏之陆，防孟诸之泽，洒为九浍，以楗东土之水，以利冀州之民；南为江、汉、淮、汝，东流之，注五湖之处，以利荆、楚、干、越与南夷之民。此言禹之事，吾今行兼矣。”[②] 墨子所言是在追溯大禹治水的事迹，指出大禹治水，不论东南西北，任何地域，他都毫无偏私，墨家要用这种精神推行“兼爱”思想。

历史上，淮河和黄河曾为一体，后因黄河夺淮入海，淮河也从高邮、江都入江达海，因此淮河时而“自立门户”，时而属于黄河，时而归于长江。正因如此，贯穿南北大运河，关键在于淮河，是它将钱塘江、长江、黄河、海河连成一体，所以淮河属于南北大地，其与诸水相会，其地其水变迁巨大。当然，无论灾难深重还是淮水欢歌，淮河在地域上的特殊区位，对中华文明贡献良多。为此，《诗经·鼓钟》曰：“鼓钟将将，淮水汤汤，忧心且伤。淑人君子，怀允不忘。鼓钟喈喈，淮水湝湝，忧心且悲。淑人君子，其德不回。鼓钟伐鼛，淮有三洲，忧心且妯。淑人君子，其德不犹。鼓钟钦钦，鼓瑟鼓琴，笙磬同音。以雅以南，以籥不僭。”[③]

---

① ［西晋］张华．博物志·水［M］．王根林，校．上海：上海古籍出版社，2012：9.

② 方勇．墨子·兼爱中［M］．北京：中华书局，2011：130.

③ ［先秦］佚名．诗经下·雅颂［M］．刘毓庆，李蹊，注．北京：中华书局，2011：563-564.

诗中，淮水浩浩汤汤，两岸的人们思慕高尚的君子，人们爱好美妙的音乐，更爱君子奏响的乐章，爱的情感流淌在淮水两岸，生成了墨子“兼爱”思想的基础。《史记·货殖列传》指出：“夫自鸿沟以东，芒、砀以北，属巨野，此梁、宋也。陶、睢阳亦一都会也。昔尧作成阳，舜渔于雷泽，汤止于亳。其俗犹有先王遗风，重厚多君子，好稼穑，虽无山川之饶，能恶衣食，致其蓄藏。”[①]《史记》所载的“梁”指魏国，魏国南部和宋国大部分疆域都属于淮河流域，陶地在古济水流域，魏之鸿沟属于淮河支流颍水的支流，魏之汝水直入淮河，而宋之丹水、睢水向南汇入淮河。这些地方曾是商朝的活动区域，丹水和睢水之交的商丘，曾为商之国都。亳地、陶地均曾为古代国都，这些地方在以淮河为主体的干支河流的滋润下生息、发展，例如舜曾在这里利用河流湖泊发展渔业，而该区域多河流，干支将淮河、黄河联系起来，河流可资灌溉，故农业比较发达。在水的滋润和先王遗风的影响下，该区域“重厚多君子”，即“人厚道，盛产君子”。

《中庸》第十章记载，好勇而果敢的子路和孔子讨论南北之人（风气）谁更强，进而讨论为人和治国之道。孔子答曰：“南方之强与？北方之强与？抑而强与？宽柔以教，不报无道，南方之强也，君子居之。衽金革，死而不厌，北方之强也，而强者居之。故君子和而不流，强哉矫！中立而不倚，强哉矫！国有道，不变塞焉，强哉矫！国无道，至死不变，强哉矫！”[②]在孔子眼里，南方（人）风气虽然柔弱，但出君子，君子以柔克刚而胜人，为强，这是君子之道，也是治国之道。北方（人）风气刚劲，喜欢用果敢、彪悍、不畏死的强力胜人。孔子本意为抑制子路血气方刚、好勇好斗的性格，希望子路用德义服人，用儒家中庸之力为人和治国。就南北地域而言，淮河地处南北之间，该地域之人得南北风气之“强”，故“重厚多君子”，水土使然而已。

5. 水乐人礼

春秋战国至秦汉，中华民族逐渐形成了以中原为中心的大一统观念，而对历代王朝来说，保障中央之地的物资供应就显得十分重要。《风俗通义·山泽》指出：“江、河、淮、济为四渎。渎者，通也，所以通中国垢浊，民陵居，殖五谷也。”[③]在中国古人眼里，长江、黄河、古济水、淮河是保障物资流动的交通要道。《管子·度地》曰：“山川涸落，天气下，地气上，万物交通。”[④]此为物质流动、

① ［西汉］司马迁. 史记·货殖列传第六十九［M］. 北京：中华书局，1959：3266.

② ［南宋］朱熹. 四书集注·中庸章句［M］. 长沙：岳麓书社，1987：30.

③ ［东汉］应劭. 风俗通义校注·山泽［M］. 王利器，注. 北京：中华书局，1981：461.

④ 黎翔凤，梁运华. 管子校注·度地第五十七［M］. 北京：中华书局，2004：1062.

交往之意。《礼记·乐记》曰："周道四达，礼乐交通。"[①]此句是指周朝的德行可以影响四方，礼乐文化可以交流传播，经济文化交往无所不至，河流的作用显得至关重要。

河流的水土环境影响到地方的民俗风情，首先体现在语言上。北齐颜之推《颜氏家训·音辞》指出："夫九州之人，言语不同，生民已来，固常然矣。"《颜氏家训·音辞》接着指出："南方水土和柔，其音清举而切诣，失在浮浅，其辞多鄙俗。北方山川深厚，其音沈浊而鈋钝，得其质直，其辞多古语。"[②]《颜氏家训》认为，人的言语特点是水土造成的，南北水土有异，则说话音调不同。《颜氏家训》还认为人的性格、品行也会受到环境的影响，并指出："昔在江南，目能视而见之，耳能听而闻之；蓬生麻中，不劳翰墨。"[③]位于北方的北齐兵荒马乱，礼义廉耻尽失，故颜之推想通过自己在南方的经历，将优良的文化习俗、礼仪规范传给后人。

古人已经重视乱境对民风的影响。《礼记·乐记》曰："土敝则草木不长，水烦则鱼鳖不大，气衰则生物不遂，世乱则礼慝而乐淫。"[④]作为十三经之一的《礼记》也强调水土对生物生长的影响并指出，如果土地贫瘠，草木就不生长；在浑浊的水里，鱼鳖就长不大；该地域阴阳之气衰弱了，生物就长不成熟；该地域世道混乱，礼就会废弛，乐就会放纵无拘。

一方水土影响到一个地域的风俗民情，影响到一个地方政权的稳定，进而影响到天下的安定。故《礼记·乐记》曰："清明象天，广大象地，终始象四时，周还象风雨。五色成文而不乱，八风从律而不奸，百度得数而有常。小大相成，终始相生，倡和清浊，迭相为经。故乐行而伦清，耳目聪明，血气和平。移风易俗，天下皆宁。"[⑤]

好的"乐"因水土而生，清澈明朗得像晴天一样，似辽阔的土地无所不载；像春夏秋冬终而复始的更替，像风雨一样周回旋转而循环。各地乐器五彩缤纷，有所差异，但井然有序；各地八音杂奏，但互不干扰；各地乐舞富于变化，但像百刻计时那样有规矩。高音与低音相辅相成，十二律互相配合，或唱或和，或清或浊，轮番为主。所以，这种"乐"若流行就能使人类向善，耳聪目明，心气平和。做到这些后，该地必然移风易俗，而天下必然太平无事。

《礼记·乐记》指出："夫民有血气心知之性，而无哀乐喜怒之常；应感起

---

① 龚抗云，王文锦．礼记正义·乐记［M］．北京：北京大学出版社，1999：1327.
② 吴玉琦，王秀霞．颜氏家训译注·音辞［M］．长春：吉林文史出版社，1998：364-365.
③ 吴玉琦，王秀霞．颜氏家训译注·风操第六［M］．长春：吉林文史出版社，1998：66.
④ 龚抗云，王文锦．礼记正义·乐记［M］．北京：北京大学出版社，1999：1108.
⑤ 龚抗云，王文锦．礼记正义·乐记［M］．北京：北京大学出版社，1999：1110.

物而动，然后心术形焉。”[①] 人的身体 70% 由水组成，而人体最为重要的组织之一就是以水为主体的血气，人有知道好歹的本性，但人喜、怒、哀、乐的感情常常随着外部环境的改变而改变。一方水土养一方人，外部环境会影响人的内心、人的性格，人的内心、性格也就表现出相应的感情和行为。《礼记·乐记》指出："乐也者，施也；礼也者，报也。乐，乐其所自生，而礼，反其所自始。乐章德，礼报情，反始也。”[②]

一方水土就是“乐”，人的行为则是“礼”。乐是人能得到、感受到的，水土尤其是河流（如中国喻黄河、长江为“母亲河”）则只求施予，不求报答。“礼”要求有来有往，既讲施予，也讲报答，礼尚往来，才为“礼”。“乐”是发自内心的欢乐心情，“礼”则要追溯其所来的起点。“乐”表现的是一种无私的无欲品德，“礼”则要报答恩情。我们常说“饮水思源”，此“源”即“水土”。

6. 江河淮济

《风俗通义·山泽》就“四渎”的功能给予了分工：“江者，贡也，珍物可贡献也。河者，播也，播为九流，出龙图也。淮者，均，均其务也。济者，齐，齐其度量也。”[③] 由此可见，在中央王朝眼里，长江以南广大区域物质丰富，其地及其养育的人民的功能就是贡献所产之物，将之运到中原中央王朝所在地。“江北其利在漕，论水于江南其利在田”[④]，故保障黄河流域中央王朝的漕运至关重要，而长江流域则须农业丰收，水田之产便为重中之重。“国家修治黄河，费无所惜，修治运河，费无所惜者，为转漕故也。漕从何来乎？江、浙之赋为重也。江、浙之赋何忧乎？曰水利之道不兴也。”[⑤]

黄河为天下的中心，中央王朝的礼仪、文化、政令从黄河流域传播四方，可见黄河对中华民族的深远影响。淮河位于黄河和长江之间，负责转输南方的物资到“中央”之地。古代济水和黄河并行，黄河和济水是整个中原王朝的核心文化区。九州、四渎、九江都为中央王朝所在的黄河流域服务。然而，正因历朝历代为满足中央王朝所在的黄河流域、渭水流域及燕赵之海河、滦河所在地北京，南北水系出现了问题。对此，《履园丛话·水学》描述如下。

尝论天下之水，自淮而北，由九河入海，《书》所谓“同为逆河，入于海”

---

① 龚抗云，王文锦. 礼记正义·乐记［M］. 北京：北京大学出版社，1999：1104.

② 龚抗云，王文锦. 礼记正义·乐记［M］. 北京：北京大学出版社，1999：1114.

③ ［东汉］应劭. 风俗通义校注·山泽［M］. 王利器，注. 北京：中华书局，1981：461.

④ ［清］钱泳. 履园丛话·水学·总论［M］. 张伟，校. 北京：中华书局，1979：87.

⑤ ［清］钱泳. 履园丛话·水学·水利［M］. 张伟，校. 北京：中华书局，1979：97.

者是也。自淮而南，由三江入海，《书》所谓“三江既入，震泽底定”是也。今九河既塞，故燕、赵之间多霖潦，三江既塞，故三吴之间多水患。

“九河”为“中央”之地，“三江”“三吴”为“禹贡”之地。三江既塞，三吴多水患，江淮、河海都会出现问题。江淮、河海的水系、水性、水情不同，治理方法必然不同，“江北惧水，黄河之徙，江南病水，太湖之溢。以治河之法治江，恐未必有济，以治河之费治江，则事半而功倍矣”。以淮河为南北分界，淮河之南的长江，淮河之北的黄河，水患问题自然不同。《履园丛话・水学》分析指出：“江南治江，淮北治河，同一治也，而迥然不侔。”江河治理方法不同，在于江河水情不同，“黄河之水，迁徙不常，顺逆乍改，其患在决。虽竭人功，而天司其命。江南之水，纡回百折，趋纳有准，其患在塞。虽仰天贶，而人职其功”。因此，治理黄河要防止大堤溃决，治理长江则须防止河道淤塞。治理南方之水并非仅仅依靠疏通，毕竟水为人所用，为田地所用。故在南方，“治水之大要惟二道，曰蓄曰泄而已。蓄以备旱，泄以防潦，旱则资蓄以灌溉，水则资泄以疏通”。唐末至五代，南方经济逐步发展起来，经济重心逐渐南移，何也？在于南方河流得到有效治理。对此，《履园丛话・水学》描述如下。

于溧阳之上尝为堰坝，以遏其冲，于常州则穿港渎，以分其势，于苏州则开江湖以导其流，并疏塘浦以通其脉，又备规制以善其后。惟是上源之来者不衰，下流之去者日滞，潮汐往来，易于淤塞。故唐末五代有撩浅夫、开江卒，以时浚治，水不为害，而民常丰足。[①]

唐末至五代，长江水不为害，民常丰足，这得益于有效的河流治理——有堰坝蓄水以资灌溉，且可杀水势，减轻汛期洪峰；穿港渎以分水势；开江湖使主干道水流畅通，塘浦以通其脉且可蓄水，还有专门的职官管理和治理江河。直到此时，江南才成为真正的江南，何也？水利建设让江南成为粮仓。在江南大兴水利的同时，北方水利建设相对废弛，加之气候变迁，北方越来越干旱，水源越来越缺乏，致使整个中国的人口分布呈现由北向南迁移的趋势。

有学者指出：“中国人口分布的极度不平衡性根本上是由自然条件的差异所导致的，面积广大的西部地区自然环境恶劣，不适宜人类居住，农业生产落后，更重要的是水资源极度匮乏，无法承载大量的人口。”[②]中国历史的许多问题，都与水有关。“逐水而居”是人的天性使然。《履园丛话・水学》引用明朝水利专家张内蕴的话指出：“治水者，天下之大事也。而足国裕民，天下之大功也。

---

① ［清］钱泳．履园丛话・水学・总论［M］．张伟，校．北京：中华书局，1979：87-88.

② 侯杨方．中国人口史　第六卷（1910—1953年）［M］．上海：复旦大学出版社，2001：468.

任天下之大事，以成天下之大功，非有天下之大智秉匡时之大忠者，其孰能与于此？”①

张内蕴认为，水利确实是天下之大事、天下之大功，故古有治水安邦之论。北宋政和年间，赵霖体察考究治水之法有三：“一曰开治港浦，二曰置闸启闭，三曰筑圩裹田。”治水利人、利水，最关键的还是利田，江南之水利正在于水田之利。《履园丛话·水学》曰：“一曰敦本，二曰协力，三曰因时。”治田、治水本为表里，不可分割，故宋人认为，“郏亶言水利专于治田，单锷言水利专于治水。要之治水即所以治田，治田即所以治水”。在宋代，治水、治田主要流行于今天的江浙一带，以太湖为中心，故有“苏湖熟，天下足”之说，其源在于水利。对此《履园丛话·水学》引用明进士凌云翼的话描述如下。

> 盖财赋俱出农田，农田资乎水利。故水利不修，则田畴不治；田畴不治，则五谷不登；五谷不登，而国用不足矣。欲求水利，先除水害。盖水之害在泛溢，此水年之所以不泄而为田害也。水之利在渟泓，此旱年之所资灌溉而为田利也。以治田之法治水，则水利兴；以治水之法治田，则田自稔。故曰善治农田者，必资乎水利；善治水利者，必溯其源流。

农田高低不同，治理方法也有所不同，“高田之民自治高田，低田之民自治低田，高田则开浚池塘以蓄水，低田则挑筑堤防以避水。池塘既深，堤防既成，而水利兴矣”②。水利兴，则国家治，唐宋后，江南水利兴，故国家安。因为大兴水利，江南物产丰茂，北方的政治中心便有了财富支撑。元、明、清时期，燕赵之地的北京为帝都，对江南物产倚重更甚，江南水利的重要性更加突出。对此，《履园丛话·水学·水利》引用宋代水利专家郏亶的话描述如下。

> 天下之利，莫重于三吴。三吴之利，莫重于水田。盖江南之田，古为下下，今为上上者何也？有太湖之蓄泄，江海之利便也。故大江南北，财赋所出，全资乎水利。③

自唐宋以来，江南的河流湖泽一直关系国家稳定。对此，《履园丛话·水学·总论》描述如下。

> 三吴，泽国也，万水所归，东环沧海，西临具区，南抵钱塘，北枕扬子。其中潴蓄者，则有庞山、阳城、沙河、昆城诸水，宣泄者，则有吴淞、刘河、白茅、七浦诸水，纵横联络，如人之一身，血脉流通，经络贯串。盖血脉不和则病，经络不舒则困，然一人得病，无伤于天地之和，一方得病，

---

① ［清］钱泳. 履园丛话·水学·专官［M］. 张伟，校. 北京：中华书局，1979：105.

② ［清］钱泳. 履园丛话·水学·总论［M］. 张伟，校. 北京：中华书局，1979：88–96.

③ ［清］钱泳. 履园丛话·水学·水利［M］. 张伟，校. 北京：中华书局，1979：95.

实有关于万民之命。[①]

江南水利，如人之血脉，血脉流通，则经络贯串。江淮、河海不畅，犹如人之经络堵塞，江南水利一旦出现问题，必如多米诺骨牌，将使江淮和整个北方，尤其是帝都，出现诸多问题。由此可见，江南水利确实关乎“万民之命”，关乎国家命运。

7. 水之经纬

中国古书之悠久者莫过于《禹贡》，其曰：“海岱及淮惟徐州。……浮于淮、泗，达于河。”“淮海惟扬州。彭蠡既潴，阳鸟攸居。三江既入，震泽底定。……沿于江、海，达于淮、泗。”“荆及衡阳惟荆州。江、汉朝宗于海，九江孔殷，沱、潜既道，云土梦作乂。……浮于江、沱、潜、汉，逾于洛，至于南河。”[②]《禹贡》所载的徐州、扬州、荆州，都为古九州之一，淮河正处于这三州之间。这三州的河道都是为满足向位于黄河流域的国都输送物资之用的，而淮河及其支流则是运输物资的“中转站”。可见，淮河区位十分重要，处于如此重要的位置，淮河流域孕育了一个个影响中华民族的文化大家、一个个影响深远的学说。《博物志》卷一记载了淮河流域的各个干支，“鲁前有淮水，后有岱岳，蒙羽之向，洙泗之流，大野广土，曲阜尼丘”“宋北有泗水，南迄睢濄，有孟潴之泽”[③]。在晋朝人眼里，淮水之所以出圣人，自然是因为淮水的水土。《博物志・山川总论》有如下论述。

> 五岳视三公，四渎视诸侯。诸侯赏封内名山者，通灵助化，位相亚也，故地动臣叛。名山崩，王道讫，川竭神去，国随已亡。海投九仞之鱼，流水涸，国之大诫也。泽浮舟，川水溢，臣盛君衰。百川沸腾，山冢崒崩，高岸为谷，深谷为陵，小人握命，君子陵迟。白黑不别，大乱之征也。

在古人眼里，山水的任何变化都与国家政治的变化息息相关，即我们常说的“天人感应”。《博物志》引《孝经援神契》曰：“五岳之神圣，四渎之精仁，河者水之伯，上应天汉。”也就是说，长江、黄河、长江、淮河都是有灵气的，而黄河是最重要的，为上天的安排。从这个角度看，中华民族南北水文化的差异，源于南北河流地位的不同，而处于分界线上的淮河因此成为交通、转输、四通之地，从交通区位的角度讲，淮河才是中华民族河流的中心地带。《博物志・五方人民》认为，中央之地主要指黄河中下游流域，该地区的人们，“中央四析，风雨交，

---

① ［清］钱泳．履园丛话・水学・总论［M］．张伟，校．北京：中华书局，1979：87–88.

② ［先秦］佚名．尚书・夏书・禹贡［M］．王世舜，王翠叶，译．北京：中华书局，2012：63–68.

③ ［西晋］张华．博物志［M］．王根林，校．上海：上海古籍出版社，2012：10.

山谷峻，其人端正”[①]。事实上，淮河之水养育的人民才适合此条评价。

历朝历代，淮河和黄河一样多灾多难，其身处四战之地，还常常为南北对峙的前线乃至主战场。历代人为破坏致使淮河不堪重负，南北江河因此都受到影响。淮河也非总是盛产圣人，也曾兵荒马乱，两淮民风剽悍，例如清代有人记载：“弟在淮北日久，情形较熟。窃见民生利病，关乎国家大计，无过乎淮水无去路，而河臣反利此而务蓄之，以与黄河敌。此与扬汤止沸，又何异哉。夫两淮剽悍，好作乱，自古记之矣。乃年年颠沛于波涛之中，不思保艾，而务胜之，胜而常安，恐无是理。”[②]

我国古代，帝都大多在北方，北方需要南方物资供给，淮水转运的地位至明清仍然不变。转输南方财富至北方，前提是江南保持稳定，江南农业丰收丰产，故江南如人之心脏，为供血（物资）之中枢，淮水则为血管之一，输血入大脑（帝都）。因此，明代嘉靖年间进士凌云翼曰：“东南水利，犹人身之血脉也。东南财赋，犹人身之脂膏也。善养生者，必使百节不滞，而后肢体丰腴，元气自足。”[③]

华夏几千年，南北江河湖海，淮水为南北的分界。淮水、济水、长江、黄河，都发挥着各自的功用，而淮河犹如血脉，使之彼此相连。我国经济重心有一个东移南迁的过程，在这一过程中，它们彼此之间的依赖不是减弱了，而是加强了。如今的南水北调东线工程，也是途径淮河，南北之水再次相汇，华夏血脉依旧相通。从长江下游调水，可谓南北之福，因为“天下事有利于民者，则当厚其本，深其源。有害于民者，则当拔其本，塞其源。况水之利，尤当深探其本，而穷究其源者也”[④]。东西长江一体，而长江中上游也为其中一个不可或缺的组成部分。从淮水看江河，人之品德高尚似水美，孟子就曾赞美孔子为水，曰：“仲尼亟称于水，曰：‘水哉，水哉！’”[⑤]今日从淮水观南北之经纬，水为重，故《管子·水地》曰：“是以圣人之化世也，其解在水。”从这个角度看，我国南北的发展，其“解”之根本也在“水”。

① ［西晋］张华. 博物志［M］. 王根林，校. 上海：上海古籍出版社，2012：10.

② 中国水利水电科学研究院水利史研究室. 再续行水金鉴·淮河卷·附编一·周天爵尺牍［M］. 武汉：湖北人民出版社，2004：491.

③ ［清］钱泳. 履园丛话·水学·水利［M］. 张伟，校. 北京：中华书局，1979：95.

④ ［清］钱泳. 履园丛话·水学·水利［M］. 张伟，校. 北京：中华书局，1979：96.

⑤ ［南宋］朱熹. 四书集注·孟子·离娄下［M］. 长沙：岳麓书社，1985：366.

二、水之海拔：西高东低

1. 准绳规矩

《山海经·海外东经》曰："帝令竖亥步，自东极至于西极，五亿十选九千八百步，竖亥左手把筭，右手指青丘北。一曰禹令竖亥。一曰五亿十万九千八百步。"①《山海经》一书非常古老，看似荒诞，实则为古地理和风俗之书，书中指出，帝（或为大禹）对中国东西的距离进行了测量，从东部的下游向西部的上游推进。虽然该传说难以考证是否为事实，但是体现了我国古代人民对测量东西地域的思考。大禹治水安邦得天下，其规划九州，测量区划，为正史所载，而竖亥可能为大禹测量的助手。《史记·夏本纪》曾对大禹作如下记载。

> 薄衣食，致孝于鬼神。卑宫室，致费于沟淢。陆行乘车，水行乘船，泥行乘橇，山行乘檋。左准绳，右规矩，载四时，以开九州，通九道，陂九泽，度九山。令益予众庶稻，可种卑湿。命后稷予众庶难得之食。食少，调有余相给，以均诸侯。禹乃行相地宜所有以贡，及山川之便利。②

竖亥左手把算，右手指青丘北，所做的可能就是大禹所谓的"左准绳，右规矩"，测量后自然成图，按图治理天下。对此，裴秀《禹贡九州地域图论》描述如下。

> 图书之设，由来尚矣，自古垂象立制而赖其用。三代置其官，国史掌厥职。暨汉屠咸阳，丞相萧何尽收秦之图籍。今秘书既无古之地图，又无萧何所得，惟有汉氏舆地及括地诸杂图。各不设分率，又不考正准望，亦不备载名山大川。虽有粗形，皆不精审，不可依据。或外荒迂诞之言，不合事实，于义无取。
>
> 制图之体有六焉，一曰分率，所以辩广轮之度也；二曰准望，所以正彼此之体也；三曰道里，所以定所由之数也。四曰高下，五曰方邪，六曰迂直，此三者各因地而制形，所以校夷险之异也。有图象而无分率，则无以审远近之差。有分率而无准望，虽得之于一隅，必失之于他方。有准望而无道里，则施于山海绝隔之地，不能以相通。有道里而无高下、方邪、迂直之校，则径路之数，必与远近之实相违，失准望之正矣。故

① 袁珂．山海经校译·山海经第九·海外东经［M］．上海：上海古籍出版社，1985：212.

② ［西汉］司马迁．史记·夏本纪［M］．北京：中华书局，1959：51.

以此六者参而考之，然远近之实，定于分率，彼此之实，定于道里，度数之实，定于高下、方邪、迂直之筭。故虽有峻山巨海之隔，绝域殊方之迥，登降诡曲之因，皆可得举而定者。准望之法既正，则曲直远近，无所隐其形也。①

裴秀《禹贡九州地域图论》上述所论虽长，但其采用的“制图六体”是对竖亥和大禹测量地域的继承，奠定了古地图制作的基础。分率、准望、道里、高下、方邪、迂直，分别代表了今天的比例尺、方位、距离、相对高度、坡度、实地距离与平面距离折算。竖亥从东到西主要是测量距离，工具是筭。竖亥和大禹都曾测量水系，沿着水系行走。中国主要的河流，黄河、淮水、长江、济水等都是东西水系，河流主要自西向东流淌。历朝历代，了解东西走向的水系、水情、水性，对于农业灌溉、洪涝灾害控制、交通运输、军事等都有极其重要的作用。从这个角度理解，竖亥和大禹以东西走向测量水系的推论是成立的，而裴秀《禹贡九州地域图论》自然是在《禹贡》的基础上为山川、河流制作地图。

河流东西走向，海拔差异巨大，致使河流变化巨大。就测量的作用来看，了解河流东西走向的相对高度、坡度、距离等，是古人得以生存于长江、黄河流域的常识。南北纬度的差异导致物产的差异和风俗的差别，而了解东西经度的差别则是了解一条河流的基础。中华民族上下几千年，水利之所以兴盛，正在于了解黄河、长江等河流的东西相对高度、坡度、距离有所差异，然后利用高程差引水灌溉，引流入海以避洪涝灾害；货运顺流而下，以迅速转输物资，军事则自西向东，顺流而下，占有主动。因此中华民族上下几千的水文化，从影响上看，大河向东，对中华民族的农业发展、国家统一以及民族文化的交往与融合起到了至关重要的作用，直到今日仍然影响着中华民族的国民经济建设。

2. 三阶水异

海拔和地形对气候、大气、水资源分布影响甚大，因为“地形对水热状况起着重新分配的作用，从而影响到天气和气候”，而山地对“气流起到屏障与抬升作用”。例如青藏高原，对我国“天气、气候乃至自然环境都产生重要的影响”“以致我国亚热带北界比同纬度大陆西岸要向南推移 4 ～ 5 个纬度”，致使青藏高原以东地区“产生暴雨和洪涝”②。以东西海拔来断，即以南北走向的山脉巫山和横断山为界，中国地势可以分为三个阶梯，呈现西高东低的特点，这种地势深刻

① ［唐］欧阳询．艺文类聚·地部［M］．汪绍楹，校．上海：上海古籍出版社，1982：100-101．

② 任美锷．中国自然地理纲要［M］．北京：商务印书馆，1992：25-27．

影响了政治格局、经济布局、国防建设以及文化交流。贾谊《新书·解县》指出，地势影响到戍边和粮草供给，其阐述如下。

> 今西为上流，东为下流，故陇西为上，东海为下，则北境一倒也。西郡、北郡，虽有长爵不轻得复，五尺以上不轻得息，苦甚矣！中地左戍，延行数千里，粮食馈饟，至难也。①

《淮南子·地形训》指出："凡地形，东西为纬，南北为经，山为积德，川为积刑，高者为生，下者为死，丘陵为牡，溪谷为牝。"②中国南北差异主要在于气候之温暖、潮湿的差异，就水而言则是水量南北分布不均。东西主要为海拔差异，水之流速、排泄、蓄积因此差异巨大，海拔落差既有利于灌溉、航运、漂木、发电，又容易在汛期阻碍交通、淹没下游田园。《三峡通志·峡俗从谈》载："自五月至八月，江流泛溢，瞿唐不可上下，舟船当戒，谓之封夏，又曰封峡。"③

事实上，夏秋之季，来自三峡川江的洪水对长江下游的威胁是巨大的。《三峡通志》转引陈瑞《川江石坝志略》记载："谘访川、汉水源，有谓下流壅滞所致，有谓天时气运使然，有谓汉水不足虞。惟川水骤会，斯为患也。"洪水"所过皆愁惨景象，田地芜莱者过半，庐舍坟塚多成故墟，至有百里无人烟者"④。世人皆知黄河、淮河洪灾十分严重，自然因素就在于东西海拔差，遇到暴雨，危害无穷。

3. 东西物异

先看第一阶梯，中国的青藏高原、新疆、川西等地，整体上海拔高，气候寒冷，因此对人们的生产、生活产生了重要影响。这些海拔高的山区、丘陵，物产和平原不同，且生活着以游猎为主、耐寒的少数民族。《川藏游踪汇编·进藏纪程·风景》记载："残山剩水，雪岭砂碛，惨淡而荒凉……雪山亘古积阴，雪窖深数十丈，即五六月间，亦从无融出地面者。"当然，海拔差异不仅造成寒暑的差异以及物产的差异，而且导致民风差异。《川藏游踪汇编·进藏纪程·土俗》记载："种青稞、牧牛羊，所食惟酪浆、糌粑，间有不火而食生牛肉者，殆依然茹毛饮血之古风欤。人嗜饮茶，缘腥膻油腻之物塞肠胃，必赖茶以荡涤之，此川茶所以行远也。"《川藏游踪汇编·进藏纪程·夷情》指出："番地苦寒，无多物产，亦无吉凶宴享宾祭往来之仪，性拙不善工作，无他营运，惟种青稞、牧牛羊，以养生送死而已。"⑤

---

① ［西汉］贾谊. 新书校注·解县［M］. 阎振益，钟夏，校. 北京：中华书局，2000：127-128.

② ［西汉］刘安. 淮南子·地形训［M］. 顾迁，注. 北京：中华书局，2009：64.

③ 蓝勇. 稀见重庆地方文献汇点（上）［M］. 重庆：重庆大学出版社，2013：160.

④ 蓝勇. 稀见重庆地方文献汇点（上）［M］. 重庆：重庆大学出版社，2013：146.

⑤ 吴丰培. 川藏游踪汇编·进藏纪程［M］. 成都：四川民族出版社，1985：71-72.

青藏高原及其周边的环境非常恶劣，只能适宜放牧和种植青稞，饮食有“茹毛饮血”之古风，皆由水土所致。

再看第二阶梯，这些地方也有高山和丘陵。同治《咸丰县志·疆域志·山川》记载，星斗山“在县东北抵恩施界，高耸云霄，形如春笋”[①]。光绪《龙山县志·山水》则对八面山记载如下。

> 袤二百余里，层崖邃谷，丛箐幽林，即山居者终身难穷其处。其山分两层，山半二岩，自上陡峭而下，至此地平出，较山顶阔衍十之四，顶上尤坦夷，纵横共百里，土沃可莳杂粮。有天潭、大鱼潭、青鱼潭，水渊深，大旱不涸。出居鱼，长二三尺，土人岁时取以供馔。间夷地作町，引潭水灌之以蓺稻禾，所出与下方田亩等场圃桑麻别开境界。山半亦多沃土，可种莳，民居数十家，或架树枝做楼，或两树排比作门户，至崖尽处则万树葱茏环拥于外，若欄栅然，风气常肃肃。居民于四时不知有夏，山顶云气笼罩，非晴明不见。遥望山半，庐舍鳞次，竹杉掩映，宛然悬壁书画，闻鸡犬声皆在天上，自下而升，险（嶇）石磴盘旋，路断处有古松横卧做桥梁，行者援枝踏树而过。[②]

乍看清人描写的星斗山和八面山，皆植被茂密，风景秀丽，人民安居，似有入桃花源之感。但是事实上，整个第二阶梯的区域多蛮夷之地。宋代黄庭坚《竹枝词》描述黔东南时写道：“撑崖拄谷蝮蛇愁，人箐攀天猿掉头。”[③]该句表明，当时黔东南地区山高林密，动物横行于道路，是一片原始森林状态。唐代刘长卿《送侯御赴黔中充判官》诗曰：“不识黔中路，今看遣使臣。猿啼万里客，鸟似五湖人。”该诗描绘了当时的武陵地区人迹罕至，山大林密。唐代刘禹锡《送义舟师却还黔南》描绘该地区是“猨狖窥斋林叶动，蛟龙闻咒浪花低”。宋代黄大临《题歌罗驿竹枝词》曰：“尺五攀天天惨颜，盐烟溪瘴锁诸蛮。平生梦亦未尝处，闻有鸦飞不到山。”宋代黄叔达《和张仲谋送别》曰：“夜郎自古流迁客，圣世初投第一人。”[④]无论是唐代的刘长卿、刘禹锡还是宋代的黄庭坚、黄大临、黄叔达，他们笔下的黔州都是树多蔓路，兽类当道，瘴气弥漫，人烟难觅，一片原始森林景观。这些地方“路途辽阔，无馆舍”，可谓人迹罕至，居住的都是“蛮獠”之人。宋代《舆地纪胜》记载黔州时曰：“故谓之蛮蜑聚落，与巴渝同俗。……虽居溪洞，多是蛮獠。蛮獠

---

① ［清］张梓．咸丰县志（同治）［M］．台北：成文出版社，1975：112.

② ［清］刘沛纂．龙山县志（光绪）·山水志［M］．南京：江苏古籍出版社，2002：28.

③ ［南宋］王象之．舆地纪胜·夔州路［M］．北京：中华书局，1992：4585.

④ ［南宋］王象之．舆地纪胜·夔州路［M］．北京：中华书局，1992：4583-4586.

混杂，风俗多同。……凡宿泊多倚溪岩，就水造餐，钻木出火。”[①]黔州与涪州皆在渝东南，受“蛮獠”影响，“山险水滩，人多戆勇”。故《舆地纪胜》记载涪州时曰：“其俗刀耕火种，惟涪、梁、重庆郡稍有稻田。地煖早热，与中州气候不同。……土地山险水滩，人多戆勇。地产荔枝。”[②]可见，第二阶梯之地多“蛮獠”之人，云贵、武陵地区皆如此。

第二阶梯地区还包括天府之地——今天的四川和重庆。不过，重庆和四川地域文化差异较大，这早在秦汉时期便开始形成，即巴文化区内部也有差异，例如《华阳国志·巴志》对此记载如下。

郡治江州，时有温风，遥县客吏多有疾病。地势侧险，皆重屋累居，数有火害，又不相容。结舫水居五百余家，承二江之会，夏水涨盛，坏散颠溺，死者无数。而江州以东，滨江山险，其人半楚，姿态敦重；垫江以西，土地平敞，精敏轻疾。上下殊俗，情性不同。[③]

以重庆为中心的巴文化之所以在内部出现差异，除了巴地东部受到楚文化影响外，最关键的是自然环境不同，海拔高度不同，水环境存在差异。巴文化所在地巴东郡，“与楚接，人多劲勇，少文学，有将帅才”[④]。此地为三峡天险之地，人们在和三峡汹涌江涛斗争的过程中锻炼了体魄和胆量，又因地接楚地，巴楚战乱频繁，故多出将才，例如巴蔓子、严颜等一批名将。故古人评价巴地“风淳俗厚，世挺名将，斯乃江、汉之含灵，山岳之精爽乎！观其俗足以知其敦壹矣”[⑤]。确实，得益于江汉之水的灵气，高山大川的精华，巴地形成了风淳俗厚、人多劲勇的民俗。可见，古时南方山区的自然环境影响了人们的生活，也影响了民风民俗。

马克思指出：“人的普遍性正表现在把整个自然界变成人的无机的身体。”虽然如恩格斯所言，“人是自然界的一部分”，但是人类并没有像保护自身一样保护生态环境，破坏了自然界，只会让人类自食其果[⑥]。同治《恩施县志》记载：“国有乔木，里有源泉。”[⑦]其意和谚语“有了青山常在，就有清泉长流”完全一致。林谚曰：“山上密林树遮天，风调雨顺少灾年。”民国《重修广元县志稿》认为：“山势秀丽（多木），寺宇宏廓。侧有古池，大旱不涸，俗谓下通海水，盖不知山泽

① ［南宋］王象之. 舆地纪胜·夔州路［M］. 北京：中华书局，1992：4573.
② ［南宋］王象之. 舆地纪胜·夔州路［M］. 北京：中华书局，1992：4526.
③ ［东晋］常璩. 华阳国志·巴志［M］. 刘琳，注. 成都：巴蜀书社，1984：49.
④ ［东晋］常璩. 华阳国志·巴志［M］. 刘琳，注. 成都：巴蜀书社，1984：83.
⑤ ［东晋］常璩. 华阳国志·巴志［M］. 刘琳，注. 成都：巴蜀书社，1984：101.
⑥ ［德］马克思. 1844年经济——哲学手稿［M］. 刘丕坤，译. 北京：人民出版社，1979：95.
⑦ 恩施县地方志编纂委员会. 恩施县志（同治）·古迹［G］. 1982：118.

通气之义也。”[①]“山泽通气之义”便指森林与不涸的清泉，即流水的相互依赖关系。以东西论，我国西部的植被保护对黄河和长江中下游的发展至关重要。

4. 东西洪灾

阶梯地形的特点决定了该地区容易形成暴雨和洪涝灾害，但是利用东西海拔差，也可用于灌溉和水力发电。南宋翰林学士许光凝曰：“开一江，有一江之利，浚一浦，有一浦之利。考之前古，有置闸之启闭，有围田之厉禁，有浚川之舟楫，有水课之殿最，所以为三吴之利者甚备，济旱如救焚，防潦如拯溺。故曰欲享其利，不得不除其害也。”[②]利害相伴，故东西之水利，当趋利避害，对于江河而言，首先是交通之利。早在战国时期，巴蜀就利用岷江漂木。《华阳国志·蜀志》载：“岷山多梓、柏、大竹，颓随水流，坐致材木，功省用饶。”[③]

到了明清时期，中央政府往往在第二阶梯区域采木，对长江上游的森林造成破坏。同治《永顺府志·物产》记载：“（楠木）产于苗徼崇山广谷之中。又明时修辰州府署、辰州府学，永、保、酉阳诸司皆献大楠木数百株。桑植《顾志》云：伐置山谷间，俟山水发，始顺流下。然空灌蛀裂者多，今府属希有。积岁砍伐，良材尽矣。”黄杨“有水旱二种……近皆不可多得”[④]。《明史·吕坤传》载：“以采木言之。丈八之围，非百年之物。深山穷谷，蛇虎杂居，毒雾常多，人烟绝少，寒暑饥渴瘴疠死者无论矣。乃一木初卧，千夫难移，倘遇阻艰，必成伤殒。蜀民语曰：‘入山一千，出山五百’。哀可知也。”故“楚蜀之人，谈及采木，莫不哽咽”[⑤]。历史上，西部资源东输，对第二阶梯区域的生态环境造成了重大影响。

古谚说“欺山莫欺水”，讲的是在山上玩耍一般不会有生命危险，而在水中玩耍就容易有溺水的危险。谚语又曰“山青水必秀，山穷水必恶”，是指山上树砍光了，如逢下大雨，山上的水也变得凶恶起来，容易发大水，对人民生命和财产造成危害。而长江上游的人类活动，尤其是过度垦殖对下游的生产、生活造成了极其严重的影响。光绪《垫江县志·风俗》记载：“今生齿日繁，人皆知劝农重谷，终岁勤劳，暇日恒少。”当时长江上游尤其巴蜀地区的人口多来自长江中

---

① ［民国］谢开来，［民国］王克礼，［民国］罗映湘. 重修广元县志稿·名山［M］. 成都：巴蜀书社，1992：48–49.

② ［清］钱泳. 履园丛话·水学·水利［M］. 张伟，校. 北京：中华书局，1979：97–98.

③ ［东晋］常璩. 华阳国志［M］. 刘琳，注. 成都：巴蜀书社，1984：202.

④ ［清］张天如，［清］魏式曾. 永顺府志（同治）·物产［M］. 南京：江苏古籍出版社，2002：359.

⑤ ［清］张廷玉，［清］万斯同，［清］徐元文，等. 明史·吕坤传［M］. 北京：中华书局，1974：5938–5939.

下游的移民，“百工商贾多系荆楚、江右之民，国初迁徙而来，邑名鲜此业者”。来自长江中下游的人口在上游开发，造成“山农垦荒，沙石崩塌，积壅上流，每遇暴雨冲突，沟洫填塞，高于平田，故水潦之患多于旱年”[①]。由此可见，长江中上游的人类活动是彼此关联的。故蓝勇先生指出，我们看待长江中下游与上游关系，应“从一个历史地理角度客观辩证地分析历史进程中人类行为、自然环境变化的正负影响”[②]。

大巴山地区在森林遭破坏后，一旦大雨便会水土流失。严如熤《三省边防备览・策略》记载：“及大雨时行，巨石之随行潦下坠者，又复堆积沿途。”[③]《三省边防备览・民食》记载：“老林开垦，山地挖松，每当夏秋之时，山水暴涨，挟沙拥石而行。”[④] 马征麟《长江图说》也曾作如下总结。

> 入江之水，为省八九，深山穷谷，石陵沙阜，悉垦辟以为尽地力也。夫天之阜民，山川原隰，各有其利。山之所利，在于竹木茶果，而不在于菽麦稻粱，此所贵于通功易事也。乃山居之民，莫不髡秃其山，烧薙而犁锄之。究其收成，殊为瘠薄，而土脉疏浮，沙石迸裂，随雨流注，逐波转移。其沙石之重者，近填溪谷。其泥滓之轻者，荡积而为洲渚。平湮湖泽，远塞江河。溪谷填则近山之田亩受其漫压。江河塞则近水之田亩遭其漂荡。湖泽湮则既虞水溢，旋虑旱干。山民之所利甚微，而原隰膏腴之产，罹害何穷？[⑤]

民谚所说“欺山莫欺水”，在今看来显然是不科学的，我们既不能欺山，也不能欺水，尤其不能在山上乱砍滥伐，否则极易造成水土流失，致使田土被冲刷，江河被填高壅塞，贻害无穷。道光十一年(1831年)，湖广总督卢坤在《请调水利干员来楚修防疏》中指出，长江中下游“困于水患，不但大水为灾，即常年汛涨亦易受淹”，而在过去，“江面宽阔，支河深通，涨水容纳易消，滨江州县少有水患”。随着清中后期大量人口西迁，长江上游垦殖加剧，造成水土流失，严重影响到长江中下游的安全。“因上游秦蜀各处垦山，民人日众，土石掘松，山水

① ［清］谢必铿，［清］李炳灵．垫江县志（光绪）・舆地志［DB］．北京师范大学图书馆．

② 蓝勇．近两千年长江上游森林分布与水土流失研究［M］．北京：中国社会科学出版社，2011：361．

③ ［清］严如熤．严如熤集［M］．黄守红，朱树人，校．长沙：岳麓书社，2013：1096．

④ ［清］严如熤．严如熤集［M］．黄守红，朱树人，校．长沙：岳麓书社，2013：1024．

⑤ 中国水利水电科学研究院水利史研究室．再续行水金鉴・长江卷・长江附编七・长江图说［M］．武汉：湖北人民出版社，2004：986．

冲卸，溜挟沙行，以致江河中流多有淤洲。”[①] 上游秦、蜀各处垦山，造成水土流失，故楚汉多淤洲，也影响到航运交通。清代进入四川及秦巴山区垦殖（伐木）者多为长江中下游的两湖移民，而巴山林谚总结的是“山上毁林开荒，山下必然遭殃”。世间万物都是彼此制约的，上游垦殖，水土流失，砂石填溪谷，堵塞江河，自然罹害航运交通，影响防洪安全。

西南山区有谚：“山上郁郁葱葱，山下畜壮粮丰。”该谚将农业对森林的依赖说得十分生动形象。而林谚“苍松翠柏满山头，稻粮麦黍绿油油”则正面说出森林对农业生产的保护作用。明正德《四川志》记载黎州宣抚司的土产时指出：“多笋益林木樵苏者，为衣食之源。”[②] 王昌南《老人村竹枝百咏》诗曰：“雅爱幽居远俗尘，山蔬食遍又山珍。熊蹯鹿脯多佳味，果腹还须金裹银。山深容易度年华，除却农忙事亦赊。播种耘苗庄务华，樵苏采药尽生涯。”[③]

森林除了为人们提供柴和木材以及林副产品外，还有保护整个人类各种生产活动的巨大作用，与人类有着鱼水般的生存依赖关系，没有森林这一“衣食之源”，人类就如无水之鱼，将无法生存。从我国东西部区域经济协调发展的角度考量，西部山区的生态环境至关重要，植被、水资源保护迫在眉睫。

5. 水利与战争

关于水利与战争，宋代《武经总要·前集·水攻》曾作如下阐述。

> 夫水攻者，所以绝敌之道，沉敌之城，漂敌之庐舍，坏敌之积聚。……凡水，因地而成势，谓源高于城，本高于末，则可以遏而止，可以决而流，或引而绝路，或堰以灌城，或注毒于上流，或决壅于半济，其道非一。须先设水平，测度高下，始可用之也。[④]

作为“地利”的一部分，水利对于军事的影响可见一斑。宋代许洞《虎钤经·地利第二》指出：“地之形，险易殊也；地之气，寒热异也。用形与气，在知逆顺焉。昧此道者，不能得地利必矣。”[⑤] 无独有偶，《投笔肤谈·地纪第十二》也曾作如下论述。

---

① ［清］倪文蔚．荆州万城堤志·疏筑备考［M］．毛振培，栾临滨，李锋，校．武汉：湖北教育出版社，2002：352．

② 出自明代正德年间熊相纂修的《四川志·黎州宣抚司·土产·山川》，四川大学图书馆依原刻钞本于 1961 年 5 月影钞，笔者查于西南大学历史学院资料室。

③ 林孔翼，沙铭璞．四川竹枝词［M］．成都：四川人民出版社，1989：47．

④ ［北宋］曾公亮，［北宋］丁度．武经总要·前集·水攻［M］．北京：解放军出版社，1991：477-478．

⑤ 雷庆．中国兵学文化名著·虎钤经·地利［M］．延吉：延边大学出版社，1995：262．

凡地之大势有六：一曰要地，二曰营地，三曰战地，四曰守地，五曰伏地，六曰邀地。要地者，山川之上游、水陆之都会，可以跨据控引者也。营地者，背高而面下，进阔而退平，利水草，可依傍者也。战地者，平原广野之冲，草浅土坚之处，可驰骋突击者也。守地者，川流环抱之区，山坂峻险之塞，相为联络而不断者也。伏地者，层山广谷之中，茂林蓊翳之所，可以藏匿诱引者也。邀地者，间道歧路之乡，关塞要津之扼，可阻绝而横击之者也。此六者，兵家之善地也。得之者胜，失之者败。得失之机，将当先知也，而地之利害不与焉。①

地利之“六地”，以“要地”为首，“要地”又以“山川之上游、水陆之都会”为先。其他方面，“营地”须“利水草”，“守地”须“川流环抱”，等等。中国地形西高东低，在海拔上形成三个阶梯，黄河、长江、珠江等均自西向东流。东西展开军事较量，西方沿着江河东进，则占有军事之地利，水战的优势会更加明显。明代《谷山笔麈·形势》对此有过精彩的描述。

唐都长安，每有盗寇，辄为出奔之举，恃有蜀也，所以再奔再北而未至亡国，亦幸有蜀也。长安之地，天府四塞，辟如堂之有室，蜀以膏沃之土处其闽阈，辟如室之有奥，风雨晦明有所依而蔽焉。盖自秦、汉以来，巴、蜀为外府，而唐卒赖以不亡，斯其效矣。……南面而临天下，形胜则甚伟矣。②

古都长安堪称“要地”“营地”“战地”“守地”“伏地”“邀地”。古代巴蜀也兼具“六地”的特点，尤其作为“战地”“守地”“伏地”，巴蜀确实是“攻取之先资”。对此，明末军事家总结如下。

是故从来有取天下之略者，莫不切切于用蜀。秦欲兼诸侯，则先并蜀，并蜀而秦益强富，厚轻诸侯。晋欲灭吴则先举蜀，举蜀而王濬楼舡自益州下矣。桓温、刘裕有问中原之志，则先从事于蜀。苻坚有图晋之心，则亦兼梁益矣。宇文泰先取蜀，遂灭梁。隋人席巴、蜀之资，为平陈之本。杨素以黄龙平乘出于永安，而沿江镇戍，望风奔溃。唐平萧铣，军下信州。后唐庄宗灭梁之后，则先吞蜀，未可谓非削平南服之雄心也。宋先灭蜀，然后并江南，收交广。南渡以后，赵鼎谓欲图关中，当自蜀始。张浚虑金人据陕窥蜀，而东南不可保也，于是守蜀之谋甚备，终宋之世，恒视蜀之安危为盛衰。刘整之叛降于蒙古也，献计曰：“欲取江南宜先取蜀，取蜀而江南可平。”盖蜀者，秦陇之肘腋也，吴楚之喉吭也，是诚攻取

① 吴如嵩．中国古代兵法精粹类编［M］．北京：军事科学出版社，1988：74．
② ［明］于慎行．谷山笔麈·形势［M］．吕景琳，校．北京：中华书局，1984：136．

之先资也。①

中国东西海拔之阶梯形成了中国东西军事之地利，沿长江东下，便占有“战地”“守地”“伏地”之水利优势，地利优势明显，是取得天下的必备要素。

6. 一山四季

我国西南或西北高山峡谷地带，不乏一山有四季的奇观，山顶皑皑白雪，山腰似春，峡谷似夏，这在横断山区、祁连山、天山尤其明显。云贵、武陵山区、神农架林区等地气候也有较大差异。乾隆时张乃孚《合阳竹枝词》描写了四川合川地区因海拔差异、地理环境不同、气候变化大，高山低山服饰殊异，诗曰：“冬衣典尽我偏愁，气候不齐翻似秋。雨冻桐花寒未减，江城四月尚披裘。”②咸丰时彭润芳《峨山竹枝词》描写道：“相逢一笑各匆匆，十里风光便不同。山上重裘上下葛，清和只在半山中。”③藏区和川西彝区气候寒冷，御寒之物多属披毡。道光时李瑜《雷波竹枝词》载：“帕帽笼头赤两趺，六环缀耳贯蕉珠。负盐驼笋羼提劫，也曳腰裙学汉姝。”④披毡服饰主要存在于第一阶梯地区和部分第二阶梯地区。

乾隆时郑王臣《会川竹枝词》在描写会理县时写道：“披沙六月雪茫茫，迷易行人汗似浆。人意亦随天意变，一般世界异炎凉。”作者自注云：“当地州属披沙极寒，迷易极暖。”⑤会理县海拔高差大，一地气候四重天，“人意”自然要适应“天意”。“披沙”就是披毡服饰，第一阶梯和第二阶梯地区的地理环境，催生了适应地理环境的服饰。《农书·地势之宜篇第二》曰：“夫山川原隰，江湖薮泽，其高下之势既异，则寒燠肥瘠各不同。大率高地多寒，泉冽而土冷，传所谓高山多冬，以言常风寒也；且易以旱干。下地多肥饶，易以渰浸。故治之各有宜也。”⑥同一纬度寒暖殊异，土地种植条件不同，各地服饰也不同，就是海拔不同造成的。这种气候差异在云贵、川西、湘西、鄂西等第二阶梯地区尤为突出，对此，道光《思南府续志·气候》记载如下。

> 寒暑之气，南北迥殊。思南地届楚蜀，岁隆寒甚，暑不过数日，四时举，视雨旸为寒暑其大较也。然一郡之地，高山、平原、气候各异。山则寒

---

① ［清］顾祖禹. 读史方舆纪要·四川方舆纪要叙［M］. 贺次君，施和金，校. 北京：中华书局，2005：3094-3095.

② 林孔翼，沙铭璞. 四川竹枝词［M］. 成都：四川人民出版社，1989：135.

③ 林孔翼，沙铭璞. 四川竹枝词［M］. 成都：四川人民出版社，1989：131.

④ 林孔翼，沙铭璞. 四川竹枝词［M］. 成都：四川人民出版社，1989：257.

⑤ 林孔翼，沙铭璞. 四川竹枝词［M］. 成都：四川人民出版社，1989：259.

⑥ ［南宋］陈旉. 陈旉农书校注［M］. 万国鼎，注，北京：农业出版社，1965：24.

> 多于燠，原则燠多于寒，故其插种收成，前后每差半月。黔固称漏天，然其地硗薄，梯山为田，既乏水泉，则必资雨以为灌荫，故五、六、七等月雨不厌多，此固苍苍大生之德，所以滋百谷而活群黎也。①

贵州各地气候各异，同处第二阶梯地区的鄂西南也是如此。光绪《长乐县志·气候》记载：“地高气多寒，地下气多煖……长乐处深山穹谷之中，气候与他处颇异然，一邑之中亦各有不同，其实寒多于热。……城乡等处，暑月雨多，亦必着棉类衣，四季可蓄棉被，甚至一日有寒热两候。”②同治《恩施县志·风俗志·地情》对山腰地区的气候也作了类似记载。

> 深山天气多寒，蝗蝻不作。种植虽艰，尚喜人少呼庚之岁。山深林茂，入夏蒸湿颇甚，每遇炎暑，旦夕亦觉清凉。盖四围皆层峦叠峰，惟山高处恒多大风，城内及平坦之地，罕有烈风，但潮气凝而难散。冬积雪至春暖之交始尽。③

第二阶梯高山地区气候各异，寒暑温差大。鄂西地区民谚曰：“午前如春，午后如秋，深夜如冬。”“清明不断雪，谷雨不断霜。夏天不离被，六月不乘凉。”高山地区多雾、多风，这是高山地区虽处盛夏但较寒冷的原因。为此，高山住户形成了独特的用于保暖的建筑结构，自古以来家家屋中有火塘，四季烤火取暖，造就了具有地域特色的火塘文化。从清末鄂西南县志描述的气候看，整个土家族地区温差大，皆因高山海拔差异大。

海拔差异造成地貌差异，同时造成生产生活方式的差异。同为西部地区的巴地和蜀地有“巴有将、蜀有相”之说，只因巴地山险，长江滩急，人勇敢而轻生，以巴蔓子为文化符号；蜀地得都江堰之滋润，成“天府之国”，物产丰富，文教发达，故多文人才俊，以司马相如为代表。而同为巴地之人，山上之人善于背负、爬树、赶仗（打猎），山下之人善于挑担、游泳、操舟，此都是海拔、地形、地产造成的。

三、水之气候：北寒南暖

北方气候寒冷，南方气候温暖，是为常理，这在以农立国的古代中国，对农

① ［清］夏修恕，［清］萧琯．思南府续志（道光）·气候［G］．1965：15．

② ［清］李焕春．长乐县志（光绪）·分野志［M］．南京：江苏古籍出版社，2001：123-124．

③ 恩施县地方志编纂委员会．恩施县志（同治）·风俗志［G］．1982：285-286．

业生产影响较大。清代蒲松龄在《种桑法》中指出南北差异，“南方暖，十月埋栽，北方寒，宜秋栽”[①]。关于南北气候，中国古代文献及文学描绘极其丰富，例如《穆天子传》曰：“北风雨雪，天子游黄台之丘，骛于苹泽，日中大寒，北风雨雪，有冻人。”此句记载了周代时北方寒冷，暴雪中有人冻死的情况，反映了北方寒冷气候的威力。各地的风雪雨霜也是受气候影响而形成的，例如《论衡》曰：“云雾，雨之征也，夏则为露，冬则为霜，温则为雨，寒则为雪，雨露冻凝者，皆由地发，不从天降。”[②]寒暖“皆由地发”，实则因为地域气候不同，降水形式有雨、雪、露、霜多种，所谓一方水土养一方人，其实是为一定气候环境背景下的“地气”（气候）所养。《管子·幼官第八》指出：“春行冬政，肃行秋政，雷行夏政。阉十二地气，发戒春事。十二小卯，出耕。十二天气下，赐与。十二义气至，修门闾。”[③]《管子》要求人们在不同季节和气候条件下应做该做的事情，而“地气”“义气”为不同的气候条件。“气”近似今日的气候。

《淮南子·俶真训》指出：“有未始有有始者，天气始下，地气始上，阴阳错合，相与优游竞畅于宇宙之间。”此处的“气”，与我们所说的气候有差别，但有气候的特征，“天气”为阳气，“地气”为阴气，强调阴阳调和。《淮南子·俶真训》曰：“天含和而未降，地怀气而未扬，虚无寂寞，萧条霄霓，无有仿佛，气遂而大通冥冥者也。”[④]在秦汉时期的古人眼里，这一类似气候的天地之“气”，存在于宇宙（冥冥）之中，虚无而有，有而难触，不可违背，是不可抗拒的自然现象。

中国幅员辽阔，气候极其复杂。海拔不同，自然气候不同，水资源分布殊异。在我国横断山区、武陵高山地区、秦巴山区、天山、祁连山等山地，素有“一山有四季，十里不同天”的情况。数千年来，气候影响着中华民族的历史进程和发展。

1. 南北雨雪

《艺文类聚》引《毛诗》曰：“北风其凉，雨雪其雾。又曰：今我来斯，雨雪霏霏。又曰：上天同云，雨雪雰雰。又曰：雨雪瀌瀌，见晛日消。”[⑤]这一句描绘了当时的气候情况，有雨雪、北风、云雾、阳光，诗人将见到的气候以最简洁的语言表达了出来。《山海经》为古地理书，也是研究中国古代气候可资参考的资料。下

① ［清］蒲松龄．农桑经校注·种桑法［M］．李长年，校．北京：农业出版社，1982：89.

② ［唐］欧阳询．艺文类聚·雪［M］．汪绍楹，校．上海：上海古籍出版社，1982：21-22.

③ 黎翔凤，梁运华．管子校注·幼官第八［M］．北京：中华书局，2004：146-147.

④ ［西汉］刘安．淮南子全译·俶真训［M］．许匡一，注．贵阳：贵州人民出版社，1993：54.

⑤ ［唐］欧阳询．艺文类聚·雪［M］．汪绍楹，校．上海：上海古籍出版社，1982：21.

面以《山海经·北山经》为例，看其记载的山川、河流所在地域的气候情况。

《山海经·北山经》记载："又北二百三十里，曰小咸之山，无草木，冬夏有雪。"该山不可考，冬夏有雪，表明北方气候寒冷。《北山经》曰："又北三百八十里，曰狂山，无草木。是山也，冬夏有雪。狂水出焉，而西流注于浮水，其中多美玉。"狂山、狂水无考，浮水也难究其义，似乎是一条内陆河流，也可能是季节性河流。在中国北方，水向西流的，唯有新疆、内蒙古、甘肃和青海等地的内陆河流。这些地方气候寒冷，高山上冬夏积雪，少草木，而西北的新疆、陕西等地雨雪丰富，与描述相符。《北山经》曰："又北四百里，曰姑灌之山，无草木。是山也，冬夏有雪。"该山无考，但其非常靠近北部，天气自然寒冷，不适应草木生长。《北山经》曰："又东北三百里，曰教山，其上多玉而无石。教水出焉，西流注于河，是水冬干而夏流，实惟干河。"教山可能为山西古王屋山的一部分，教水"西流注于河"，而黄河唯有汾水西流，因此教水可能为汾水上游。至于汾水，尤其是汾水上游，本来降雨就少，"冬干而夏流"是其本来特征。《北山经》曰："又北二百里，曰空桑之山，无草木，冬夏有雪。空桑之水出焉，东流注于虖沱。"[①]今山西有滹沱河，不知虖沱是否与之为同一河流。滹沱河东流，与《山海经》所述相符，而空桑山不属于中原的空桑，可能为太行山的一部分。

《山海经·北山经》所载小咸之山、狂山、狂水、姑灌之山、教山、教水、空桑之山、空桑之水，部分有河流，部分没有。有的河流是季节河，这与北方干燥气候相符——北方多雪，高山四季白雪皑皑；干旱少雨，草木稀少。这些特点验证了《山海经》记载的我国北方的气候特征，正是这些气候特征影响了相应地区的特产、生物的多寡。例如《北山经》记载，上述地区动物很少，五谷也少，这与北方以游牧经济为主的特点是相符的。虽然《北山经》所述的山川、河流具体难考，但其居于北方是无疑的，而其气候寒冷、少草木的特点几乎为现实特征的再现。

《山海经·大荒南经》记载了南方地区因气候温暖潮湿，故物产丰富。《山海经·大荒南经》记载："南海之外，赤水之西，流沙之东，有兽，左右有首，名曰跊踢。有三青兽相并，名曰双双。""赤水之东，有苍梧之野，舜与叔均之所葬也。爰有文贝、离俞、（鸱）〔鸥〕久、鹰、贾、委维、熊、罴、象、虎、豹、狼、视肉。"《山海经·大荒南经》又载："有臷民之国。帝舜生无淫，降臷处，是谓巫臷民。巫臷民朌姓，食谷，不绩不经，服也；不稼不穑，食也。爰有歌舞之鸟，

① 袁珂．山海经校译·山海经第三·北山经［M］．上海：上海古籍出版社，1985：59-70．

鸾鸟自歌，凤鸟自舞。爰有百兽，相群爰处。百谷所聚。"[①]晋人认为，"载民之国"就在今天重庆和宜昌一带的巴人生活区域。《华阳国志·巴志》记载："其民质直好义，土风敦厚，有先民之流。故其诗曰：'川崖惟平，其稼多黍。旨酒嘉谷，可以养父。野惟阜丘，彼稷多有。嘉谷旨酒，可以养母。'"《华阳国志·巴志》和《山海经·大荒南经》所载的情况确实相近。古巴地就是今天重庆和宜昌之间的三峡地区，江河纵横，盐泉众多，人们不仅可以渔猎，而且能够用食盐换回所需物资，故能"不绩不经，服也；不稼不穑，食也"，成为"百谷所聚"之地，这也是三峡之水滋润的结果。《华阳国志·巴志》又载，该地"土植五谷，牲具六畜。桑、蚕、麻、纻、鱼、盐、铜、铁、丹、漆、茶、蜜、灵龟、巨犀、山鸡、白雉、黄润、鲜粉，皆纳贡之。其果实之珍者，树有荔芰，蔓有辛蒟，园有芳蒻、香茗，给客橙、葵。其药物之异者，有巴戟、天椒。竹木之璝者，有桃支、灵寿"[②]。

《山海经》有关南方物产丰富的描述与现实相符，因此，从地域方位看，其是有科学道理和现实意义的。

从《山海经》记载的南北气候差异看，北方气候寒冷，高山四季积雪不化，河流径流量少，有的河流时有断流现象，原因在于北方水少、气候寒冷，不适合动植物生长，草木少，动物少，物产自然少。而南方水多，气候温暖，适合动植物生长，故五谷多，动植物品种多样。

北方气候寒冷，暖季短，不利于作物生长，加上水源比南方少，在地方治理方面必然有巨大的差异。战国时白圭问孟子曰："吾欲二十而取一，何如？"孟子主张施行仁政，认为国家应轻徭役，对于二十税一，《孟子集注·告子章句下》记载了孟子的回答。

> 夫貉，五谷不生，惟黍生之。无城郭宫室、宗庙、祭祀之礼，无诸侯币帛饔飧，无百官有司，故二十取一而足也。今居中国，去人伦，无君子，如之何其可也？陶以寡，且不可以为国，况无君子乎？欲轻之于尧、舜之道者，大貉小貉也；欲重之于尧、舜之道者，大桀小桀也。[③]

北方五谷不生，唯能生长黍这种作物，而且产量极低，因此二十税一是比较适合北方游牧民族（政权）所处的气候环境及其拥有的经济条件的。中原则难以完全施行二十税一，毕竟中原物产丰饶，气候更适合人居住，治理方法和北方游牧地区差异较大。这也是北方地广人稀、中原人多的重要原因。正如《山海经·

① 袁珂．山海经校译·山海经第十五·大荒南经［M］．上海：上海古籍出版社，1985：258-259．

② ［东晋］常璩．华阳国志·巴志［M］．刘琳，注．成都：巴蜀书社，1984：25-28．

③ ［南宋］朱熹．四书集注·孟子集注·告子章句下［M］．长沙：岳麓书社，1987：494．

大荒南经》记载："有臷民之国。……爰有歌舞之鸟，鸾鸟自歌，凤鸟自舞。爰有百兽，相群爰处。百谷所聚。"物产丰饶，人们安居乐业，自然载歌载舞。《华阳国志·巴志》也记载："其民质直好义，土风敦厚，有先民之流。"丰富的物产也影响到了巴地的风俗，对此，《山海经·大荒西经》有如下记载。

> 西海之南，流沙之滨，赤水之后，黑水之前，有大山，名曰昆仑之丘。有神，人面虎身，有文有尾，皆白，处之。其下有弱水之渊环之，其外有炎火之山，投物辄然。有人戴胜，虎齿，有豹尾，穴处，名曰西王母。此山万物尽有。①

《大荒西经》上述记载看似晦涩难懂，但从其描绘的方位看，当在我国西南方向，位于今天藏东、川西、滇北所在的高山峡谷区。我国古代的黑水、若水、流沙、赤水都在此范围内。该地虎豹很多，且有白虎，人们为吓唬动物，身体上文了动物，披上虎豹的皮，此所谓"炎火之山，投物辄然"，与西南多火井（天然气）有关。《水经注·江水》记载四川煮盐用火井，"盖蜀火井之伦，水火相得乃佳矣"，"江水又径临邛县，王莽之监邛也。县有火井、盐水，昏夜之时，光兴上照"②。明代《五杂组》记载："洱海水面火高十余丈，蜀中亦有火井，是水亦能生火也。火山地中不生草木，锄镢所及，应时烈焰，是土亦能生火也。至于阳燧火珠，向日承之皆可得火，火固不独生于木也。"③该记载反映的地理状况与《山海经·大荒西经》描述的地域相符，正是我国气候极其特殊、海拔最高，且有各种民族活动的地域。该地"万物尽有"，何地能有如此丰富的物产？考察中国地理，唯有今天的西南横断山区、金沙江、澜沧江、雅砻江、安宁河、怒江等河谷地带。该区域山高数千米，高山常年积雪而为冬，中山则为春秋气候，低山四季炎热，可谓"一山有四季"。只有在这种气候条件下，方能"万物尽有"。"一山有四季""十里不同天"，正是如今金沙江、澜沧江、怒江三江并流而不交汇的奇特自然地理景观的直观体现。

"三江并流"是一种典型的地貌景观。从山地地貌的角度看，有金沙江、澜沧江、怒江三江流域的高山峡谷，有横断山冰川遗迹和现代冰川地貌、横断山高山丹霞地貌、横断山花岗岩峰丛地貌、横断山高山喀斯特地貌及高原、雪山、草甸、高山冰蚀湖泊群等；从峡谷地貌的角度看，有金沙江河谷、安宁河谷、雅砻江河谷、怒江河谷、澜沧江河谷。河谷（低山）与山腰地区物产丰富，民族众多，因而被

① 袁珂. 山海经校译·山海经第十六·大荒西经［M］. 上海：上海古籍出版社，1985：272.

② ［北魏］郦道元. 水经注校证［M］. 陈桥驿，校. 北京：中华书局，2007：765–767.

③ ［明］谢肇淛. 五杂组·天部二［M］. 傅成，校. 上海：上海书店出版社，2001：37.

誉为“世界生物基因库”。该区域不到我国国土面积的4‰，却拥有全国20%以上的高等植物，故有“天然高山花园”之称。又因动物种数占全国的25%，所以堪称中国的“动物王国”。之所以产生这种奇特现象，就在于其独特的山地、峡谷地貌和气候。这难道不是该地区的独特气候创造的奇迹吗？

2. 气候与政治

在中国历史上，气候并非一成不变，而是一直处在波动中。实际上，人类的产生也有气候变迁的因素。学者指出，气候变化使部分地区的森林消失，迫使森林中的古猿下地行走，手足得以分工，这成为古猿从事劳动的先决条件。而湿润的气候环境特别有利于古文化的发展，距今4000～5000年的新石器时代，是我国历史上气候最好的时期，产生了原始农耕文化，即由过去旧石器时代以打制石器采集和狩猎的阶段过渡到农业、采集、狩猎并行的阶段。气候转暖自然有利于各个地区旱地农作物的生长，也有利于人类开展原始耕作[①]。

黄河流域成为三代（夏、商、周）到秦汉以至唐宋的核心文化区，其中也有气候的因素。以中国气候带划分来看，长城以南为寒带，其如《山海经·北山经》描述的那样，气候寒冷，水源短缺，生物物种单一，此地虽有诞生文明的动力，但缺乏发展文明的物质基础。而热带地区炎热、潮湿，正如《山海经·大荒南经》记载：“爰有百兽，相群爰处。百谷所聚。”又如《山海经·大荒西经》记载：“万物尽有。”南方物产丰饶，生物多样，为人们的基本生存提供了可能。

然而换个角度看，物产丰饶有时也会助长人们的惰性。例如南方蜀地，“家有盐铜之利，户专山川之材，居给人足……盖亦地沃土丰，奢侈不期而至也”[②]。衣食“不期而至”，人们难免缺乏创造的动力，失去进取的诱因。对此，《淮南子·原道训》阐述如下。

> 人生而静，天之性也；感而后动，性之害也；物至而神应，知之动也；知与物接，而好憎生焉。好憎成形，而知诱于外，不能反己，而天理灭矣。故达于道者，不以人易天，外与物化，而内不失其情，至无而供其求，时骋而要其宿。[③]

古人适应环境，大多是被动的，是“感而后动”“知诱于外”，而不是发乎内。人类往往“至无而供其求”，在面对丰饶的物产时，自然缺乏外在动力。以中国黄河流域为代表的暖温带的大河区域，“气候适中，疏松肥沃的土壤有利于石器

① 蓝勇. 中国历史地理学［M］. 北京：高等教育出版社，2002：36-40.

② ［东晋］常璩. 华阳国志·蜀志［M］. 刘琳，注. 成都：巴蜀书社，1984：225.

③ ［西汉］刘安. 淮南子·原道训［M］. 顾迁，注. 北京：中华书局，2009：9.

时代的工具大量拓殖，大江大河有利于农业灌溉，适度的森林和开阔的土地为人类进取奠定了基础。这种文明产生的生产力与温带大河流域的环境的碰撞便是中国黄河文明形成超前的核心区的关键所在”[①]。例如，黄河流域的郑国地处中原，食采于宗周畿内，《汉书·地理志》记载：“四方之国，非王母弟甥舅则夷狄，不可入也。其济、洛、河、颍之间乎！”地处中原的核心区域，北可吸纳游牧文化，西可吸纳渭水和关中的旱作农耕文化，东可吸纳带有海洋文明的齐鲁商业和农业混合经济文化，南可吸纳楚地稻作文化，在吸纳和辐射方面处于主导地位，故能先发展起来。夏商时期，之所以能够形成高度文明，便在于以黄河流域相对温暖、潮湿的气候为背景，加之地处中原，交通四通八达，物资四方辐辏。《汉书·地理志》引《诗经》曰：“出其东门，有女如云。”又曰：“溱与洧，方灌灌兮。士与女，方秉蕑兮。”[②]它们分别出自《诗经·国风·郑风》中的《出其东门》和《溱洧》。“出其东门，有女如云”是指郑国古都东门来自各地的人口众多，体现了郑国作为四方之国，经济发达。但是同时，四方之国四面受敌，各地诸侯都欲“问鼎中原”，这一区域也成为兵家必争之地。《溱洧》诗歌唱到“溱与洧，方涣涣兮。士与女，方秉蕑兮”“溱与洧，浏其清兮。士与女，殷其盈兮”[③]，描绘的是溱水与洧水岸边，鸟语花香，男女相爱，嬉戏游玩。《汉书·地理志》将“涣涣”改为“灌灌”，显然是因为班固看到郑国溱水与洧水农业灌溉发达，看到了水之利的一面。

黄河流域处于暖温带，这一气候环境适合农耕文明，故该区域的人们常通过诗歌以水喻情。班固自然也注意到了这一点，例如《汉书·地理志》记载黄河殷都故地邶、庸、卫三国所在地域时曰：“《邶诗》曰‘在浚之下’；《庸》曰‘在浚之郊’；《邶》又曰‘亦流于淇’‘河水洋洋’；《庸》曰‘送我淇上’‘在彼中河’；《卫》曰‘瞻彼其奥’‘河水洋洋’。故吴公子札聘鲁观周乐，闻《邶》《庸》《卫》之歌，曰：‘美哉渊乎！吾闻康叔之德如是，是其《卫风》乎？’”[④]“美哉渊乎”道出了中原人对水的赞誉，因为水可资农业灌溉。黄河文明之所以能够长期领先其他区域，就在于它拥有适宜的暖温带气候，在黄河各干支流的滋润下，通过农耕这一生产方式，在文明区位中“居中”。从某种角度说，文明的产生是由生产方式决定的。因此有学者指出，“中央”所在之中原地区的“区域物质文化和精神文化超前形成的吸力主要不靠区位，而是靠区域的综合环境与文明产生

① 蓝勇. 中国历史地理学［M］. 北京：高等教育出版社，2002：44.

② ［东汉］班固. 汉书·地理志［M］. ［唐］颜师古，注. 北京：中华书局，1962：1652.

③ ［先秦］佚名. 诗经上·国风［M］. 刘毓庆，李蹊，注. 北京：中华书局，2011：231-236.

④ ［东汉］班固. 汉书·地理志［M］. ［唐］颜师古. 北京：中华书局，1962：1647.

所需的生产力的最佳碰撞的超前核心的形成。”[①]

当然，地理区位对于文化的形成还是非常重要的。春秋战国时期，地处中原的韩国、魏国、宋国、郑国等国并没有能力统一中国，在争霸过程中，反倒是地处边鄙的晋国、秦国、齐国、楚国、吴国及越国都曾入主中原，会盟而称霸，何也？皆因“四方之国”也为“四战之地”，对于晋国、秦国、齐国、楚国、吴国及越国来说，并非晋国有山原之利，秦有崤关之险，楚国有江汉之利，齐国有鱼盐之利，吴越有长江之险和舟舰之利，而在于中原作为三代故地，不影响其在各地作为“中心”区位的地位。历朝历代皆以“入主中原”或“问鼎中原”为统治天下的先决条件，因为中原有四达之便，中原之农耕是为固国之本。

数千年来，中国的气候有一个变迁的历程，总体上体现出由温暖变寒冷的过程。“由于气候寒冷，北方游牧民族长期处于一种高压状态，威胁中原农业民族。”[②]以长城为断的北方游牧民族，牲畜常常被冻死，或因缺少水草而耗损严重，迫于生计和生存压力，凭借骑兵的机动性，必然南下劫掠，从而对中原农耕造成破坏。魏晋南北朝时期的“五胡乱华”，就是一大明证。

在外力压迫下，作为中原地区的黄河流域，“由于气候寒冷，黄河流域农业经济衰落，中国政治经济文化中心南移成为定局”[③]。也就是说，气候寒冷催生北方游牧民族南下，同时加剧了黄河文明农耕的衰弱。显而易见，气候变迁在其中起到了重要的外部催化作用。蓝勇指出：“由于气候寒冷，自然灾害频率大，社会处于十分不稳定的状态，影响了中国农业技术的进步和农业经济推动力和效率的转换。”[④]整个中华民族的历史进程都受到了气候的影响，而作为地域文化，自然也会受到各个历史时期气候的影响。同一时代，即使同年同月，由于中国国土辽阔，气候差异大，对各地区域文化的影响也是非常大的。气候不同，水的径流量便不同，各地水量不同，暖湿也就不同，自然影响人类的生产生活，进而影响区域文化特性的塑造和定型。秦汉以来，除了隋唐时出现过一个温暖潮湿期，整个中国的气候都趋向寒冷，致使自然灾害频繁，中原农耕文明遭到破坏，中华文明的历史轨迹也因此发生了改变。以此看来，确实是气候“化”人。

3. 气候与物产

我国西部地处第二阶梯和第三阶梯区域，多丘原和山地，例如川西、湘西、

---

① 蓝勇. 中国历史地理学［M］. 北京：高等教育出版社，2002：44.

② 蓝勇. 中国历史地理学［M］. 北京：高等教育出版社，2002：53.

③ 蓝勇. 中国历史地理学［M］. 北京：高等教育出版社，2002：56.

④ 蓝勇. 中国历史地理学［M］. 北京：高等教育出版社，2002：60.

鄂西南、渝东南、云贵、陕南、甘南地区都有“七山一水二分田”之说；山地面积占整个西部国土面积的70%以上，山间分布着少量的峡谷、台地、盆地、平原。山地不仅面积大，而且以高山、二高山为主。这一特点使同一海拔区域的气候差异十分明显。光绪《长乐县志·气候》曾对鄂西的气候记载如下。

> 长乐处深山穹谷之中，气候与他处颇异然，一邑之中亦各有不同，其实寒多于热。近城等处与渔洋关、通塔坪各地气转暖，故田地可种两季，其余地气寒冷，只种一季。亦有以洋芋、诸豆、杂粮、包谷而种之，谓为雨季者。……初春余寒有如隆冬，俗谓倒春寒；夏日霪雨连旬，必着棉絮，秋后余热或较甚三伏，俗谓秋老虎；冬或晴久，虫率蠕然动，间有春花开放者，按此与东湖、鹤峰等处略同。高荒暑月可着棉衣，遇阴雨即当围炉披裘，此等冷地包谷亦不可种，即种结包仅长寸许，故土人多种洋芋以为粮。①

比较我国东西方向，东部季风盛行，冬天干冷，夏季潮热，雨量集中；西北内陆，水分循环极不活跃，降水稀少，是典型的沙漠和半沙漠干旱气候。相比之下，东部水量多，西部水量少。南北水量比较，则南多北少，且季节差异极大。明代《五杂组》指出：“闽距京师七千余里，闽以正月桃花开，而京师以三月桃花开，气候相去，差两月有余。然则自闽而更南，自燕而更北，气候差殊，复何纪极？”②《五杂组》明确指出，福建和北京桃花盛开的时节相差两个月，是气候造成的。《管子·禁藏》指出：“夫民之所生，衣与食也。食之所生，水与土也。”③在地域文化中，衣食文化即今日的服饰文化和饮食文化，两者之间的差异显然受到了水土的影响。中国地域广阔，各地水土差异体现了不同气候条件的差异。《五杂组》指出：“闽田两收，北人诧以为异，至岭南则三收矣。斗米十余钱，鱼虾盈市，随意取给不甚论值。单夹之衣可过隆冬，道无乞人，户不夜闭，此真极乐世界。惜其天多瘴雾，地多虫蛇，屋久必蛀，物久必腐，无百年之室，无五十年之书，无二十年之衣，故上不及闽，下不及滇也。”④此文指出了南北气候不同，农作物生长周期不同——北方只能种一季，福建可以种两季，岭南可种三季。而所种周期不同，收获自然不同，进而人民的物质丰富程度也就不同，最终人民的性格当然也有差异。

---

① ［清］李焕春．长乐县志（光绪）·分野志［M］．南京：江苏古籍出版社，2001：123-124.

② ［明］谢肇淛．五杂组·天部二［M］．傅成，校．上海：上海书店出版社，2001：19.

③ 李山．管子·禁藏［M］．北京：中华书局，2009：303.

④ ［明］谢肇淛．五杂组·地部二［M］．傅成，校．上海：上海书店出版社，2001：79.

4. 气候与性格

物质丰裕与否确实影响人的性格，《管子·牧民》指出："凡有地牧民者，务在四时，守在仓廪。国多财，则远者来；地辟举，则民留处；仓廪实，则知礼节；衣食足，则知荣辱。"[①]关于这一点，北方游牧民族经常南下确有灾害的原因。中国历史上，北方游牧民族多次劫掠南方，无疑受到了自然资源丰裕程度的影响。一年农作二收、三收，"斗米十余钱，鱼虾盈市，随意取给，不甚论值"，有纬度的原因，也有气候的原因——北方多旱，南方多水，必然致使物质丰裕程度不同。在明代人眼里，南方尤其是江南，相比北方确实是"极乐世界"。当然，温暖潮湿对生活也有负面影响。南方多瘴雾，地多虫蛇，房屋和衣物容易遭虫蛀，任何物资放久了都容易腐烂。此外，人的性格也受到气候的影响，不过，人类总能积极主动适应气候条件。例如四川一些少数民族就如候鸟一般，不同季节往返于不同地域之间。《华阳国志·蜀志》描述汶山郡时有如下记载。

> 东接蜀郡，南接汉嘉，西接凉州酒泉，北接阴平。有六夷、羌胡、羌虏、白兰峒、九种之戎，牛马、旄毡、班罽、青顿、毞毲、羊羖之属。特多杂药名香。有醎石，煎之得盐。土地刚卤，不宜五谷，惟种麦。而多冰寒，盛夏凝冻不释。故夷人冬则避寒入蜀，庸赁自食，夏则避暑反落，岁以为常，故蜀人谓之作氐、白石子也。[②]

往返于不同地域的人口活动，便是积极适应气候的反映，这种现象在今天川西仍有遗存。这种适应气候的商贸活动，也体现了我国各地、各民族经济文化的互动性和彼此之间的依赖性。

5. 气候与军事

在军事上，北方军队南下，因为不适应南方的气候和环境，士兵多生疾病，例如曹操攻打东吴。而南方军队北上，往往遭到失败。对此，《明史》有如下精彩描述。

> 王次孤山。逻骑还报曰白河流澌不可渡。王祷于神，至则冰合，乃济师。景隆遣都督陈晖侦敌，道左，出王军后。王分军还击之，晖众争渡河，冰忽解，溺死无算。……十二月，景隆调兵德州，期以明年春大举。王乃谋侵大同，曰："攻大同，彼必赴救，大同苦寒，南军脆弱，且不战疲矣。"……二年春正月丙寅，克蔚州。二月癸丑，至大同。景隆果由

① 李山. 管子·牧民［M］. 北京：中华书局，2009：2.

② ［东晋］常璩. 华阳国志·蜀志［M］. 刘琳，注. 成都：巴蜀书社，1984：295-296.

紫荆关来援。王已旋军居庸，景隆兵多冻馁死者，不见敌而还。[①]

靖难之役中，燕王朱棣位于北方，建文政权位于南方，在夺取南京的军事斗争中，北方军队合理运用南北气候的差异，成为军事胜败的关键之一。《虎钤经·地利第二》曾总结道："行师者不能择而用之，斯亦更北南之所便也。冀其成功，远矣。是知地之所利者，可兼而有乎。善用兵者，择利而从之，善矣。"[②]用兵时，须对地利、气候等诸多因素综合考量，择其利而从之，方为上策。《淮南子·兵略训》指出："风雨可障蔽，而寒暑不可开闭，以其无形故也。"[③]风雨来临时，人们可以凭借房屋、洞穴或工具遮蔽，因为风雨有形；气候造成寒暑冷热则是客观存在，无形，不随人意志而转移。

总之，气候不同，风雨多寡也不同，由此导致水环境不同，各地域的物产各异，人的性格有别。从中可以看出，水土与气候相伴相生，彼此作用，对地域文化产生了巨大影响。

---

① ［清］张廷玉，［清］万斯同，［清］徐元文，等．明史·本纪第五·成祖一［M］．北京：中华书局，1974：71．

② 雷庆．中国兵学文化名著·虎钤经·地利第二［M］．延吉：延边大学出版社，1995：262．

③ ［西汉］刘安．淮南子·兵略训［M］．顾迁，注．北京：中华书局，2009：227．

第三章　水对地域文化的影响

水对地域文化影响很大，影响因素包括水量丰歉、水质好坏、水产充裕与否、地貌植被及水土涵养情况等。长江的流域面积只比黄河大 1.5 倍，径流总量（9600 亿立方米）却相当于黄河实际径流总量的 14 倍；珠江径流总量为长江的 1/3，是黄河的 5 倍[①]。

三代、秦汉、唐宋之时，黄河水量是足以供应传统农业灌溉的，但黄河泥沙严重，无法满足黄河到关中、渭水的航运交通要求。元、明、清之后，黄河流域的经济完全被长江和珠江等南方流域超过，其中水的总量和质量是影响黄河文明持续发展的关键因素之一。

一、水量不均

谈地域水文化，必然要谈水，水是一定地域万物生灵生存生活的基础。《孟子集注・告子章句上》借告子之口指出："性犹湍水也，决诸东方则东流，决诸西方则西流。人性之无分于善不善也，犹水之无分于东西也。"[②]在告子眼里，水无本质的区别，进而指出人性也无区别，无善恶之分。但对于一定地域而言，水的本质并非关键，水量才是一切问题的关键。

人类活动许多时候都是由水的多寡决定的。《庄子・逍遥游》曰："且夫水之积也不厚，则其负大舟也无力；覆杯水于坳堂之上，则芥为之舟；置杯焉则胶，水浅

① 任美锷．中国自然地理纲要［M］．北京：商务印书馆，1992：72．

② ［南宋］朱熹．四书集注・孟子集注・告子章句上［M］．长沙：岳麓书社，1987：465．

而舟大也。”[①]庄子说了一个因水少，舟船不得浮而不得行的浅显道理。中国地域广阔，各地水量因降水多寡而极其不同。在甘陕及新疆等干旱地区，人们早晨为了惜水，洗脸水尚不可得，一些地方女子出嫁，以对方有无水井或是否靠近水源作为择偶标准，而南方人遨游泳池而不觉水贵，这种地域水量的不同，正是雨量差异造成的。

俗语云：“千里不同风，百里不同雨。”此处所谓“风”，本为自然风，引申为民风民俗。明人指出：“燕、齐之地，无日不风；尘埃涨天，不辨咫尺。江南人初至者，甚以为苦，土人殊不屑意也。楚、蜀之地，则十日九雨；江干岭侧，行甚艰难。”[②]根据明人所载，北方多风，风卷黄沙，而南方蜀楚多雨，遇雨道路难行，其实今天依然如此。中国地域广阔，各地雨量、江河径流量、地下水水量差异很大，造成了地域生产方式的不同，地域文化也因此表现出极大的差异。之所以讨论水量大小，原因在于人类一刻也离不开水。生活在多水地区的人们，几乎忘记了水的存在，正所谓“鱼不见水，人不见气”。而在沙漠地区，甘泉与绿洲十分珍贵，因其少，物以稀为贵。梁启超《中国古代思潮》说：“凡人群第一期之文化，必依河流而起，此万国之所同也。”而管子指出：“人，水也。男女精气合，而水流形。……水者何也？万物之本原也，诸生之宗室也。”[③]《易经》也认为水为万物的本原之一，故《易传》曰：“润万物者莫润乎水，终万物始万物者莫盛乎艮。故水火不相逮，雷风不相悖，山泽通气，然后能变化，既成万物也。”[④]万物都离不开水，故对每个地区来说，拥有一定的水量是所有生命生存的前提。而水量的丰歉，影响了人们的生产生活方式。“江南每岁三四月，苦霪雨不止，百物霉腐，俗谓之梅雨，盖当梅子青黄时也。自徐、淮而北，则春夏常旱……又江南多霹雳，北方差少。”[⑤]由于水量不同，北方交通多陆行，南方则多舟行。

古人认识到：“陆处宜牛马，舟行宜多水，匈奴出秽裘，于越生葛絺。各生所急，以备燥湿；各因所处，以御寒暑；并得其宜，物便其所。由此观之，万物固以自然，圣人又何事焉？”[⑥]而这种自然环境，其中最重要的一环就是水，尤其是水量对地域的生产生活产生了巨大影响，在某种程度上是决定性影响。对于传统中国以农耕为主体的小农农业而言，影响尤大，“正月中。天一生水，春始属木，然生木者必水也，故立春后继之雨水，且东风既解冻，则散而为雨水矣。……草木萌

① 陈鼓应．庄子今注今译（上）［M］．北京：中华书局，1983：5.
② ［明］谢肇淛．五杂组·天部一［M］．傅成，校．上海：上海书店出版社，2001：10.
③ 黎翔凤，梁运华．管子校注·水地第三十九［M］．北京：中华书局，2004：831.
④ 徐子宏．周易全书·易传·说卦［M］．贵阳：贵州人民出版社，1991：397.
⑤ ［明］谢肇淛．五杂组·天部一［M］．傅成，校．上海：上海书店出版社，2001：10.
⑥ ［西汉］刘安．淮南子·原道训［M］．顾迁，注．北京：中华书局，2009：14.

动，天地之气交而为泰，故草木萌生发动矣”[①]。也就是说，雨水多寡对传统农业的影响是决定性的，因为三月自“雨水”后，春天农耕之时，“土膏脉动，今又雨其谷于水也。……盖谷以此时播种”[②]。而当播种之时无雨，民间必然祈雨，故各地多龙神庙，形成各自奇特的地域文化习俗。

《五杂组》记载：“谅辅为五官掾，大旱祷雨，不获，积薪自焚，火起而雨大至。戴封在西华亦然。临武张熹为平舆令，乃卒焚死，有主簿小吏皆从焚，焚讫而澍雨至。水旱之数，圣帝明王不能却也。而以身殉之，不亦过乎？”以身祈雨的习俗，自古有之。确如《五杂组》作者所言，在古代，水旱是自然现象，非人力所为，即便在能够人工降雨的今天，人类对水旱的控制也是局部的。古人祈雨的习俗，是属于国家和官方层面的。《五杂组》记载：“昔人谓冗旱之时，上帝有命，封禁五渎，此诚似之，每遇旱，即千方祈祷，精诚惫竭，杳无其应也。燕、齐之地，四五月间，尝苦不雨，土人谓有魃鬼在地中，必掘出，鞭而焚之，方雨。”古代中国，无论东西南北，特别是北方，因为雨少，如燕赵、齐鲁、三秦、陇右及中原都有祈雨习俗。燕、齐掘魃鬼焚之以祈雨，也非两地专有。而以这种方式祈雨往往不可得，因为魃鬼本就不存在。魃鬼既不可得，于是“人家有小儿新死者，辄指为魃，率众发掘，其家人极力拒敌，常有丛殴至死者。时时形之讼牍间，真可笑也！”[③]数千年间，这种可笑的习俗拥有强大的生命力。早在夏、商、周时期，君王祈雨之俗就已流传，史载：“汤之时，七年旱，以身祷于桑林之际，而四海之云凑，千里之雨至。抱质效诚，感动天地，神谕方外。令行禁止，岂足为哉！”[④]这段记载描绘了帝王怀有质朴之心，以自责感化天地（帝），得而降雨。汉代延续了祈雨的习俗，如《汉书·食货志》记载：“上令百官求雨。卜式言曰：‘县官当食租衣税而已，今弘羊令吏坐市列，贩物求利。亨弘羊，天乃雨。’久之，武帝疾病，拜弘羊为御史大夫。”[⑤]由此可见，中国作为以农立国的国家，对水资源的依赖极高。统治阶级尚且如此，各个地方祈雨更是层出不穷。南京祈泽泉为祈雨之地，至迟在唐宋时期就已开始祈雨。宋代张敦颐《六朝事迹编类》对祈泽寺记载如下。

宋少帝景平元年建，去府城二十里。梁朝置龙堂。有初法师者，来结茅庵于山下，日夜通法华经。有一女郎来听，移时方去。师讶之，因

---

① ［明］朗瑛．七修类稿·天地类［M］．上海：上海书店出版社，2001：27.

② ［明］朗瑛．七修类稿·天地类［M］．上海：上海书店出版社，2001：29.

③ ［明］谢肇淛．五杂组·天部一［M］．傅成，校．上海：上海书店出版社，2001：14.

④ ［西汉］刘安．淮南子·主术训［M］．顾迁，注．北京：中华书局，2009：14.

⑤ ［东汉］班固．汉书·食货志［M］．［唐］颜师古．北京：中华书局，1962：1175–1176.

问其住止。女曰："儿东海龙女，游江淮间，闻师诵经，来听之。"师曰："此山乏水，汝能神变，为我开一泉，可乎？"女曰："此固易事，容儿归白父。"言讫不见。数日后，忽作风雷，良久有清泉涌于座中。南唐保大中，以久旱祈雨于旧寺基，信宿而雨作。自后以为祈祷之所。本朝治平改赐祈泽治平寺。许坚尝有二诗，其后王荆公题云："高人遗迹空佳句，谁识旌阳后世孙？"①

上文所说的水神许旌阳又名许逊，民间所建许真君庙俗名万寿宫，可见水神许旌阳在唐宋就已存在。江西万寿宫即江西移民省籍会馆，又是水神庙，是江西水神文化流播的重要途径之一。例如江西省奉新县拔茅，"相传，许旌阳逐蛟，路过此地，拔茅为剑，故名拔茅"②；奉新县赤岸镇候龙渡张家，"传说，晋时，许旌阳追斩蛟龙时，曾在此候龙过河。明永乐年间，张民由冈前水碓迁此建村"③。许旌阳水神信仰也随着移民而流播，例如湖南石门县穿山河，"相传，古时候，此地有条孽龙兴妖作怪，被道人许旌阳追赶，头触山穿，逐流而去，故称穿山河"④；津市市万寿宫，"江西会馆。为津市规模最大的庙宇，供玉洞真仙九天都仙大使兼高明大使孝先王许旌阳真人，清光绪二年伍锡钊曾纂修《津市万寿宫志》四册"⑤。

祈雨源于缺水。中国人均淡水量仅占世界的 1/4，属于比较缺水的国家。19 世纪是争夺煤炭的时代，20 世纪是争夺石油的时代，21 世纪则是争水的时代。中国的水危机，主要体现在水的总量不足和地域分布不均方面，同时部分区域的水质出现了严重的污染。因此，中国的水问题一在量、二在质。无论是水的总量还是水的质量，一直深深影响着水文化，更影响着整个中国社会的发展。

二、水质与性格

1. 水异人异

孟子认为，人之本性如水之本性。《孟子集注·告子章句上》曰："水信无

① ［南宋］张敦颐．六朝事迹编类［M］．南京：南京出版社，2007：104-105．
② 江西省奉新县地名办公室．江西省奉新县地名志［G］．1983：70．
③ 江西省奉新县地名办公室．江西省奉新县地名志［G］．1983：108．
④ 湖南省石门县人民政府．湖南省石门县地名录［G］．1983：102．
⑤ 湖南省津市市人民政府．湖南省津市市地名录［G］．1984：89．

分于东西。无分于上下乎？人性之善也，犹水之就下也。人无有不善，水无有不下。今夫水，搏而跃之，可使过颡；激而行之，可使在山。是岂水之性哉？其势则然也。人之可使为不善，其性亦犹是也。”[①]孟子认为水的本质是“就下”，人可以改变水的流动方向，使之加以延伸，人的本性也是可以改变的。当然，这只是就其流动的规律而言。

就自然之水而言，水的味道、水的酸碱度以及水的质量是不同的。此处所说的“水质”既有自然之水的水质之义，也有社会之水的本质之义。如今水资源遭人为破坏十分严重，干净的水已经成为稀缺资源，严重影响了人们的健康。明代《五杂组》就水质对人的健康的影响有如下描述。

> 余在东郡久。东郡近郭诸泉皆苦，衙斋中至无一草一木，即折杨柳种之，亦皆不活，所谓不毛之地也。每雨过日曬，土花矗起如白盐者无数，市上面饼皆苦水所发，食之，即饮井泉，无不生痞矣。彼中婴儿殇于此者，十常五六。而南方人尤不惯此，动罹其祸，不可救药也。[②]

上文主要从水的盐碱度看水质的好坏以及对人类健康的影响，而对于人的性格，水质则是侵入肌肤、深入血脉的影响。有“少年国学大师”之誉的刘师培在《南北文学不同论》一文曾说过：“大抵北方之地，土厚而水深，其间多尚实际。南方之地，水势浩洋，民生其地，多尚虚无。故所作之文，或为言志、抒情之体。”[③]刘师培是从文学的角度看待水与文学的关系。《诗经》主要产于北方，歌咏之事实在且直白，而《楚辞》主要出现在南方楚地，其义深邃，虚无难懂，有浪漫情怀。《世说新语·言语第二》记载：“王武子、孙子荆各言其土地、人物之美。王云：‘其地坦而平，其水淡而清，其人廉且贞。’孙云：‘其山崔巍以嵯峨，其水泙渫而扬波，其人磊砢而英多。’”[④]刘师培侧重水对文学的影响，《世说新语》侧重水对人性格的影响，后者指出一方山水的特点决定了一方人民的性格。

中国各地水量差异巨大，水的多寡受季节和气候的影响较大，各地水质也有巨大不同，表现在水的酸碱度、所含矿物质、咸淡度、浑浊程度等诸多方面。水是生命之源，华夏大地上的河流可谓生活在这片土地上的人们的“母亲河”，“母亲”的品质必然影响到其抚育的儿女。

管子指出：“是故具者何也？水是也。万物莫不以生，唯知其托者能为之正。具者，水是也，故曰：水者何也？万物之本原也，诸生之宗室也，美恶、贤不肖、

---

① ［南宋］朱熹．孟子集注·告子章句上［M］．长沙：岳麓书社，1987：465-466.

② ［明］谢肇淛．五杂组·地部一［M］．傅成，校．上海：上海书店出版社，2001：52.

③ 刘师培．刘申叔先生遗书（第一册）［M］．台北：华世出版社，1975：670.

④ 朱铸禹．世说新语汇校集注［M］．上海：上海古籍出版社，2002：75.

愚俊之所产也。何以知其然也？”[①]水是塑造人的物质基础，人之形貌、性格、品性、习俗无不与水相关。东西方一些先哲们认为，水是万物之本原，例如古希腊米利都学派的著名哲学家泰勒斯通过经验、思考和总结后认为：水是万物的本原或始基，万物生于水也归于水，水是不变的本体。

万物离不开水，水是塑造人的物质基础，人的身体70%由水构成，因此可以说水是人的肉体和性格的“具”，即材质与原料——水为人之本原，人的美和丑、贤良与不肖、愚蠢无知和才华出众都是因水而产生的。“具”是相对于抽象的哲学层面来说的，具体而言，人们可以感知的便是水质的不同，客观上，水质的不同对人的身体和性格产生了重要影响。对此，《五杂组》有如下总结。

> 轻水之人，多秃与瘿；重水之人，多肿与躄；甘水之人，多好与美；辛水之人，多疽与痤；苦水之人，多尪与偻。余行天下，见溪水之人多清，咸水之人多戆，险水之人多瘿，苦水之人多痞，甘水之人多寿。滕峄、南阳、易州之人，饮山水者，无不患瘿，惟自凿井饮则无患。山东东、兖沿海诸州县，井泉皆苦，其地多碱，饮之久则患痞，惟不食面及饮河水则无患，此不可不知也。[②]

《五杂组》所列的轻水、重水、甘水、辛水、苦水等，体现了水质的巨大差异。水质不同，对饮水之人的身体健康和性格产生的影响是不言自明的。今天诸多地方病，均由水质不佳造成，如重水多生结石，重氟之水生氟斑牙，缺碘之水生大脖子病等。至于癌症村，许多是水质受到污染诱发癌症而形成的。人饮用对身体有害的水，尤其是在生病的状况下，必然受到巨大影响。这种影响早在春秋战国之时我们的古人就认识到了。一方水土养一方人，水是孕育生命和万物的根基，对此，《管子·水地》阐述如下。

> 夫齐之水道躁而复，故其民贪粗而好勇；楚之水淖弱而清，故其民轻果而贼；越之水浊重而洎，故其民愚疾而垢；秦之水泔最而稽，淤滞而杂，故其民贪戾罔而好事；晋之水枯旱而运，淤滞而杂，故其民谄谀葆诈，巧佞而好利；燕之水萃下而弱，沉滞而杂，故其民愚戆而好贞，轻疾而易死；宋之水轻劲而清，故其民闲易而好正。[③]

对于《管子·水地》所述春秋战国时齐国、楚国、越国、秦国、晋国、燕国、宋国的水质差异对当地百姓品貌、习性产生的巨大影响，靳怀堾分析道：“齐国的水湍急而旋涡重重，所以齐国的百姓就贪婪、粗暴而好勇。楚国的水柔弱而清澈，

① 李山．管子·水地［M］．北京：中华书局，2009：211-212.

② ［明］谢肇淛．五杂组·地部一［M］．傅成，校．上海：上海书店出版社，2001：52.

③ 李山．管子·水地［M］．北京：中华书局，2009：211.

所以楚国的百姓就轻快、果断而敢为。越国的水重而浸润，所以越国的百姓就愚蠢、嫉妒而污秽。秦国的水浓厚而流缓，淤泥沉滞而混杂，所以秦国的百姓就贪婪、暴戾、虚狂而好事生非。晋国的水苦涩而浑浊，淤泥沉滞而混杂，所以晋国的百姓就谄谀而心怀欺诈，奸佞而贪财好利。燕国的水深聚而柔弱，沉滞而混杂，所以燕国的百姓就愚蠢、痴呆而喜好忠贞，轻视急难而不怕死。宋国的水轻快有力而清澈，所以宋国的百姓就纯朴、平易而喜好公正。”①

北方秦晋之水沉滞而混杂，是黄土高原水土流失之故，南方楚之水柔弱而清澈，越水重而浸润，是因为当时长江和钱塘江流水清澈，水土流失少，鲜有污染。这些记叙都是客观的。即便今天，出于黄土高原和江南地理环境的缘故，南北水质不同，对人之性情仍然有着重要影响。《管子·水地》强调“一方水土养一方人”，突出了水性或水质对人性的影响，认为“宋之水轻劲而清，故其民闲易而好正”，而“楚之水淖弱而清，故其民轻果而贼”。《水地》一篇有出自宋人或楚人之手的可能，因为战国时诸子对宋人和楚人颇有微词，《水地》篇独独“溢宋美楚”，虽然看似有失公允，实则反映了当时水环境的实际情况。宋国地处古济水、颍水、淮水、泗水之间，而非处于今天河流变迁后的黄淮之地，那时济、颍、淮、泗“轻劲而清”，当为事实，而非个人情感上片面的溢美。至于楚地，南方生态一直较为原始，“水淖弱而清”时至今日仍然符合事实。宋人“其民闲易而好正”，在笔者看来也是有道理的。宋襄公争霸中原时不以军事为要，而是近乎迂腐地以“正义”之师，不攻击半渡之敌，以至遭到失败。鉴于此，孙子曰：“客绝水而来，勿迎之于水内，令半济而击之，利。”②宋襄公的做法，在军事家眼里是笑柄，但从人性的角度看来，岂非正是“正”的体现？故从历史地理或区域水文化的角度而言，《管子·水地》堪为研究水与区域水文化的经典。关于齐地，司马迁《史记》有如下描述。

> 夫自鸿沟以东，芒、砀以北，属巨野，此梁、宋也。陶、睢阳亦一都会也。昔尧作于成阳，舜渔于雷泽，汤止于亳。其俗犹有先王遗风，重厚多君子，好稼穑，虽无山川之饶，能恶衣食，致其蓄藏。③

司马迁也认为，齐地“有先王遗风，重厚多君子”。司马迁曾亲自感受齐地的民风民俗，可见，作为多君子之地，齐地之“正”并非妄言，乃地气、水脉使然。

① 靳怀堾．靳怀堾水文化文集·智者乐水［M］．武汉：长江出版社，2010：103.

② ［春秋］孙武．孙子兵法·孙膑兵法·行军篇第九［M］．骈宇骞，王建宇，牟虹，等，注．北京：中华书局，2006：60.

③ ［东汉］司马迁．史记·货殖列传第六十九［M］．北京：中华书局，1959：3266.

2. 水化人性

时至今日，一些人依然片面强调科技进步的力量，肆意破坏自然环境。《管子·水地》总结道："是以圣人之化世也，其解在水。故水一则人心正，水清则民心易。一则欲不污，民心易则行无邪。是以圣人之治于世也，不人告也，不户说也，其枢在水。"①

在古人眼里，圣人之所以能够改造世界(民俗或民风)，在于他们知晓水的规律、了解水质情况。水清，水质纯洁，则人心正而平易，少生污秽欲望或邪恶念头。总之，解决问题的核心和关键都在于水的性情和水质，而人只是水的性情和水质之"枢"，是水作用于人之后的集中反映罢了。这也体现了一方水土养一方人。水是生命之源，从这一视角看待水之于人的重要性，并不排斥其他物质，如土地、空气、阳光的重要性，它们就如人之呼吸、内分泌、消化、神经等系统，彼此作用，相互影响。故《管子·水地》曰："地者，万物之本原，诸生之根菀也，美恶、贤不肖、愚俊之所生也。"地与水相互作用，相互影响，如果地为人之骨骼、肌肉与肌肤，那么水则为这些人体组织的供应系统，因为"水者，地之血气，如筋脉之通流者也。故曰：水，具材也"。水为"具材"，造就了楚地、越地、秦地、晋地、燕地、宋地之人的差异。《管子·水地》又解释了造成不同地域之人性格差异的原因，并以"何以知其然也"一句自问，引出以下回答。

> 夫水，淖弱以清，而好洒人之恶，仁也；视之黑而白，精也；量之不可使概，至满而止，正也；唯无不流，至平而止，义也；人皆赴高，己独赴下，卑也。卑也者，道之室，王者之器也，而水以为都居。准也者，五量之宗也。②

《管子·水地》最后得出结论，水性(质)为万物之准绳，是不可违背的规律。想要了解人的性格，可从地域水性中找到答案，放眼历朝化世，无不治水。我国历代都有治水安邦之说，国家政治清明，水利建设得当，自然太平盛世，水利一旦废弛，国家必然崩溃。从这个角度看，无论化人、化世，核心和根本都在于水。《管子》所说"是以圣人之化世也，其解在水……其枢在水"③，是符合实际的，并未夸大水的作用。

3. 上善若水

《管子·水地》指出："是以水者，万物之准也，诸生之淡也，违非得失之质也，

---

① 李山. 管子·水地［M］. 北京：中华书局，2009：211-212.
② 李山. 管子·水地［M］. 北京：中华书局，2009：205.
③ 李山. 管子·水地［M］. 北京：中华书局，2009：211-212.

是以无不满，无不居也，集于天地，而藏于万物，产于金石，集于诸生，故曰水神。”[①]我们往往强调以水喻人、以水喻政，但是常常忽视这实为水之本性，自然之本性，是自然规律，不可违背。故老子认为水无限接近其所谓“万物之母”——道。老子认为：“道可道，非常道，名可名，非常名。无名天地之始，有名万物之母。”[②]老子同时认为：“道者万物之奥。”[③]

万物之“道”看不见、摸不着。故《淮南子·缪称训》描述说：“道至高无上，至深无下；平乎准，直乎绳，圆乎规，方乎矩；包裹宇宙而无表里，洞同覆载而无所碍。”[④]《淮南子·原道训》指出：“天下之物，莫柔弱于水，然而大不可极，深不可测；修极于无穷，远沦于无涯；息耗减益，通于不訾；上天则为雨露，下地则为润泽；万物弗得不生，百事不得不成。”[⑤]从《淮南子》看，世上物质唯有水无限接近“道”，其形可变，可上天为云雨，下地为深渊，可平可直可曲，可方可圆，不受任何阻碍。老子之“道”几乎就是以水为原型。

老子指出：“上善若水，水善利万物而不争，处众人之所恶，故几于道。”“上善若水”是老子最为高深的哲学理念之一，以物质而言，水似无形，实又有形，是为人的最高境界，利万物而没有索求。但是，当人不善待水时，它就会在无形中惩戒人们。水“居善地，心善渊，与善仁，言善信，正善治，事善能，动善时。夫唯不争，故无尤”[⑥]。此处，老子仅仅列举“善地”“善水”“善渊”对人性的影响，而未谈及“恶地”“恶水”“恶渊”对人性的影响。老子之意，水不争，实则有争，故水最接近于“道”，这是水的自然属性、天性使然而已。水对人性影响之大，从“上善若水”之中包含“上恶若水”及其辩证关系可见一斑。

雪崩、落雹等灾难出现之时，“最恶莫如水”的一面便表现了出来，而“最恶”之水莫若洪水，洪水来临时，狂怒奔泻，恣意泛滥，难以制约。因此，世界各地都有洪水泛滥的古老传说，《圣经》有诺亚乘坐“诺亚方舟”逃脱洪水的传说，中国有兄妹两人躲在葫芦（或盆）里逃脱滔天洪水而后成亲繁衍人类的传说。这些传说都是远古人类遭遇凶恶洪水后潜意识里的记忆。《国语·周语下》说，

---

① 李山. 管子·水地［M］. 北京：中华书局，2009：206.

② ［三国］王弼. 老子道德经注校释·上篇一章［M］. 楼宇烈，校. 北京：中华书局，2008：5.

③ ［三国］王弼. 老子道德经注校释·下篇六十二章［M］. 楼宇烈，校. 北京：中华书局，2008：161.

④ 张双棣. 淮南子校释·缪称训［M］. 北京：北京大学出版社，1997：1031.

⑤ 张双棣. 淮南子校释·原道训［M］. 北京：北京大学出版社，1997：73.

⑥ ［三国］王弼. 老子道德经注校释·上篇·八章［M］. 楼宇烈，校. 北京：中华书局，2008：20.

水具有“从善如登，从恶如崩”的双重人格。事实上水本无善恶，只是相对于人而言才有善恶之分。有利于人为善，不利于人则为恶。只有人类才会评价、关注、解读、思考水的善恶，水的物质属性是自然的，所谓德性、所谓功能、所谓水之本性、所谓水之本质都是人赋予的。有关水之旱、淫、滥、涝等认识，都是人们对水的评价，而非水之过。水之恶，除了水之自然属性使然外，更因人之贪婪、掠夺。

《管子·五行》指出，人们不尊重水性，必然遭到水之恶的一面的惩罚。“睹壬子，水行御。天子决塞动大水，王后夫人薨。不然，则羽卵者段，毛胎者膹，孕妇销弃，草木根本不美。”[①]在古人看来，人必须循水性而为，统治国家的天子更要尊重水，不能随意决开或堵塞大江大河，不能无视水的规律开建治水工程，否则王后和其他夫人就会死亡，鸟卵不能孵化，野兽家畜甚至孕妇也会流产，草木难以正常生长。清代沈梦兰《五省沟洫图说·序》曰：“地之于水，犹人身之血脉，通则利，塞则病。”[②]历代治水者都在思考治水法则，而将水誉为人之血脉，是非常形象生动的。事实上，人缺了血液或血脉出了问题，整个人体都会出现疾病，并危及人的生命。所以古代大的水利工程都须尊重水性，肆意决塞江河，如堵塞人之血脉，必将危及人的生命，对于国家而言，则对统治和社会稳定不利。

水本无善恶，如人本无善恶。《孟子》引告子语曰：“性犹湍水也，决诸东方则东流，决诸西方则西流，人性之无分于善不善也，犹水之无分于东西也。”[③]老子说“上善若水”，言下之意是水有善自然也有恶。天地之间，水本无善恶之分，人用水、近水，便有了善恶之分，且其善与恶是相互依存、相互联系、相互作用的。故老子指出：“天下皆知美之为美，斯恶已。皆知善之为善，斯不善已。有无相生，难易相成，长短相形，高下相倾，音声相和，前后相随。恒也。”[④]遵循水之本性，水可灌溉良田，可载物浮舟，可养鱼育藕，可沙漠变绿洲，可发电提供动力等；反之，水凶恶异常，可变滔天洪水，可淹没良田，可毁坏房屋，可席卷生命，可绿洲变沙漠。所以，读水、用水、治水、防水的前提就是掌握水之情、水之性，进行社会生产，了解地方民情，也是如此。

“人法地，地法天，天法道，道法自然”是朴素唯物主义思想，即便今天，“道法自然”仍是不可违背的。事实上，水给予人类更多的是美、柔、和以及善，故多有江河被称为“母亲河”。水为“道”形，源于自然之水的无形。水借物而为“有形”之物，则源于人类尊重水之产生、流动、循环的自然规律，即水之“道”。

① 李山．管子·五行［M］．北京：中华书局，2009：234.

② ［清］沈梦兰．五省沟洫图说·序［M］．北京：农业出版社，1963：1.

③ ［唐］欧阳询．艺文类聚·水部［M］．汪绍楹，校．上海：上海古籍出版社，1982：148.

④ 李存山．老子·道经［M］．郑州：中州古籍出版社，2008：132-133.

至于水之“质”，不仅指其自然之质，而且包括水文化、水规律之“质”，它们不可偏废。

4. 水攻无形

水对军事的启示和影响非常深远。水战中，占据上游便能取得地理优势，秦国正是通过逐渐控制黄河和长江上游（包括汉水上游），在战国后期的军事行动中取得了地利和水上优势。对此，《战国策·燕策二》记载如下。

> 秦正告魏曰：“我举安邑，塞女戟，韩氏、太原卷；我下枳，道南阳、封、冀，包两周；乘夏水，浮轻舟，强弩在前，铦戈在后，决荥口，魏无大梁；决白马之口，魏无济阳；决宿胥之口，魏无虚、顿丘。陆攻则击河内，水攻则灭大梁。”魏氏以为然，故事秦。[①]

由此可见，魏国屈服于秦国，是因为其处于秦国下游。当然，天时、地利、人和，各种因素都要考量。从军事角度看，最高境界的谋略是如水一般处于有形与无形之间，是为上谋。《卫兵兵法·攻守战具》指出：“垒高土厚，城坚沟深，粮实众多，地形阻险，所谓无守而无不守也。故曰：‘善守者，敌，不知其所攻。’”[②]

老子指出：“江海所以能为百谷王者，以其善下之，故能为百谷王。……以其不争，故天下莫能与之争。”[③]天下莫能与水争，自然只能遵循水的自然规律，以水为上。水为无形之“道”有形的代表，是万物之“道”在人间的化身。《尚书大传》曰：“非水无以准万里之平，非水无以通道任重也。”《尚书》以水为处事的准则；大禹“道法自然”“以水为师”。在数千年的历史长河中，这一文化精粹绵延不断，而水之性（质）和为人、立志、立国之“道”融为一体，在处理人与水、人与自然的关系以及理解区域水文化的过程中，都不可偏废。对此，《太平御览》引《顾子》阐述如下。

> 与子华游于东池，子华曰：“水有四德，池为一焉，沐浴群生，流泽万世，仁也。扬清激浊，荡涤尘秽，义也。弱而难胜，勇也。导江疏河，变盈流谦，智也。”顾子曰：“我得女于池上矣。”[④]

子华以水喻人，事实上，水之四德——仁、义、勇、智在大禹身上体现得最为明显。大禹治水，救苍生于水火，为大仁；治水多年，三过家门而不入，为大

---

① ［西汉］刘向. 战国策·燕策二［M］. 长沙：岳麓书社，1988：296.

② 吴如嵩. 中国古代兵法精粹类编［M］. 北京：军事科学出版社，1988：462-463.

③ ［三国］王弼. 老子道德经注校释·下篇六十六章［M］. 楼宇烈，校. 北京：中华书局，2008：169.

④ ［北宋］李昉，［北宋］李穆，［北宋］徐铉，等. 太平御览·地部三十二［M］. 北京：中华书局，1960：319-320.

义；面对滔滔洪水赴汤蹈火，无所畏惧，为大勇；治水期间勇于创新，导江疏河，疏堵结合，功成名就，为大智。大禹之所以能成为治水英雄，治水安邦得国，在于他理解水德，且以水为师，最终名垂青史。从精神层面看，水对于人的启示便表现在水有四德——仁、义、勇、智。水德类人，良将可与之类比。姜尚《六韬·龙韬·论将》指出，古代良将有五材，“勇、智、仁、信、忠也。勇而不可犯，智则不可乱，仁则爱人，信则不欺，忠则无二心”①。识水与用兵相类，其理可以互通。《尉缭子·兵令上第二十三》有如下阐述。

兵者，以武为植，以文为种。武为表，文为里。能审此二者，知胜败矣。文所以视利害，辨安危，武所以犯强敌，力攻守也。②

水为柔，为里，其内刚；兵（武）为表，其为表。文不顺，兵则不利。清代沈梦兰《五省沟洫图说·江堤埽工议》有如下阐述。

窃惟治水之道，必顺乎水之性。夫可蓄，可导，可行，可止，而不可矶者，水之性也。故善者因之，其次利导之，最下者与之争。禹之治水也，行无所事也，因之也。曰疏瀹，曰排决者，利导而整齐之也。③

后人总结大禹治水，成功的关键在于尊重水性，而尊重水性也是今天的水利事业得以长久发展的关键。清人所说的“可蓄”就是水容的特性，今天修建大坝和水库便是利用水可容这一特性；“可导”“可行”是指水势可下、可流的特性，古代运河、水渠就是利用水这一特性；“可止”则是指水具有柔和的一面，条件适合时，它就会安静下来，入湖泊，入大海；“不可矶”最为关键，恰似“流水不腐，户枢不蠹”，即水不能如石头一般固定，水止而蓄之，不让其流，必遭水害。“善者因之”则指尊重水的自然规律，利用水的特性，这便是“以水为师”的观点。“利导之”则是今天诸多水利工程必须遵循的法则，以水为用，使水为人类经济生活服务，前提是尊重水，人水两利。最坏的情况是“人定胜天”，与水争。古代以江争地，围湖造田，砍伐蓄水之森林，放干储水之湿地，等等，均是与水争的表现，结果造成严重的生态环境危机。我们应当以史为鉴，不要犯相同的错误。《卫公兵法·将务兵谋》指出：“凡事，有形同而势异者，亦有势同而形别者。若顺其可，则一举而功济；如从未可，则击动而必败。故孙膑曰：‘计者，因其势而利导之。’”④从军事角度看，谋略应顺应历史形势，以国之形势，以人民发展之需要而定，治水、用水、理水何尝不是如此。

---

① 曹胜高，安娜．六韬·鬼谷子［M］．北京：中华书局，2012：82.
② 吴如嵩．中国古代兵法精粹类编［M］．北京：军事科学出版社，1988：29.
③ ［清］沈梦兰．五省沟洫图说·江堤埽工议［M］．北京：农业出版社，1963：62.
④ 吴如嵩．中国古代兵法精粹类编［M］．北京：军事科学出版社，1988：266.

自然之水食于人身，化于人形，水性之德，循“以水为师”，践行仁、义、勇、智，感化而践于行，才真正算得上得水、食水、识水、化水、用水。《淮南子·齐俗训》指出：“衣服礼俗者，非人之性也，所受于外也。”[①]了解水之质、水之性，方能以水为师，践行水德。在水文化建设中，在挖掘地域水文化的过程中，在推动区域经济乃至中国发展的征程中，深刻认识水之性，理解水为万物之源，把握地域水情，是走向成功的根本。

三、水产与物产

冯天瑜指出：“有江河灌溉的暖温带-亚热带为农作物的生长提供了充分的热能和水分，故农业大多比较发达；草原-荒漠为流动畜牧提供了广阔场所，成为游牧的温床；滨海地区拥有鱼盐之利和交通之便，工商业便应运而生。地理环境经由物质生产方式这一中介，给各民族、各国度文化类型的锻造奠定了物质基石，而不同生产方式的差异，导致文化类型的不同，直接影响着各地域人群的生活方式与思维方式：河流-农业文明的稳定持重，与江河造就两岸居民农耕生活的稳定性有关；草原-游牧文明的粗犷剽悍、惯于掠夺，与来自草原变化多端的气候和‘射生饮血’的游牧生活方式有关；海洋-商业文明的外向开拓精神，则与大海为海洋民族提供的扬帆异域、纵横驰骋的条件有关。”[②]任何地理环境要有生命，必须有水。地球上有水的地方就有物产，海中有最为丰富的动植物，海中产盐，盐泉和盐井也可产盐，有水的地方，沙漠也有绿洲。这一切，源于水是生命之源。

1. 天一生水

水是生命之源，故古有“天一生水”之说，水居各物之首。中国最古老的皇室文集《尚书》将水排在五行之首，“一曰水，二曰火，三曰木，四曰金，五曰土。水曰润下……润下作咸”[③]。水滋润万物，无水万物不生，故《易经》曰：“坎为水，润万物者，莫润于水。”水之本质或其最重要的功用之一便是滋润万物。《玄中记》

① ［西汉］刘安．淮南子·齐俗训［M］．顾迁，注．北京：中华书局，2009：181．

② 冯天瑜，何晓明，周积明．中华文化史（第 2 版）［M］．上海：上海人民出版社，2005：25．

③ 李民，王健．尚书译注·洪范［M］．上海：上海古籍出版社，2004：219．

曰：“天下之多者水焉，浮天载地，高下无不至，万物无不润。”[①]《管子·水地》也指出，水“万物之本原也，诸生之宗室也，美恶、贤不肖、愚俊之所产也”[②]。水为万物之本原，水润则万物生，无水润，万物不生。古之“道法自然”在今人听起来非常玄妙，实是因为古人已经看到了人类对水的依赖，理解了无水则人不得生的自然规律，进而发出“天一生水”，水为万物之源的感慨。古人认为，“道法自然”和“天一生水”是探索人和自然最重要的钥匙。老子认为：“道生一，一生二，二生三，三生万物。万物负阴而抱阳，冲气以为和。”[③]既然万物因水而生，水即为道之原点——“一”为阴，与其他阳结合，“和”而生出万物，如同动物尤其是人类，男（阳）女（阴）结合而孕育生命。故《管子·水地》指出：“人，水也。男女精气合，而水流形。”[④]无论动物还是植物，离开水都无法生存，动物孕育、生产、哺育无不需要水的滋养，植物播种、发芽、生长无不需要水的滋润。

对于人类而言，除了自身受水滋润外，因水而生的动植物也是人类赖以生存的物质基础。远古人类最初以渔猎为生，必择水而居，故《列子·汤问》有“缘水而居，不耕不稼”之说[⑤]。不种庄稼，与俗语“靠山吃山，靠水吃水”之意相符，即临水而居，可渔可猎，不需要农业耕作。

《淮南子·原道训》指出：“夫萍树根于水，木树根于土；鸟排虚而飞，兽蹠实而走；蛟龙水居，虎豹山处；天地之性也。”无论水草、树木、鸟兽、虫鱼、蛟龙、虎豹，都须依附于水。植物得水而生，动物因植物而活，水是动植物生长的基础。《淮南子·原道训》接着指出：“是故春风至则甘雨降，生育万物，羽者妪伏，毛者孕育，草木荣华，鸟兽卵胎，莫见其为者，而功既成矣。”[⑥]春天的甘雨，生育万物，使草木荣华，鸟兽生长。

《管子·水地》指出：“是以水者，万物之准也，诸生之淡也，违非得失之质也。是以无不满，无不居也。集于天地，而藏于万物，产于金石，集于诸生，故曰水神。集于草木，根得其度，华得其数，实得其量。鸟兽得之，形体肥大，羽毛丰茂，文理明著。万物莫不尽其几、反其常者，水之内度适也。”[⑦]

---

① ［唐］欧阳询. 艺文类聚·水部［M］. 汪绍楹，校. 上海：上海古籍出版社，1982：147–148.

② 李山. 管子·水地［M］. 北京：中华书局，2009：211–212.

③ ［三国］王弼. 老子道德经注校释·下篇四十二章［M］. 楼宇烈，校. 北京：中华书局，2008：117.

④ 李山. 管子·水地［M］. 北京：中华书局，2009：208.

⑤ 景中. 列子·汤问［M］. 北京：中华书局，2007：149.

⑥ ［西汉］刘安. 淮南子·原道训［M］. 顾迁，注. 北京：中华书局，2009：14.

⑦ 李山. 管子·水地［M］. 北京：中华书局，2009：206.

古人认为，水是万物之“准”与“质”，此处“准”与“质”可以理解为根据、准则、源流、根源，是一切生命得以生存的根基。水无处不在，无时不在，地球上任何地域与空间都储藏着水。天空、大地、草木、金石之中都藏有水，而水包藏万物，尤其在生命体的内部，一切生命体的主体都是水。因此可以说，万物因水而生，万物皆是含水的生命体。草木通过深根汲取水分，开出花朵，结出果实；鸟得水而羽丰，兽得水而肥大——万物因此充满生机，无水则万物不生。一切生命皆为水生之命、水产之物、水润之体；水产万物，万物也容水、藏水、产水，从而形成一个有机、周而复始的循环。

2. 农本思想

《管子·五行》指出：“一者本也，二者器也，三者充也，治者四也，教者五也，守者六也。”① 所谓“一”为第一，指农业或农事活动，因为农业种植可让作物生生不息。以农为本，体现战国时期齐鲁及其周边地区都已以农业为主。人类发展到一定阶段后，将渔猎捕获的幼小动物豢养起来，出现了畜牧业；将采集中发现的植物种子用于种植，便发明了农业。农业发展起来后，产出相比渔猎和畜牧而言更为稳定，故数千年以来，历朝历代无不以农业为根本，而水利则成为发展农业的根本。纵观中国古代历史，朝代兴盛无不与农业发展、水利兴修紧密联系。关中水利工程郑国渠造就了秦、汉、唐三朝的辉煌，都江堰造就了“天府之国”，大运河的开凿奠定了元、明、清定都燕京的基业，而“两湖熟，天下足”或“湖广熟，天下足”局面的形成均因水利的发展而造就农业的发展。对此，《管子·治国》描述如下。

> 夫富国多粟，生于农，故先王贵之。凡为国之急者，必先禁末作文巧，末作文巧禁，则民无所游食。民无所游食，则必农。民事农则田垦，田垦则粟多，粟多则国富，国富者兵强，兵强者战胜，战胜者地广。是以先王知众民、强兵、广地、富国之必生于粟也，故禁末作，止奇巧，而利农事。②

《管子》强调了农业对于富国强兵的重要性，农业同时是手工业和商业发展的基础，工商业的发展反过来也会促进农业的发展。故司马迁在《史记·货殖列传第六十九》总结如下。

> 农不出则乏其食，工不出则乏其事，商不出则三宝（马、犬、玉或剑、珠、玉——笔者注）绝，虞（古代掌管山泽鸟兽的官吏——笔者注）不出则财匮少。财匮少而山泽不辟矣。此四者，民所衣食之原也。原大则

① 黎翔凤，梁运华．管子校注·五行第四十一［M］．北京：中华书局，2004：859.

② 李山．管子·治国［M］．北京：中华书局，2009：257.

饶，原小则鲜。上则富国，下则富家。贫富之道，莫之夺予，而巧者有余，拙者不足。[①]

司马迁将所有产业都看成“衣食之原”，此见识是超越时代的。渔猎、畜牧、农业和手工业产生后，不同地域和不同行业的人便产生了交换的需求。在传统小农经济时代，发展手工业和商业也可富国强兵。

3. 以海为田

地球表面的71%为蓝色的海水覆盖，是名副其实的“水球”。地球上海洋动植物最为丰富，中国历代都有“靠海吃海”的文化。春秋战国时期的齐国凭借濒临大海的地理位置，在近海之处大力发展捕捞业，尽享鱼盐之利，并由此而逐渐强大起来。《史记·货殖列传第六十九》记载了姜太公被封于齐地的情况。

地潟卤，人民寡，于是太公劝其女功，极技巧，通鱼盐，则人物归之，襁至而辐凑。故齐冠带衣履天下，海岱之间敛袂而往朝焉。其后齐中衰，管子修之，设轻重九府，则桓公以霸，九合诸侯，一匡天下；而管氏亦有三归，位在陪臣，富于列国之君。[②]

姜太公被封于齐地，该地靠海，多盐碱地，农作物难以生长，人口也少。姜太公在盐碱地种植蚕桑，发展纺织业，在靠海的地方发展渔业，开海田发展盐业。很快齐国人口增加，各地的人都赶往齐国，天下人都戴上了齐国制的帽子，穿上了齐国织的衣服，齐国很快便强大起来。后来齐国衰落，管仲设九府发展工商业，助齐国称霸，而管子本人因为善于经商而富比列国国君。这都是齐国因势利导，“靠海吃海”的结果，水生万物，海中之物自是用之不竭、取之不尽。故《礼记》总结说：“今夫水，一勺之多，及其不测，鼋鼍、鲛龙、鱼鳖生焉，货财殖焉。”[③]从区域文化的角度看，齐国因濒海而生鱼盐之利。

冯天瑜等所著的《中华文化史》指出：“滨海地区拥有鱼盐之利和交通之便，工商业便应运而生”“海洋–商业文明的外向开拓精神，则与大海为海洋民族提供的扬帆异域、纵横驰骋的条件有关”。齐国因濒海而产鱼、生盐，虽无农业所需的沃野，但是拥有海之丰富物产，得工商业之利。

---

① ［西汉］司马迁．史记·货殖列传第六十九［M］．北京：中华书局，1959：3255．

② ［西汉］司马迁．史记·货殖列传第六十九［M］．北京：中华书局，1959：3255．

③ ［唐］欧阳询．艺文类聚·水部［M］．汪绍楹，校．上海：上海古籍出版社，1982：147．

4. 水火相济

有学者指出，“人类文化，总是从产盐地方首先发展起来”。人类逐水与盐而生，“并随着食盐的生产和运销，扩展其文化流域。文化领域扩展的速度，殆与其地利条件和社会条件是否有利于食盐运销的程度成正比例。起码，在十七世纪以前，整个世界历史，都不能摆脱这三条基本规律”[①]。进入文明时代，中国各地古文明如满天星辰，这与各地的盐业资源有着重要而紧密的关系。对此，《天工开物·盐产》有如下阐述。

> 凡盐产最不一，海、池、井、土、崖、砂石，略分六种……赤县之内，海卤居十之八，而其二为井、池、土碱。或假人力，或由天造。总之，一经舟车穷窘，则造物应付出焉。

海盐濒海，齐国因得盐而成霸业。“凡池盐，宇内有二：一出宁夏，供食边镇；一出山西解池，供晋、豫诸郡县。”山西解池池盐对整个中原文明的发展起到了重要作用。《天工开物》所谓海盐十居七八，言之有过，居半尚妥。“凡滇、蜀两省远离海滨，舟车艰通，形势高上，其咸脉即韫藏地中。凡蜀中石山去河不远者，多可造井取盐。盐井周围不过数寸，其上口一小盂覆之有余，深必十丈以外乃得卤性，故造井功费甚难。”[②]西南地区的盐业，除了宋应星所说的井盐外，还有盐泉。《天工开物·盐产》将盐分为六种，当遗失盐泉一种。四川盐泉和井盐产量全国居首，一度居半。明代《七修类稿·事物类·盐》对此作出以下总结。

> 天地之元气，寓之于水，故水能载乎地也。然水体轻清者则上浮而淡，重浊者则浚下而咸，故曰海咸河淡。盐井有深至五六十丈者，东南卑下，煮海为盐，易成而最广，所谓斥卤润下水泉咸，淖积而成盐耳。若山西忻、崞，平原弥望，皆若霜然，土人刮而熬之为盐，由地近滹沱，亦卑下也。沙漠有盐泽，河东有盐池者，又非是欤？常哂陈水南云：“太谷榆次，地高产盐；又且寻丈之间，复能种艺尤盛，此不可以常理论。”殊不思生气既厚，泉脉不泄，而为井则峻发于上，种植亦茂矣。第盐池凡物下皆面成盐，真理不可晓也。惜未经其地，目审其事，以寻绎其理耳。[③]

此文除了指出盐的生成机理外，还指出了盐业有地域之别，有泉盐、海盐、井盐之别，有刮盐、煮盐、晒盐工艺之别。作为水中之物，盐是对外经济文化交

① ［东晋］常璩．华阳国志校补图注［M］．任乃强，注．上海：上海古籍出版社，1997：52．

② 潘吉星．国学经典导读 ·天工开物·作咸［M］．北京：中国国际广播出版社，2011：69-75．

③ ［明］朗瑛．七修类稿·事物类·盐［M］．上海：上海书店出版社，2001：599．

流的重要物质，中原文明的发达离不开盐业。河东盐池，又名“解池”，位于今山西省运城市，是我国历史上较为知名的一处盐池。远古时代，黄帝到尧、舜、禹等，都在此周围活动。“南风之薰兮，可以解吾民之愠兮；南风之时兮，可以阜吾民之财兮。”这首著名的《南风歌》，传说就是虞舜在盐池之畔托琴而唱的①。

李冰不仅修都江堰，造就“天府之国”，而且开凿盐井，使巴蜀得盐业之利。古代有积薪制盐法，“有盐池，积薪，以齐水灌，而后焚之，成盐”②。西南制盐历史悠久，史载李冰“识察水脉，穿广都盐井、诸陂池，蜀于是盛有养生之饶焉”③。

《华阳国志校补图注・说盐》注道：“李冰是个具有科学头脑的人，他只须看见盐泉是从地下冒出的，从溪河深陷处冒出的更多，他就相信地层下部有盐，挖深坑就可能遇着盐泉。依他设想做去，果然在广都县的龙泉山脉部分取得食盐了。后来陆续在异地炮制盐泉，有发展到三十多丈深的，产盐量也与巴东盐井相当，蜀地食盐从而可以自给。”④盐业是“养生之饶”的重要物质基础，巴蜀盐业丰盛，为秦统一天下创造了条件。“秦惠文、始皇克定六国，辄徙其豪侠于蜀，资我丰土，家有盐铜之利，户专山川之材，居给人足，以富相尚。故工商致结驷连骑，豪族服王侯美衣。”⑤

三峡自古多盐，有盐则有人开发，形成市镇，舟船也为之往来。《三峡通志・峡志杂录》记载，清宁古井“在郡东三十五里崖穴中，有泉出焉，父老相传，先朝蜀人煮盐于此，巨舟连蜀，居人辐辏”。这是蜀人在峡江湖北段煮盐的历史。该盐井疑似在巴东或归州峡江某段，但是后来废弃了，因为“后以所得不能偿其所费，止之”。相对而言，峡江产盐以四川为主，例如三峡影响非常大的巫溪大宁盐场、彭水郁山盐场等都延续了上千年。今天，三峡传统制盐时代虽已结束，但是千年的制盐血脉和历史文化记忆是永恒的。《三峡通志・守江集议下》记载：“宋咸平五年，施蛮数扰，召问巡检使，侯廷赏对曰：‘蛮无他求，惟欲盐耳。’因诏夔州路转运使丁谓与之盐，诸蛮咸悦……”⑥“川盐济楚”始于春秋战国，到抗战时期发展至鼎盛。清中后期，川盐产业十分繁荣，自贡地区以产盐闻名于世，例如《蜀海丛谈・各府直隶厅州》记载嘉定府时说，“荣县、犍为、乐山，又为全省产盐丰富之地，政务殊繁”；记载叙州府时说，“富顺属之自流井，又为全

---

① 黄健．山西运城“解池”考察简报［J］．盐业史研究，1998（4）．

② ［东晋］常璩．华阳国志・蜀志［M］．刘琳，注．成都：巴蜀书社，1984：320．

③ ［东晋］常璩．华阳国志・蜀志［M］．刘琳，注．成都：巴蜀书社，1984：210．

④ ［东晋］常璩．华阳国志校补图注［M］．任乃强，注．上海：上海古籍出版社，1997：55．

⑤ ［东晋］常璩．华阳国志・蜀志［M］．刘琳，注．成都：巴蜀书社，1984：225．

⑥ 蓝勇．稀见重庆地方文献汇点（上）［M］．重庆：重庆大学出版社，2013：158-160．

省产盐最富之区。政务之繁，与嘉定等”[①]。《蜀海丛谈·各厅州县》记载富顺县时说：“有盐场，在自流井，产盐之富，为全省盐场之冠。与荣县贡井产盐并计，岁约出盐四万万斤。俗名富厂，火井多在富顺场内。设分治县丞二，一驻自流井，一驻邓井关，邓井关亦有盐场，且为富荣两县盐下行出口之总汇处也。两县丞均兼管盐场事务，县境富饶甲于全省。民物殷阗，讼狱繁多。农桑商贾，无不称盛，政务丛集，素称难治”[②]。富顺产盐“为全省盐场之冠”，形成“县境富饶甲于全省”的局面，皆因“产盐之富”，是“产盐最富之区”，且煮盐燃料不是薪柴或煤炭，而是“火井”（当地也叫自流井）。四川地区盐业发达，除了盐业资源丰富以外，还有其他地区无法比拟的优势，就是拥有丰富的天然气资源，提供了煮盐所需的燃料，以天然气为燃料，大大提高了盐业的生产效率。对此，《三省边防备览·山货》描述如下。

> 凡产盐之处，未有不产煤者，水火相济，天所以育群生也。川中古传火井有盛有歇，近来犍富各县火井大旺较之昔年，可省煤十之三，火井与水井同开凿，时不知有火及见火初，只有气，复淘至二三丈，火始旺，泥封井口，插竹筒导火入灶，以煎盐极旺之井分售于他井，颇获其利，嗅之有硫磺气，贮以猪尿胞可寄远，刺小孔以阳火引之，气出如缕，暗室生光，火井中仍出咸水，亦一奇也。[③]

在古人眼里，水土相伴，四川既有盐井，又有“火井”，可谓“水火相济”，确实是“天育群生”，这也促进了四川盐业的发展。乾隆时史次星《自流井竹枝词》描写天然气煮盐时写道，“绝胜詹家与宋家，咸泉汩汩雪飞花。江西十户中人产，不及通宵响汲车”“拔地珊瑚十丈红，四边分引似游龙。煮盐自有天然火，第一新罗次吉工”[④]。因此四川盐场发展，“川中沃饶，为各省流徙之所聚，其他陆路来者无论已，即大江拉把手，每岁逗留川中者不下十余万人，岁增一岁，人众不可纪计”。四川地域辽阔，自然资源丰富，地貌各异，物产不同，有各种非农耕的行业。四川对全国影响最大的莫过于煮盐业，严如熤《三省边防备览·山货》记载：“四川之货殖最巨者为盐，川北之南部、西充、射洪、乐至、蓬溪，川南之犍为、富顺、荣县、资州、井研，川东之忠州、云阳、开县、大宁、彭水，川西之简州，上川南之盐源，州县著名产盐者二十余处，而地出碱水可以熬盐，

① ［清］周询．蜀海丛谈·制度类上·各府直隶厅州［M］．成都：巴蜀书社，1986：66-67．

② ［清］周询．蜀海丛谈·制度类上·各厅州县［M］．成都：巴蜀书社，1986：111．

③ 蓝勇．稀见重庆地方文献汇点（上）［M］．重庆：重庆大学出版社，2013：352．

④ 雷梦水，潘超，孙忠铨，等．中华竹枝词［M］．北京：北京古籍出版社，1997：3398．

间阎私井不外买者不在此数。”[①]清代，四川盐业甲天下，从事盐业的商人是最有钱的人群。在利益的驱使下，产盐区家家都煮盐。同治时涂卿云《蓬溪竹枝词》对此描述道：“比屋云连万灶烟，家家斥卤半桑田。井车似髻悬于顶，山势如螺旋到巅。”[②]

道光时王培荀《嘉州竹枝词》也有描写，“盐船个个似浮鸥，四望关前且暂留”。可见嘉州盐船非常多，盐业为大量的人口提供了生计。王培荀《嘉州竹枝词》又曰：“栽桑种稻自村村，凿井煎盐亦帝恩。”[③]清人王廷取《盐源竹枝词》写道：“圣世恩波井不枯，穷民无告尽欢呼。分班但取腰牌看，蓝本东坡调水符。”王廷取同时注曰：“盐井，贫民汲水三斗煎盐一斤度活，而强暴有力者夺去，则贫民难聊生。余乃定以腰牌，不致冒领，且沾实惠多矣。”[④]这表明政府积极支持盐业的发展，故有“圣世恩波”“穷民尽欢呼”等社会稳定形势的出现。四川盐业发达，长江中下游许多地方靠川盐供应，清代湖北省竹孙氏《荆沙竹枝词》描写道：“官如二府最安然，租得民房在市前。除却川盐无别事，衙门散淡似神仙。”[⑤]乾隆时湖北长阳诗人彭淑《长阳竹枝词》写的“骡马驮来长乐酒，扁担挑卖巫山盐”之句[⑥]，具体地记叙了长阳依赖川盐的情景，句中所述贩卖的估计为私盐。四川盐业东输，多顺川江而下，例如清人洪良品《三峡棹歌词》描写蜀楚贸易时写道：“赤甲山头云气开，蜀盐川锦截江来。一帆载过夔门去，白镪高于滟滪堆。”[⑦]

蜀楚盐业贸易之盛，由此可见一斑。川地煮盐致富者众，楚地从事盐业贸易的人同样如此，清人叶调元《汉口竹枝词》描写道：“上街盐店本钱饶，宅第重深巷一条。盐价凭提盐课现，万般生意让他骄。”又写道：“一包盐赚几厘钱，积少成多累万千。若是客帮无倒账，盐行生意是神仙。”[⑧]这些诗句均指出川盐对楚人生活的影响。盐业生产和其他产业为人们提供了求生之道。

三峡地区自古盐业发达，长江这一黄金水道可东西运输和销售三峡的盐产品，顺着川江峡谷形成的走廊可北销中原地区，南达滇黔、湘鄂。三峡地区创造的盐业文化，在中国盐业史上书写了浓墨重彩的一笔。

---

① 蓝勇．稀见重庆地方文献汇点（上）［M］．重庆：重庆大学出版社，2013：351.

② 林孔翼，沙铭璞．四川竹枝词［M］．成都：四川人民出版社，1989：80.

③ 雷梦水，潘超，孙忠铨，等．中华竹枝词［M］．北京：北京古籍出版社，1997：3406.

④ 雷梦水，潘超，孙忠铨，等．中华竹枝词［M］．北京：北京古籍出版社，1997：3444.

⑤ 雷梦水，潘超，孙忠铨，等．中华竹枝词［M］．北京：北京古籍出版社，1997：2643.

⑥ 长阳土家族自治县地方志编纂委员会．长阳县志［M］．北京：中国城市出版社，1992：747.

⑦ 余学新，余堃．三峡竹枝词［M］．北京：大众文艺出版社，2013：228.

⑧ 雷梦水，潘超，孙忠铨，等．中华竹枝词［M］．北京：北京古籍出版社，1997：2595.

早在新石器时代，三峡地区便大量使用陶器作为生产工具。由于盐业的发展，巴人使用“土船”，即形似船的陶器运输盐，是为三峡古人的发明创造。而以竹引泉，建栈道运输盐卤水煮盐则为三峡盐业运输的创举。《舆地纪胜》载：“汉永平七年尝引此泉（大宁厂白鹿盐泉——笔者注）于巫山，以铁牢盆盛之。水化为血，卒罢其役。今巫山县齐有铁盆，又《黄太史记》云：‘盆上有永平十年字。’”铁牢盆当为盛卤水或煮盐的工具，汉代如何将白鹿盐泉引至巫山待考。但是至迟唐代，三峡的大宁河流域就已出现管道运输大宁厂白鹿盐泉的记录。《方舆胜览》引《晏类要》曰：“山岭峭壁之中，卤泉涌出，土人以竹引泉，置镬煮盐。”[①]

蓝勇先生认为，盐泉管道运输于唐代时出现比较可信，并指出峡江支流在此时实现了水道和栈道的结合，并发展成为重要的交通古道[②]。从今巫溪县大宁厂引盐泉至巫山煮盐，这一情况可能是事实。笔者曾考察大宁河栈道，发现庙峡一处突出的山崖下有凹进十数米的栈道，高度为 50 ～ 70 厘米，此为大宁河栈道必经之路，该段路不可能为人行栈道，只可能用来运输盐卤水。

关于大宁厂盐水引分流，除将盐泉引到巫山煎煮外，还形成了独特的盐水引分流方法及特定的节日。《舆地纪胜》记载：“淳化中，知监雷说，见人户汲泉，强弱相凌，乃创为石池以潴之，承以修竹，所谓盐有九色。”《天涯闻见录》载：“大宁白龙（“龙”当为“鹿”——笔者注）泉，山皆石壁峭立，炼铁龙头于其上，俾水从龙口喷出，大尺许。下甃石井，置铁管六十有八，从铁管注竹筒。筒以斑竹连缀，至数十丈或二三百丈，半由溪北接至溪南。竹筒之下，盛以四足竹架，系以篾绳，防其坠也。”“灶倚山脚而居，卤水一眼……流注于池，名曰龙池。池前用铁铸造横板一道，上穿六十八眼，复用竹笕由眼将卤水接出，分注各灶井中。”这种独特的盐水引分流方法，避免了各灶户间的纷争，利于各灶户合理分布，成本低且便捷，最大限度地利用了盐业资源，体现了盐业史上人与人、人与自然的和谐。

关于大宁盐场绞篊节文化，《舆地纪胜》记载：“绞篊在盐井引泉踏溪，每笕用一篊，其笕与篊经一年，十月旦日，以新易陈。郡守作乐以临之，井民歌舞相庆，谓之绞篊节。”同时按语曰：“以竹通水曰‘笕’。以篾编绞成束，与大船之坐簟相似，由岸北飞悬至南，以系笕竹，曰‘过篊’。大灶多熔铁成炼为之，曰‘铁过篊’。凡在南岸之灶，必须以篊系笕；若北岸一带，则不用过篊，只用木橡。铁篊经十余年，篾篊与笕竹，则一年一换。”[③]更换用于盐卤水分引流的

---

① ［南宋］王象之．舆地纪胜·夔州路［M］．北京：中华书局，1992：4655-4657.

② 蓝勇．四川古代交通路线史［M］．重庆：重庆师范大学出版社，1989：192-193.

③ 巫溪县志编撰委员．大宁县志（光绪）·食货·盐茶［G］．1985：191-193.

篾篊与笕竹之日便是绞篊节，一般在每年十月的旦日。

三峡有关盐业的传说与地名文化都因盐而生。例如宁厂镇，“该镇由古盐场发展而来，早在先秦以前，因猎人袁氏逐鹿至此，发现盐泉以后，人们置锅煎盐，人员云集形成盐场。……明时，称该镇曰袁溪镇”；又如白鹿乡，“相传古时一猎人，从溪边发现一白色山鹿，追至宁厂盐泉洞口，不见白鹿，口渴饮泉。发现盐水，后人引水熬盐，将盐泉命名为白鹿盐泉，将鹿出之溪，命名为白鹿溪”①；再如巫山洋溪河，“相传，起阳坝的一只野羊，路经此地洗过澡而得名。后将‘羊’改成‘洋’”；再如起阳乡起阳坝，“相传古代有个外号叫袁大汉的猎人，在今官阳山上狩猎，发现坝中有一只野羊从一个石洞跑出，便持弓紧追，一直追到巫溪大宁厂，野羊钻进洞里变成盐水源源流出，人们便把野羊起跑的地方——今起阳坝称为‘起羊’，后将‘羊’写成‘阳’，故名起阳”②；再如神农架林区落羊河，“神话传说，有只白羊吃了贾姓财主的麦苗，财主就派家丁贾龙、贾虎带猎犬去捕捉，白羊逃进一个山洞（后称爬羊洞）藏身，被家丁与猎狗围逼，白羊从爬羊洞逃到河边，无路可遁，纵身跳入小河，又顺河逆上逃往四川省巫溪县（现重庆市巫溪县——笔者注）大宁厂化为盐水”③。民国年间的金祖孟先生认为：“各种不同的地域，因为自然环境与人文现象的不同，常常具有不同的特性，这种特性常常反映在地名上面，使地名也具有类似的特性。我们既可以地域的特性说明地名的特征，也可以地名的特性说明地域的特征。”④可见，三峡有关盐业的地名是三峡古文化辉煌的标志性符号。

三峡盐业文化对周边文化产生了重要影响。早在新石器时代的大溪文化遗址上，三峡地区就发现了使用盐的证据。而流传于三峡地区的盐水女神、廪君、白鹿逐盐、白兔逐盐等传说，以及诸多与盐业相关的地名，不仅是三峡盐业及水利文化对地域文化的传承，而且体现了三峡盐业文化对人类文明进步的巨大影响。正如《华阳国志校补图注·说盐》所说：“人类文化，总是从产盐地方首先发展起来。”⑤古代三峡是华夏文明诞生地之一，目前发现的亚洲最早人类巫山人和建始人就是证明。先秦和春秋战国时期，在井盐还没有大量开采以前，巫巴山地由于拥有天然盐泉，一直是巴楚文化的核心区域，深深影响着周边的经济文化。蜀地的井盐开采、解池食盐的运输、齐地海盐的制作等，都对中国周边文化产生

① 四川省巫溪县地名领导小组．四川省巫溪县地名录［G］．1982：52，194

② 四川省巫山县地名领导小组．四川省巫山县地名录［G］．1983：102，109，120.

③ 湖北省神农架林区地名领导小组办公室．湖北省神农架林区地名志［G］．1982：68.

④ 华林甫．中国地名学源流［M］．长沙：湖南人民出版社，1998：432.

⑤ ［东晋］常璩．华阳国志校补图注［M］．任乃强，注．上海：上海古籍出版社，1997：52.

了巨大影响。一个盐业生产点、一片运输区域，无形中就能形成相对独立的区域经济和区域文化。巴文化以三个盐泉为中心，而晋文化有山西解池盐业，齐鲁有海盐，中原有河东盐业且可吸纳周边盐业，蜀文化则多盐井……如此看来，以水之所含矿物看，盐是最关键的物质之一，它不仅促进了各区域文化与文明的生成和发展，而且深刻影响了人类发展的进程。

5. 渔货因水

《淮南子·说山训》曰："水广者鱼大，山高者木修。"[①]有水鱼类才能生存，故俗谚有"木处者鸟类，水居者鱼类"之说。南方多渔业，《诗经》曰"南有嘉鱼"，指南方多鱼；又曰"鱼潜在渊"，指鱼生水中；又曰"鱼在在藻"，指鱼类主要以水中藻类植物为生[②]。传统的渔业以捕鱼养鱼为生，而鱼以水为生，说到底，渔业以水为生。

巴地"各有桑麻丹漆，布帛鱼池。盐铁足相供给"[③]。今天重庆江河纵横，渔业资源丰富。蜀地同样如此，"其山林泽渔，园囿瓜果，四节代熟，靡不有焉"[④]。蜀地多渔业，因成都"有池泽，蜀之渔畋之地也"[⑤]，德阳县"山原肥沃，有泽渔之利"[⑥]。历史上，蜀地因为鱼太多，造成"鱼害"，史载僰道县（今宜宾），"崩容江出好磨石，崩江多鱼害"[⑦]。如此多鱼之地，"鱼害"其实并不伤人，而是伤及农田稻谷，当时鱼贱米贵，与今日鱼贵米贱不同。

巴蜀之地多鱼，而楚地自古多"云梦大泽"，渔业更是十分发达，多有楚人以之为生。《艺文类聚·鳞介部上·鱼》曰："楚人有献鱼楚王者曰：'今日渔获，食之不尽，卖之不售，弃之又惜，故来献也。'左右曰：'鄙哉，辞也。'楚王曰：'子不知渔者仁人也，盖闻囷仓粟有余者，国有饿民，后宫多幽女也，下民多旷夫……皆失君人之道。故庖有肥鱼，厩有肥马，民有饿色，是以亡国之君，藏于府库，寡人闻之久矣，未能行也。渔者知之，其以比喻寡人也，且今行之矣。'"此处虽然以楚地"余鱼"之多论政治与治国之道，但从中能够看到楚地多鱼，渔

① ［西汉］刘安. 淮南子全译·说山训［M］. 许匡一，注. 贵阳：贵州人民出版社，1993：953.

② ［唐］欧阳询. 艺文类聚·鱼［M］. 汪绍楹，校. 上海：上海古籍出版社，1982：1671.

③ ［东晋］常璩. 华阳国志校补图注·巴志［M］. 任乃强，注. 上海：上海古籍出版社，1987：20.

④ ［东晋］常璩. 华阳国志·蜀志［M］. 刘琳，注. 成都：巴蜀书社，1984：176.

⑤ ［东晋］常璩. 华阳国志·蜀志［M］. 刘琳，注. 成都：巴蜀书社，1984：196.

⑥ ［东晋］常璩. 华阳国志·蜀志［M］. 刘琳，注. 成都：巴蜀书社，1984：266.

⑦ ［东晋］常璩. 华阳国志·蜀志［M］. 刘琳，注. 成都：巴蜀书社，1984：286.

者捕鱼为生，整个楚国都依赖水中“余鱼”，依赖由众多渔者组成的渔业。楚地多水泽、湖泊、江河，故鱼多；北方少水，则鱼少，但是蓄水为池，养鱼仍能产生巨大的经济效益。《三辅故事》曰：“武帝作昆明池，学水战法。帝崩，昭帝小，不能征讨。于池中养鱼，以给诸陵祠，余给长安市，市鱼乃贱。”①

《三辅故事》所载说明，本来用以军事的昆明池用以养鱼，造成长安鱼价大跌，这是北方国家池塘养鱼影响渔业市场价格的典型范例，也说明南北区域水量不一，渔业资源丰歉不同。不过，“裁成辅相，道在人为”“民生在勤，勤则不匮”②。汉唐时期，少水的北方已能大力发展池塘渔业。而春秋战国时期的吴越之地，人们十分重视发展渔业生产。《吴越春秋》曰：“越王既栖会稽。范蠡等曰：‘臣窃见会稽之山，有鱼池，上下二处。水中有三江四渎之流，九溪六谷之广。上池宜于君王，下池宜于臣。畜鱼三年，其利可以致于万，越国当富盈。”③越国因发展渔业而富足，这与管仲在齐地发展盐业和渔业有同工异曲之妙。范蠡身在越国，自然知道江河湖泊之利，其坚持渔业为先，劝诫越王发展渔业生产，当时自然是尽臣子的本分。之后，他辞官不作而经商，利用南方多水之地利而致富。《史记·货殖列传》记载了范蠡帮助越王雪会稽之耻后投身工商业的故事。

> 乘扁舟，浮于江湖，变名易姓，适齐为鸱夷子皮，之陶为朱公。朱公以为陶天下之中，诸侯四通，货物所交易也。乃治产积居，与时逐而不责于人。故善治生者，能择人而任时。十九年之中三致千金，再分散与贫交疏昆弟。此所谓富好行其德者也。后年衰老而听子孙，子孙修业而息之，遂至巨万。故言富者皆称陶朱公。④

范蠡辞官后利用江湖的便利发展商贸，吴越丰富的渔业资源自然是重要的流通物资，而司马迁总结的“善治生者，能择人而任时”为其中关键。故前人诗云：“村墟船作市，地绝水为邻。”这都是地方水土养人、因地制宜所致⑤。范蠡经商致富利用南方舟船，用南方水中物产，而鱼在当时是商贸非常重要的组成部分。范蠡能劝诫越王养鱼致国富，能商贸致富，终成“商圣”，这与其发掘渔业的商业潜力息息相关。古代商贸以水为道，贸易多沿水而行，故古人有“村墟船作市，

① ［唐］欧阳询．艺文类聚·鱼［M］．汪绍楹，校．上海：上海古籍出版社，1982：1671–1672.

② ［清］沈梦兰．五省沟洫图说·水利说谕沔阳业民［M］．北京：农业出版社，1963：71.

③ ［唐］欧阳询．艺文类聚·鱼［M］．汪绍楹，校．上海：上海古籍出版社，1982：1672.

④ ［西汉］司马迁．史记·货殖列传第六十九［M］．北京：中华书局，1959：3257.

⑤ ［清］沈梦兰．五省沟洫图说·水利说谕沔阳业民［M］．北京：农业出版社，1963：71.

地绝水为邻”的总结。昔者越王勾践困于会稽，重用善于经商的范蠡，而范蠡受教于其师计然。计然对于商业有如下精彩论述。

> 知斗则修备，时用则知物，二者形则万货之情可得而观已。故岁在金，穰；水，毁；木，饥；火，旱。旱则资舟，水则资车，物之理也。……末病则财不出，农病则草不辟矣。上不过八十，下不减三十，则农末俱利，平粜齐物，关市不乏，治国之道也。①

计然所谓治国之道，农本商贸皆重。鱼多，以之谋生的人就多。清人赵开图《竹枝词》曰：“风满长江雪满天，郎家争渡打鱼船。滩头网得双鱼起，唤我明朝卖路钱。”②该诗描写了渔家以渔为生的境况。一些家庭以舟为家，打鱼为业，清人何人鹤《竹枝词》描写了渔家妇女以江为园、渔舟为庐的场景，诗曰：“雾鬟风鬢水上梳，江为园圃艇为庐。一双赤足白如水，摇傍依舟卖鳜鱼。”③清初思想家王夫之描写川江的《竹枝词》中有“鸬鹚衔鱼只道饥，鸡鹊运目也孤飞。江花笑水郎不去，白浪掀天郎不归”之句④，描绘了江上鱼郎驭鸬鹚捕鱼的欢乐场景。清代乾隆时杨学述《建昌竹枝词》也有描写渔家安居的场景，“夏日炎天鱼跃渊，渔人相贺得丰年。绿波声里呼围网，渔妇村庄竞拢船”⑤。

南方多水，不光可以捕鱼为生，还可以进行水产养殖，综合利用。光绪时颜汝玉《建城竹枝词》写道：“渔妇相邀放棹来，红虾捞罢又青苔。大湾风起晚潮阔，装得满舱菱角回。”⑥道光时颜启芳《西昌竹枝词》更是将水上渔家（村）“男渔女养”、夫妻协作的场景描绘得温馨感人，其写道：“小渔村接大渔村，茭笋春来绿到门。妾自捞苔郎撒网，朝朝相伴到黄昏。”⑦

清代《玉堂场竹枝词》描述灌县鱼塘养殖与农业种植、林业果木互补发展的情况时写道：“挑菜河边快渡舟，安排妥贴压街头。香瓜硕果零星卖，只剩鱼塘水里鳅。”⑧南方丰富的渔业资源对餐饮业起到了极大的推动作用，许多地方在江边建起了以鱼为主要食谱的酒楼，专营鱼菜。对此，耿如莰《宣汉竹枝词》描绘道：“绕郭酒楼经里余，可人风味暮春初。满江艇泊桃花水，争头新鲜内穴鱼。”⑨

---

① ［西汉］司马迁．史记・货殖列传第六十九［M］．北京：中华书局，1959：3256.
② 林孔翼，沙铭璞．四川竹枝词［M］．成都：四川人民出版社，1989：268.
③ 林孔翼，沙铭璞．四川竹枝词［M］．成都：四川人民出版社，1989：273.
④ 林孔翼，沙铭璞．四川竹枝词［M］．成都：四川人民出版社，1989：173.
⑤ 林孔翼，沙铭璞．四川竹枝词［M］．成都：四川人民出版社，1989：251.
⑥ 林孔翼，沙铭璞．四川竹枝词［M］．成都：四川人民出版社，1989：256.
⑦ 林孔翼，沙铭璞．四川竹枝词［M］．成都：四川人民出版社，1989：252.
⑧ 林孔翼，沙铭璞．四川竹枝词［M］．成都：四川人民出版社，1989：40.
⑨ 林孔翼，沙铭璞．四川竹枝词［M］．成都：四川人民出版社，1989：200.

由此可见，南方人“靠水吃水”，极大地丰富了南方的农贸市场，从而促进了南方餐饮文化的发展。

6. 以水为田

有海吃海，有盐吃盐，古人对以水资源为基础的自然环境的依赖程度非常高。清代沈梦兰指出，为河流腾出容水之地后，所有水面皆为人所用，相比田地更有经济价值。对此，沈梦兰《五省沟洫图说》阐述如下。

> 水之为利，其用无涯，非直陇亩之间灌溉禾黍而已。凡水中生殖菱、芡、菰、茭之属，足资食用者，蕨类甚夥。即以楚省而论，蕲水一带广种荷莲，其实则珍果也，其藕则嘉蔬也，其叶则包匦者无不利用也。

沈梦兰所说的菱、芡、菰、茭、藕，都是可资民食的物产。而水中养鱼，更能致富，故有“编竹围簖以养鱼苗，尚可致陶朱之富”之说。沈梦兰总结道：“彼盖知利在土田，而不知水之为利，与土田无以异也。”[①]沈梦兰认为，“田”不限于陆田，当以水为田，是为“水田”。此“水田”指一切陆地上的水面或水体，而非仅指种植稻谷之田。以湖泊为例，其为农民之大利，对此，《履园丛话·水学·水害》阐述如下。

> 农人之利于湖也，始则张捕鱼虾，决破堤岸，而取鱼虾之利。继则遍放茭芦，以引沙土，而享茭芦之利。既而沙土渐积，乃挑筑成田，而享稼穑之利。既而衣食丰足，造为房屋，而享安居之利。既而筑土为坟，植以松楸，而享风水之利。[②]

由此可见，湖水对农民有四利：鱼虾之利、茭芦之利、安居之利、风水之利。明代鲁修《鄱湖》诗曰：“湖水霜前落，渔人动作群。洲平沙草在，山散夕阳分。”[③]该诗描述了一片令人向往的美好景象。古代，湖泊为渔业生计所在，产出效益非常高。如果侵占水体而成“田”，不为水留下容身之地，危害将十分巨大。对此，《履园丛话·水学·水害》描述如下。

> 三吴之民，但知水旱之为害，而不知人事之不修。遂谓湖之浅深，江之通塞，无关紧要，而一经水旱，事穷势迫，抢地呼天而莫之应，是谁之过欤？今太湖、百渎、七十二溇皆湮没矣，枝河枝港半成茭芦矣，白茅、刘河、七浦皆为平陆矣。吴淞虽开，水流不畅，以浩渺无涯之水，

① ［清］沈梦兰. 五省沟洫图说·水利说谕沔阳业民［M］. 北京：农业出版社，1963：71-72.

② ［清］钱泳. 履园丛话·水学·水害［M］. 张伟，校. 北京：中华书局，1979：99.

③ 李华栋. 鄱阳湖文化志［M］. 南昌：江西人民出版社，2014：286.

决他何处去耶？呜呼！旱年则水无自蓄，水年则水无自泄，三吴水旱之忧，恐自此始矣。[①]

破坏江河、湖泊、湿地等水环境，必然加剧自然灾害。解决问题的关键在于容水，容水又称水容，有三层意思：水容之物，包括各种形态及空间的水及其中的生灵；容水之物，包括天空、大气、山川、河流、大海等；似水（海）的容量和气度。换言之，人要容水，也要容容水之物，更要具备如水一般“有容乃大”的心量和气度。关于这一点，《管子·水地篇》曰：“是以无不满，无不居也。集于天地而藏于万物，产于金石，集于诸生。”[②]万物容水，必然水容万物，荆江分洪工程以及各地水库，便是利用水之“容”的特性。

今天，退耕还湖是人水合一、“你给水出路，水给你利益”的双赢结局，笔者称之为“以水代田”。为水找到容身之地，为民找到谋生之道，可谓两全其美，但是这一理念往往被人们忽视，这与部分地方政府的不作为有关。沈梦兰指出，早在唐代，人们就非常重视“以水为田”的做法。《五省沟洫图说·水利说谕沔阳业民》指出：“唐太守崔公元亮，劝谕民筑凌波塘，洼下者栽菱角，高阜者植桑秧。由是，人烟稠集，号称‘乐土’。可知‘裁成辅相，道在人为’，‘民生在勤，勤则不匮’。”[③]“水体为田”，可成乐土，这是人们在了解水性之后，在水面勤劳“耕作”的结果。然而，历代狭隘的“以农为本”的思想都是一种以农田为本的种植业的观念，忽视了“以水为田”也为农本之组成部分的事实。

历史上，许多有益的利用水的办法都没有付诸实践，致使古代洪涝灾害频繁，原因何在？这是人类对水的属性及其附属物认识有所偏差所致。例如黄河的洪水和泥沙，人们普遍认为是害，黄万里先生独独认为是利。历史告诉我们，华北平原、黄河三角洲都是由黄河泥沙冲击而成，中国第三大岛屿——崇明岛是由长江泥沙冲击而成，大上海也是经几百年沉积而成陆地的。水为害为利，在于人的观察视角，从更长的时空看，结论可能截然不同。包括荆江在内的长江中下游，都是宝地，比土地更有经济价值和生态价值。今天，我们要做的是为水腾出更多空间，唯有如此，长江流域的人们才能如鱼得水，生活得更加美好，长江水患才能真正变成“水利”。古人的治水智慧，后人汲取的不是太多，而是太少。

① ［清］钱泳．履园丛话·水学·水害［M］．张伟，校．北京：中华书局，1979：99-100.

② 李山．管子·水地［M］．北京：中华书局，2009：206.

③ ［清］沈梦兰．五省沟洫图说·水利说谕沔阳业民［M］．北京：农业出版社，1963：71.

7. 以水治水

以水为田，是解决洪涝灾害的重要途径。沈梦兰认为，治理荆江不能一蹴而就，治江最大的劳动力不是人，而是江水。《五省沟洫图说·荆江图》指出：“淀淤之来无穷，畚锸之去有限，区区民力，与造物争衡，多见其不知量矣。为今日计，惟有抽沟之法，以水治水，尚不失古人排决之遗意。”①

沈梦兰“以水治水”的思想对今人具有极大的参考价值。在清代同治年间著述的《长江图说》中，马征麟曾提出以下方法，以综合整治长江水患。

> 一曰禁开山，以清其源。二曰急疏瀹，以畅其流。三曰开穴口，以分其势。四曰议割弃，以宽其地。五曰修陂渠，以蓄其余。五者并举，大川易泄，小川有所蓄，废弃无多，所全甚众。此外无良策也。②

将马征麟所说的“治水五策”和沈梦兰“以水为田”的思想结合起来，将退田的水域和修陂渠的水面视为“水田”，则田土不减，而增“水田”产业，这样就解决了垦田围湖、占水为田的矛盾。明代万历年间的《湖广总志·水利志》也将明代的治水之策归纳为“修决堤，浚淤河，开穴口”，即为水让路，水在则利在。《读史方舆纪要·江西一》谈到鄱阳湖时指出：“春涨则与鄱江接连，水缩则黄茅、白苇，旷如平野。”③古代鄱阳湖，春夏蓄长江之水，秋冬则水消。这与江西《鄱阳湖文化志》界定的鄱阳湖为过水型和吞吐型湖泊的结论一致④。洞庭湖也是如此，《方舆胜览·湖北路·岳州》在谈到洞庭湖时指出：“赤沙湖：与洞庭通。浥湖：夏潦奔注，则泆为此湖，冬霜既零，则涸为平野。”⑤由此可知，以水治水的核心就是为水让路，为水准备吞吐的空间。以水治水的产出也很突出，例如渔业等。

魏源看到了长江水灾和航道淤塞的症结所在，指出了长江上游生态破坏对航道的影响。魏源将自己的观点阐述如下。

> 今则承平二百载，土满人满，湖北、湖南、江南各省，沿江、沿汉、沿湖，向日受水之地，无不筑圩捍水，成阡陌治庐舍其中，于是平地无遗利；且湖广无业之民，多迁黔、粤、川、陕交界，刀耕火种，虽蚕丛

① ［清］沈梦兰．五省沟洫图说·荆江论［M］．北京：农业出版社，1963：65．

② 中国水利水电科学研究院水利史研究室．再续行水金鉴·长江卷·长江附编七·长江图说［M］．武汉：湖北人民出版社，2004：987．

③ ［清］顾祖禹．读史方舆纪要·江西一［M］．贺次君，施和金，校．北京：中华书局，2005：3886．

④ 李华栋．鄱阳湖文化志［M］．南昌：江西人民出版社，2014：3．

⑤ ［南宋］祝穆，［南宋］祝洙．方舆胜览·湖北路［M］．施和金，校．北京：中华书局，2003：513．

峻岭，老林邃谷，无土不垦，无门不辟，于是山地无遗利。平地无遗利，则不受水，水必与人争地，而向日受水之区，十去五六矣；山无余利，则凡箐谷之中，浮沙壅泥，败叶陈根，历年壅积者，至是皆铲掘疏浮，随大雨倾泻而下，由山入溪，由溪达汉、达江，由江、汉达湖，水去沙不去，遂为洲渚。洲渚日高，湖底日浅，近水居民，又从而圩之田之，而向日受水之区，十去七八矣……下游之湖面江面日狭一日，而上游之沙涨日甚一日，夏涨安得不怒？堤垸安得不破？田亩安得不灾？[①]

可见，以水治水关键是为水让路，江河湖海要为水让出容纳吞吐的空间。

长江上游水土流失十分严重，在中下游以水为田，在西部山区以木为产，又不限于以伐木为业——因为林业为可以为农、林、副、牧、渔提供生态保障，同时保持水土、涵养水源。这不仅是解决东西部水患矛盾的关键所在，而且是因地制宜发展我国东西部的必然要求。

四、木以安水

古人认为，五行相生相克，这一点观念其实源于自然，是古人观察自然的结果。例如古人观察草木，其根吸取水分而枝叶繁茂，花果生成，故《管子·水地》指出："是以水者，万物之准也……集于草木，根得其度，华得其数，实得其量……万物莫不尽其几、反其常者，水之内度适也。"[②]草木因水而生，这是自然之理，故《淮南子·原道训》指出："夫萍树根于水，木树根于土……天地之性也。"[③]

《淮南子·天文训》曰："水生木，木生火，火生土，土生金，金生水。"[④]古人发现，树木花草离开水就无法生存，春雨一来，万物（植物）复苏，故水生木；植物可以点燃，故木生火；植物烧尽后化为尘土，故火生土……以此类推，土生金，金生水，无限循环，又彼此影响。《孟子·梁惠王上》指出："不违农时，谷不可胜食也。数罟不入洿池，鱼鳖不可胜食也。斧斤以时入山林，材木不可胜用也。"[⑤]山林为人们的"衣食之源"，而"人烟盛，樵采难给"，无木人们便无

① ［清］魏源．魏源集·湖广水利论［M］．北京：中华书局，1976：388．

② 李山．管子·水地［M］．北京：中华书局，2009：206．

③ ［西汉］刘安．淮南子·原道训［M］．顾迁，注．北京：中华书局，2009：14．

④ ［西汉］刘安．淮南子全译·天文训［M］．许匡一，注．贵阳：贵州人民出版社，1993：186．

⑤ 杨伯峻．孟子译注［M］．北京：中华书局，2005：5．

所依赖。因此在自然经济条件下，农业、工商业等都以良好的森林植被为前提。

明代《四川志》有“多笋益林木樵苏者，为衣食之源”之说[①]。清代严如熤《三省边防备览·艺文志》谈到秦巴山区时曰：“先时不过土著居民樵采为活。”[②]清人王昌南《老人村竹枝百咏》记载：“山深容易度年华，除却农忙事亦赊。播种耘苗庄务华，樵苏采药尽生涯。”[③]西南山区各地，海拔殊异，林业生产一般分区域、分海拔进行，如“山上松柏戴帽，山腰桐、漆、茶、果，房前屋后栽桑养竹”[④]。这种传统种植方式既考虑了树木对于不同地带气候的适应性，也考虑到同一地域树木的景观分布性，还考虑了人们植树造林的经济性及人们的需求，有利于人与自然的和谐。鄂西宣恩土家人要求做到“十九不”——“……十五不在林区玩火，十六不砍地皮积肥、爱惜生态植被，十七不砍果树、杉松和贵重树种……”[⑤]爱树就是爱家，爱树就得爱水，例如地处山区的巫山起阳中学便在重庆巫山县起阳村龙洞水源处写下“落其实者，思其树。饮其流者，怀其源”这一让学生爱护水源的标语。山上的树需要水，人需要水，因此我们要爱水爱树，这个道理在山区极其重要。森林为“衣食之源”揭示了人类与森林的依存关系，对于生活在山区，依山靠山的人们来说更是如此。传统手工业时代也是如此，手工业必依赖森林，对此严如熤《三省边防备览·山货》阐述如下。

炭厂，有树木之处皆有之，其木不必大，山民于砍伐老林后，蓄禁六七年，树长至八九寸围，即可作炭，有白炭、黑炭、栗炭，栗亦白炭坚致耐烧，为上白炭，须放烟封窑，黑炭不封窑，冬春之间，藉烧炭贩炭营生者数千人。……分红山、黑山，黑山为炭窑，须就老林砍伐装窑，烧成煽铁炭。

……而炭必近老林，故铁厂恒开老林之旁，如老林渐次开空，则虽有矿石不能煽出，出亦无用矣。

（纸）厂择有树林、青石、近水处方可开设。

（笋厂）于小满后十日采笋焙干发客……（山中）所产者木耳、香蕈、药材为多……（木耳厂）择山内八九年，五六年花栗、青枫、梓树用之，不必过大，每年十月内将树伐倒，纵横山坡上……（香菌厂）于秋冬砍

---

① 出自明代正德年间熊相纂修的《四川志·黎州宣抚司·土产·山川》，四川大学图书馆依原刻钞本于1961年5月影钞，笔者查于西南大学历史学院资料室。

② 蓝勇．稀见重庆地方文献汇点（上）［M］．重庆：重庆大学出版社，2013：400.

③ 林孔翼，沙铭璞．四川竹枝词［M］．成都：四川人民出版社，1989：47.

④ 黔江民间文学三套集成编委会．中国民间文学集成·黔江民间歌谣民间谚语资料集［G］．1988：280.

⑤ 郭大新，郭士杰，苏鹏飞．宣恩土家族习俗［M］．武汉：湖北人民出版社，2008：51.

伐花栗、青枫、梓树、桫椤等木，山树必择大者。[①]

当然，以伐木为生的移民也不在少数，故乾隆时进士姚鼐《汉口竹枝词》有“扬州锦绣越州醅，巨木如山写蜀材”的描写[②]。道光《恩施县志》记载，该县有良好的生态环境，故建材十分丰富，为木材产业提供了条件，木品有松、柏、樟、檀、栗、楸、杉、白杨、槐、椿、水红、马灵光、桐、棕、桑、乌柏、冻绿、梧子、皂角、黄杨、枫、阴沉木、楠木，竹品有筋竹、慈竹、斑竹、紫竹、箭竹、楠竹、水竹、苦竹[③]。

《淮南子·说山训》曰：“千年之松，下有茯苓，上有兔丝，上有丛蓍，下有伏龟。”[④]森林可以为其他副业提供条件，如道光《恩施县志》记载，该县除了可以提供丰富的建材，还能以森林为依托，提供丰富的林副业产品，药品有薄荷、白芍、赤芍、当参、黄连、苦参、天冬、前胡、干葛、山豆根、黄柏、厚朴、何首乌、杜仲、山药、仙茅、木通、白芨、南星、土茯苓、五加皮、独活、苍耳、金银花、天麻、麦冬等57种，它们大部分是以良好的森林植被为生存条件的植物；山货有白蜡、黄蜡、木蜡、漆蜡、茶、蜜、茶油、菜油、桐油、蓖麻油、槐米、红花茜、硝、磺、炭、纸；兽类有独猪、虎、狗熊、豹、白面狸、豺、獐、麂、九节狸、獭、野猪、豪猪、松鼠、竹鼠、鼯鼠、貂、野牛、羚羊[⑤]。

我国林木或森林可安国家社稷的思想至少形成于春秋战国时期，“森能固山河，安社稷，撼天地，发珍物”，原因在于树有灵气，树能生人养人。西南少数民族地区至今有拜树为干爹的习俗，且这种树崇拜十分盛行。《易经》曰：“巽为木，坎，其于木也，为坚多心；艮，其于木也，为坚多节；离，其于木也，为科上槁。”又曰：“地中生木，升，君子以顺德，积小成高大。”《尸子》曰：“木之精气为必方。”《玄中记》曰：“百岁之树，其汁赤如血；千岁之树，精为青羊；万岁之树，精为青牛。”这些都是讲树有灵气，且树龄越大灵气越大。《礼斗威仪》曰：“君乘木而王者，其政升平，则草木丰盛。”此句是说得木国强，天下太平，天下太平反过来又会促进草木生长。古人常以木本喻国，《国语》曰：“伐木不自其本，必复生。塞水不自其源，必复流。除祸不自其本，必复乱。”《吕令》曰：“欲致鸟者先树木。”鸟以木生，人也一样，没有森林，人类也无法生存。《吕令》又曰：“人之有民，

① 蓝勇．稀见重庆地方文献汇点（上）［M］．重庆：重庆大学出版社，2013：350.

② 雷梦水，潘超，孙忠铨，等．中华竹枝词［M］．北京：北京古籍出版社，1997：2579.

③ 恩施县地方志编纂委员会．恩施县志（同治）·物产［G］．1982：282.

④ ［西汉］刘安．淮南子全译·说山训［M］．许匡一，注．贵阳：贵州人民出版社，1993：957.

⑤ 恩施县地方志编纂委员会．恩施县志（同治）·物产［G］．1982：283-284.

如木之有根，根深则本固。”[①] 此处为比喻，说的是木为人们的生存之本。

“山青水必秀，山穷水必恶”是指山上树砍光了，如逢大雨，山上的水也会变得凶恶起来，容易发大水，对人民的生命和财产造成危害。“山上毁林开荒，山下必然遭殃”“要得土不梭，树要栽得多”“山上多栽树，水土不下流”“沿山沿水不栽树，有土有水保不住”“治山治水不栽树，有土有肥保不住”等谚语都说明，只有树多了，山上的土和碎石在下雨时才不会被冲下来，避免冲毁农田和房屋，也不会威胁人们的生命。反之，就会出现“毁林造成水源少，水土流失到处跑”“山上树木光，山下走泥浆”的糟糕局面。严如熤《三省边防备览·民食》记载，大巴山“老林开垦，山地挖松，每当夏秋之时，山水暴涨，挟沙拥石而行”[②]。上述森林与水土流失的因果关系，是人们在长期的生产生活中总结出来的理性认识。林谚“封山育林把树栽，定能消灭水旱灾”更是生动而简洁地把这些知识口头记录下来并加以传播，起到了教育人的作用。

“山上没有树，庄稼保不住”“山上毁林开荒，山下农田遭殃”“山上开一线，平地冲一片”“山区闸沟加绿化，风沙旱涝都不怕”“山上郁郁葱葱，山下畜壮粮丰”等宣传植树和禁止滥砍滥伐的标语将农业对森林的依赖关系说得十分生动形象，可谓脍炙人口。林谚“苍松翠柏满山头，稻粮麦黍绿油油”则正面说出森林对农业生产的保护作用，古人认为，“多笋益林木樵苏者，为衣食之源”。森林除了为人们直接提供柴和木材以及林副产品外，更蕴含了保护整个人类各种生产活动的巨大作用。人类与森林有着鱼水般的生存依赖关系，没有森林这一“衣食之源”，人类就如无水之鱼，将无法生存。当然，南北森林资源存量不同，也影响了人们的生活及风俗。对此，《五杂组·物部二》记载如下。

> 闽人作室必用杉木，器用必用榆木，棺椁必用楠木，北人不尽尔也。桑、柳、槐、松之类。南人无用之者，北人皆不择而取之，故梁栋多曲而不直，什物多窳而不致，坐是故耳。[③]

从中可见，南北用材的差异影响到了生活器具及葬俗。

清代光绪时期，大宁县（今巫溪县）一位岳父送给女婿一棵桂树，并赋诗曰：“树人树木必成材，已自蟾宫分种来。王馆原多攀桂手，好将此品送君栽。”亲家回曰：“亭亭丹桂压群材，忽自槐阶宠锡来。我欲育才学窦氏，呼儿园下倚云栽。”两家以树为引，表明了共同培养子女成才的愿望。

中国古时有五行之说，《尚书·洪范》描述如下。

---

① ［唐］欧阳询. 艺文类聚·木［M］. 上海：上海古籍出版社，1982：1506-1508.

② ［清］严如熤. 严如熤集［M］. 黄守红，朱树人，校. 长沙：岳麓书社，2013：1024.

③ ［明］谢肇淛. 五杂组·物部二［M］. 傅成，校. 上海：上海书店出版社，2001：194.

> 五行：一曰水，二曰火，三曰木，四曰金，五曰土。水曰润下，火曰炎上，木曰曲直，金曰从革，土爰稼穑。润下作咸，炎上作苦，曲直作酸，从革作辛，稼穑作甘。

《尚书·洪范》中描述的是原始的五行学说，次序上把水列为五行之首。《尚书·大禹谟》则指出："德惟善政，政在养民，水、火、金、木、土、谷，惟修。"显然，水、火、金、木、土、谷是养民之物，为政之"六府"，是德政必须关注的事项。《尚书·大禹谟》指出："正德、利用、厚生、惟和。"[①]正德（端正人的品德）、利用（发展生产和贸易）、厚生（使人们拥有丰厚的生活资料）为"三事"，"三事"加"六府"则为"九功"。这都是以具体的事物指代水、火、金、木、土。

到了汉代，董仲舒将之发展成为"天有五行：木、火、土、金、水是也。木生火，火生土，土生金，金生水"[②]，把五行说发展到五行相生相克的理论水平。汉尊土德，而以土为尊，才降低了水在五行中的地位。明代尊水，例如明末清初方以智《四行五行说》曰："周子尊水火在上，次表中土，下乃列金木焉。"其《水患说》指出："人以水生，以火死。盖以水火交而生，以水火济而养，以水下流、火上炎而死也。"此观点认为，人以水生，以火而死，水火往返为人生周期，由此提出了"水火一体论"。方以智《水火一体论》曰："天一生水，而反成阴润之性。地二生火，而反成阳燥之性。呵气属火，而化属气水。"[③]明人叶子奇所撰的《草木子·管窥篇》指出："天始惟一气尔。庄子所谓'溟涬'是也。计其所先，莫先于水。"在明代人眼里，水是万物之本原，万物生成从水开始。水生万物的前提是水生土，土生木，土生金，木生火。对此，《草木子·管窥篇》分析如下。

> 水中滓浊，历岁既久，积而成土，水土震荡，渐加凝聚，水落土出，遂成山川。故山形有波浪之势焉。于是土之刚者，成石而金生焉，土之柔者，生木而火生焉。五行既具，乃生万物。万物化生而变化无穷焉。

从自然科学的角度，上述分析非常有道理。《草木子·管窥篇》接着继续分析如下。

> 《洪范》五行之生成，以微著为渐次，盖以数言之也。水、火、气也，

---

① ［先秦］佚名．尚书·大禹谟［M］．王世舜，王翠叶，译．北京：中华书局，2012：146，355．

② ［西汉］董仲舒．春秋繁露·五行对三十八［M］．周桂钿，注．北京：中华书局，2011：144．

③ ［明］方以智．浮山文集·四行五行说［M］．张永义，校．北京：华夏出版社，2017：217．

故微。木、金，形也，故著。四行莫不待土以生成焉，其质最大，故居后，盖土所以成始而成终者也。

水滓成土、水土震荡、水落土出，水生土，土生万物。《草木子·管窥篇》转《康节邵子》又曰："'日、月、星、辰，天之四象。水、火、土、石，地之四象。'康节言土石而不言木金，盖木乃土之华，金乃石之精也。"①今人说"一方水土养一方人"，自然是由五行之说演化而来。

今天看来，就物质而言，水、土、火、金、木以及气，其实都代表地球上具体的自然资源，这些资源是人类必需的，且缺一不可，故五行之说有其科学的一面。对于人类而言，有水之地生木，有木有水之地生人。火，燃烧太多，就会导致气候变暖，因此我们保护水资源就要防止二氧化碳过度排放，防止臭氧层消失，如此才能遏止冰川和积雪融化，阻止湿地、沼泽、湖泊减少，减轻土地沙化等；木，居五行中，处中心位置，根据《尚书》中的观点，水生木，因为木必须居于有水的环境，无水则亡，同时又维系水生态平衡，使金与土不易发生大的变化，对于减少水土流失、沙漠化、沙尘等具有积极的作用；金则与水不同，它相对固定。

水一旦得势，将势不可当。金对人类和水资源似乎危害不大，其受水、受火、受木均能化土，也能化水，而以化土为主。金化水，易使水产生物理与化学变化，今天水污染十分严重，便与此有关，其中矿物开采及利用是危害水资源的"重犯"；至于土，事实上土与治水相关的范畴非常宽泛，例如田地、泥沙、淤泥、沙漠、滩涂、沙尘等。土既是治水难题，又是治水材料，前者如水土流失、沙化、石化等，后者则表现在治水不能没有土的参与。

对于中国而言，水资源、矿业资源、石油资源、林业资源分布极其不均匀。东北多森林资源、煤炭资源，华北多煤炭资源，西南多矿业资源、水力资源及森林资源，西北、东北多石油资源。这就需要全国各地资源互补。就区域而言，西南的森林资源非常重要，其首要功能是保护长江第一阶梯、第二阶梯的水土，以免造成水土流失。但是数百年来，以国家为主体，以商人为主力，对森林资源破坏十分严重，尤其是长江中上游西南地区，明清时期的"皇木之役"就是明证。《明史》记载："采木之役，自成祖缮治北京宫殿始。永乐四年遣尚书宋礼如四川，侍郎古朴如江西，师逵、金纯如湖广……"明朝在修建宫殿方面花费巨大，如"（嘉靖）二十年，宗庙灾，遣工部侍郎潘鉴、副都御史戴金于湖广、四川采办大木。二十六年复遣工部侍郎刘伯跃采于川、湖、贵州，湖广一省费至三百三十九万余两""万历中，三殿工兴，采楠杉诸木于湖广、四川、贵州，费银九百三十余万两，

① ［明］叶子奇．草木子·管窥篇［M］．吴东昆，校．上海：上海古籍出版社，2012：9-12．

徵诸民间，较嘉靖年费更倍。……科臣劾督运官迟延侵冒，不报。虚糜干没，公私交困焉”[①]。从中可见，明朝对长江中上游的木材需求巨大，大木为之消耗殆尽。“今之皇木径亦逾丈，其最中为栋者，每茎价近万金，而舁拽之费不与焉。然川贵箐峒中亦不易得也。”到西南地区采办皇木十分艰辛。明人描绘道：“尝见采皇木者，言深山穷谷之中，人迹不到，有洪荒时树木，但荒秽险绝，毒蛇鸷兽，出入山中，蛛蜘大如车轮，垂丝如絙，罥虎豹食之。采者以天子之命谕祭山神，纵火焚林，然后敢入。其非王命而入者，不惟横罹患害，即求之终年，不得一佳木也。”[②]除了国家采伐外，还有商业采伐、民间采伐，更有将山垦为田，对生态造成严重的破坏。明清两代，对长江中下游危害甚大的还有围垦湖泊和江河滩涂，长江上游则为开山垦殖。《长江图说》曰：“夫围田之弊，贪其肥淤，而害及井牧。开山之弊，苦其硗瘠，而致废膏腴。围田者见利之在前，而不知害之在后也。开山者损材木自然之利于己，而显贻耕凿之害于人。是故开山围田，皆有例禁，而开山之禁，尤当致严于围田也。”古人数百年的破坏，对生态造成了十分严重的影响。《长江图说》又曰：“山人居山，泽人居泽，自有各足之道。求益于一脉而害及全体，至全体受病，一脉之益果自保乎？”[③]长江流域生态系统是一个整体，金、木、水、火、土也是如此。

木以水为生，反过来又可安水。《淮南子》曰：“直木先伐，甘泉先竭。”[④]森林是减少水土流失的重要屏障，故《森绿经》曰：“森卫之国，更为之人，森能固山河，安社稷，撼天地，发珍物，而况于人乎？夫森兴上下，上有厚土，下少洪灾，上下一德，其行安焉。利于其国，森之终也，富于其人，森之始也。诗云：‘百神森其备丛兮，靖共尔位兮，好是正直兮，森卫众身兮，众兴万民兮。’”[⑤]由《森绿经》可知，森林能固山河、少洪灾、利于国、富于民、安社稷、兴万民。森林有助于减少河流水患，改善河流航运交通。森林生长之地，必须有水源，有森林便容易涵养水源，两者彼此依赖，形成良性循环。如果破坏森林，或断绝水源，森林必然遭到破坏，“森能固山河，安社稷，撼天地，发珍物，而况于人乎？”这个结论值得每一个人深思。

---

① ［清］张廷玉，［清］万斯同，［清］徐元文，等. 明史·食货六［M］. 北京：中华书局，1974：1995–1996.

② ［明］谢肇淛. 五杂组·物部二［M］. 傅成，校. 上海：上海书店出版社，2001：194.

③ 中国水利水电科学研究院水利史研究室. 再续行水金鉴·长江卷·长江附编七·长江图说［M］. 武汉：湖北人民出版社，2004：986–988.

④ ［唐］欧阳询. 艺文类聚·木［M］. 汪绍楹，校. 上海：上海古籍出版社，1982：1508.

⑤ 张浩良. 绿色史料札记——巴山林木碑碣文集［M］. 昆明：云南大学出版社，1990：20–21.

我们回到五行继续讨论水和木的关系。《五杂组》指出：“五行有生中之克，有克中之用，有反恩而成仇，有化难以为恩。如火生于木，而焚木者火；水生于金，而沉金者水；火本克金，而金得火刀成器；金本克木，而木得金刀成材。至于盛极必衰，否极必泰，此皆阴阳循环之理，造化玄机之妙。”[①]水生木，木对水则是“有化难以为恩”，其涵养水分，减少水土流失，是对水的反哺。《博物志·山》记载：“石者，金之根甲。石流精以生水，水生木，木含火。”[②]金石可生水，正如《淮南子·天文训》所说：“水生木，木生火，火生土，土生金，金生水。”[③]五行彼此相生，也相克。“阴阳循环之理”其实并无玄妙，不过是根据自然中现实存在的自然现象提炼出来的规律。

今天我们站在区域的角度看，正确处理水与木的关系，对于我们正确认识国家区域经济协调发展以及区域间生态环境的平衡极其重要。《淮南子·说林训》指出：“水静则平，平则清，清则见物之形，弗能匿也。故可以为正。川竭而谷虚，丘夷而渊塞，唇竭而齿寒，河水之深，其壤在山。”[④]

从土和水的关系看，古人认为土可克水，它们相生相克又可逆。例如暴雨冲垮、冲刷地表，造成水土流失、泥石流、滑坡等，此水克土；土随水而下，壅塞江河，“丘夷而渊塞”，使水不能顺畅流动，此土克水；无水则土不保，以至“川竭而谷虚”。可见，土和水是“唇亡齿寒”的关系。木可涵养水土，木之生存既需要土壤，又需要水分，故《淮南子·原道训》曰：“夫萍树根于水，木树根于土；鸟排虚而飞，兽蹠实而走；蛟龙水居，虎豹山处；天地之性也。”[⑤]可见，树既离不开土，也离不开水。鸟兽则离不开树木，反过来又对保护树木有益，故《淮南子·说山训》：“山有猛兽，林木为之不斩；园有螯虫，藜藿为之不采。”[⑥]树木繁盛的山林，鸟兽必众。所有生物彼此依赖，即达到了我们希望的生态平衡。

这种生态平衡在中国三个阶梯地区都具有现实意义，例如，第一阶梯和第二阶梯地区的水土，对第三阶梯地区至关重要，只有第一阶梯和第二阶梯地区涵养水土，下游江河才不至于淤塞。如云贵、巴蜀、湘西、鄂西、陕南地区水土流失，

---

① ［明］谢肇淛．五杂组·天部二［M］．傅成，校．上海：上海书店出版社，2001：36–37.

② ［西晋］张华．博物志·山［M］．王根林，校．上海：上海古籍出版社，2012：9.

③ ［西汉］刘安．淮南子全译·天文训［M］．许匡一，注．贵阳：贵州人民出版社，1993：186.

④ ［西汉］刘安．淮南子全译·说林训［M］．许匡一，注．贵阳：贵州人民出版社，1993：1004.

⑤ ［西汉］刘安．淮南子全译·原道训［M］．许匡一，注．贵阳：贵州人民出版社，1993：15.

⑥ ［西汉］刘安．淮南子全译·说山训［M］．许匡一，注．贵阳：贵州人民出版社，1993：954.

荆楚、吴越地区必然出现水旱灾害；反之，如果长江中上游森林植被良好，水分涵养充足，则中下游地区必定江河顺畅。这一自然之理，显而易见。遗憾的是，几千年来，深知五行相生相克之术的中国古人却在实践中忽略了这个道理。就木而言，“利与其国，森之终也，富于其人，森之始”，确实有安社稷之功用，其与水一样，是国之大本，是立国之基。当然，五行都很重要，它们彼此依存。我们谈水木关系，推而及之，即谈五行之理，五行之气。五行相生相克，其对整个生态平衡极其重要和关键，对此，《五杂组》阐述如下。

> 水生木矣，而木中有液，谓木生水亦可；火生土矣，而石中有火，谓土生火亦可。此两相生者也。水克火矣，而火然则水干，谓火克水亦可；土克水矣，而水浸则土溃，谓水克土亦可。此两相克者也。水不能离土而克土，土不能离水而克水，此相亲而相克者也；火燎木而生于木，土遏火而生于火，此相憎而相生者也。故世有骨肉而反而寇仇，有胡、越而反为一家，亦五行之气使然也。[①]

五行之气在处理区域经济协调，甚至区域文化交流以及彼此包容和借鉴等方面都有重要意义。无论东西南北，我国各族人民彼此相依，不可分割，在自然生态中我们是一个整体，在人文世界中我们更是一个整体，一损俱损，一荣俱荣。从水木关系中窥中华，我们当以水的包容，木之安水、反哺之情对待人世间的各种关系，这在区域文化和区域经济关系中可谓是至理。

五、水以养物

世间万物离不开水，五行之中，水、木、金、火、土，彼此依存。中国区域之间彼此依赖，不可分割。这种影响是一个长期的过程，是一个历史的过程，也是能量和能源彼此交换补充、取长补短的过程。中华民族上下几千年，统一和团结始终是主流。北方之马匹、毛皮，是南方所需；南方之茶叶、瓷器，是北方所需；东部之海产品、丝绸，是西部所需；西部之矿产、木材，则是东部所需。中华大地，经济文化确实是相互联系、相互依存的。“对于任何时代、任何地域、任何民族的特定群体而言，只要生存，就永远离不开自然空间与生存资源的依托，并且，在特定的时空生态区位内，人们总能不断摸索出‘合宜’的生计方式与生活方式，这就是适宜于特定区域的民众的生存框架。民众的生存永远都离不开这样一个特

① ［明］谢肇淛．五杂组·天部二［M］．傅成，校．上海：上海书店出版社，2001：37.

定生存框架的规约。”[①] 对此，《淮南子·诠言训》有如下精彩论述。

> 洞同天地，混沌为朴，未造而成物，谓之太一。同出于一，所为各异，有鸟、有鱼、有兽，谓之分物。方以类别，物以群分，性命不同，皆形于有。隔而不通，分而为万物，莫能及宗。故动而谓之生，死而谓之穷，皆为物矣。[②]

古人所谓“万物”之中，水为人之饮，五谷、鸟、兽、虫、鱼皆为人之食。也就是说，无论哪个区域、何种文化，获得水源和食物是该区域人们生存所必须面对的事情，正如马尔萨斯指出的，“食物为人类生存的必需品”[③]。但是，中国南北各地因海拔、气候尤其是水资源不同，水量大不相同，水中所产、地中所有的差异也很大，各地水土所养之人差异更大。对此，《淮南子·原道训》描述如下。

> 九疑之南，陆事寡而水事众。于是民人被发文身，以像鳞虫；短绻不绔，以便涉游；短袂攘卷，以便刺舟：因之也。雁门之北，狄不谷食；贱长贵壮，俗尚气力；人不驰弓，马不解勒；便之也。[④]

上文说到，南方多水，人们从事与水相关的行业，服饰以短裤为主，以便操舟或游泳，适应水上生活。信仰多与水中之物相关，南方人剪发文身，模仿鱼龙形象，都是因水而为之。自然环境不同，催生了游牧生产方式和农耕生产方式，还有渔猎生产方式，以及专为这些不同的生产方式提供商品交换的工商业等。每一种生产方式的特点不同，以该生产方式生活的人的特点和能力也不同。对此，《淮南子·原道训》总结如下。

> 木处榛巢，水居窟穴；禽兽有艽，人民有室；陆处宜牛马，舟行宜多水；匈奴出秽裘，于越生葛绨。各生所急，以备燥湿；各因所处，以御寒暑；并得其宜，物便其所。由此观之，万物固以自然，圣人又何事焉？[⑤]

上文指出了各种生物有其所需的居处，鸟类筑巢住在树木上，鱼虾住在水中、洞穴中，禽兽居住在有草的地方，人住在房子里。对人而言，生存环境必然影响到人的生活方式。例如交通方面，北方多陆地则多骑牛马或乘车，南方多水则舟船多；衣着方面，匈奴所在地寒冷则产虽粗糙但可抵御寒冷的皮衣，吴越所在 地

---

① 詹娜．农耕技术民俗的传承与变迁研究［M］．北京：中国社会科学出版社，2009：296.

② ［西汉］刘安．淮南子全译·诠言训［M］．许匡一，注．贵阳：贵州人民出版社，1993：826.

③ ［英］马尔萨斯．人口原理［M］．黄立波，译．西安：陕西人民出版社，2007：17.

④ ［西汉］刘安．淮南子全译·原道训［M］．许匡一，注．贵阳：贵州人民出版社，1993：16.

⑤ ［西汉］刘安．淮南子·原道训［M］．顾迁，注．北京：中华书局，2009：14.

产透风的细葛布以避免酷热。也就是说，各地的物产是其自然环境与条件决定的。有学者指出："每一个民族的服饰，既是一种符号，又是一个自成一体的符号系统。……一种民族服饰的生成，都是这个民族精神、文化发展的一部史诗。"①我国地域辽阔，各类服饰丰富，这些服饰与各地域、各民族独特的气候环境和水文环境密切相关。因自然环境尤其是水环境不同，中国各地物产不同，人们的生产和生活方式也千差万别。对此，司马迁《史记·货殖列传》描述如下。

> 夫山西饶材、竹、谷、纑、旄、玉石；山东多鱼、盐、漆、丝、声色；江南出楠、梓、姜、桂、金、锡、连、丹沙、犀、玳瑁、珠玑、齿革；龙门、碣石北多马、牛、羊、旃裘、筋角；铜、铁则千里往往山出棋置：此其大较也。皆中国人民所喜好，谣俗被服饮食奉生送死之具也。故待农而食之，虞而出之，工而成之，商而通之。②

司马迁大致以今天的西安为中心，以崤山划东西，黄河（淮河）划南北，指出正是各地物产差异造成了商品的流通。上述物产，除了一些动物物种如犀牛已在南方消失外，其他物产各个区域基本上保持至今没有多大变化。物产之差异最容易反映在饮食和服饰上，明代《五杂组·物部三》对此描述如下。

> 东南之人食水产，西北之人食陆畜。食水产者，螺蚌蟹蛤以为珍味，不觉其腥臊也；食陆畜者，狸兔鼠雀以为珍味，不觉其膻也。若南方之南，至于烹蛇酱蚁，浮蛆刺虫，则近于鸟矣；北方之北，至于茹毛饮血，拔脾沦肠，则比于兽矣。圣人之教民火食，所以别中国于夷狄，殊人类于禽兽也。③

上文分析的区域物产差异，尤其是各地因水多寡不同而造成地域饮食的不同还是比较客观的。南方多水，自然多水产之物，北方少水，游牧为主，自然多牛羊。从中也看出，自汉代到明代，中国物产变化不大，尤其是北方游牧民族食六畜的特点基本定格，至今如此。

有学者认为，"生活于任一区域的居民由于适应自身所处生态系统的办法千差万别，也就形成了有异于其他区域的本土知识"④。各地域形成不同的本土知识是生态系统造成的，中国各地的生态环境差异大，其本土知识和区域文化差异当然明显。自然环境对人的影响是巨大的，反过来人对自然环境也有极强的适应性。《博物志·杂说下》有如下故事。

---

① 戴平．中国民族服饰文化研究［M］．上海：上海人民出版社，2000：277．

② ［西汉］司马迁．史记·货殖列传第六十九［M］．北京：中华书局，1959：3253-3254．

③ ［明］谢肇淛．五杂组·物部三［M］．傅成，校．上海：上海书店出版社，2001：218．

④ 麻春霞．生态人类学的方法论［J］．贵州民族学院学报（哲学社会科学版），2006，100（6）：9-11．

人有山行堕深涧者，无出路，饥饿欲死。左右见龟蛇甚多，朝暮引颈向东方，人因伏地学之，遂不（复）饥，体殊轻便，能登岩岸。……颜色悦怿，颇更黠慧胜故。还食谷，啖滋味，百余日中复本质。[①]

该故事具有一定的神秘性，其“气”有三个层面的含义：一指呼吸，二指自然环境，三指学习动物的生活习性。第三个层面为核心，体现了人具有适应自然环境的能力。对此，《草木子·观物篇》阐述如下。

动物本诸天，所以头顺天而呼吸以气。植物本诸地，所以根顺地而升降以津。故动物取气于天，而乘载以地。植物取津于地，而生养以天。……动物本诸天而体则温，植物本诸地而体则冷，阴阳之谓也。……人顺生，草木倒生，禽兽横生。大抵草木之性情，不如禽兽之性情，禽兽之性情，不如人之性情。[②]

《草木子·观物篇》用玄妙的言辞指出了自然界中植物利用土壤和水生长，为动物提供生养，而人以动植物为生养，形成今天所说的生物界的金字塔链条。对此，《草木子·观物篇》做如下总结。

天地生之以食人；人至灵也，天地生之以食万物。虽然，人能食物，又能理物，故可与天地参焉。……物之精者，水有，金有，木有，石有。物既皆有之，人独无乎哉？人之精也者，圣人也。

叶子奇认为，人是世界上的最高物种，能利用自然条件，可以动植物为食物，寻找生存之道，故人在天地中最具灵气。但是人要运用自然之灵，须有能够理物和懂得天地之规律的圣人指导。天地之规律又来自自然，《草木子·观物篇》曰：“观物者，所以玩心于其物之意也。是故于草木观生，于鱼观自得，于云观闲，于山观静。于水观无息。”[③] 古人通过观察自然界而总结出哲理，并以之指导人们的行为。

总之，从水对区域水文化的影响看，一切文化差异都有水的影子。文化发展于“无息”之中，圣人有水必观，由水得理，观水而知地域文化，我们从中便可得出区域文化的差异。

① ［西晋］张华．博物志·杂说下［M］．王根林，校．上海：上海古籍出版社，2012：40.

② ［明］叶子奇．草木子·观物篇［M］．北京：中华书局，1959：11.

③ ［明］叶子奇．草木子·观物篇［M］．北京：中华书局，1959：17-19.

第四章 中国地域水神文化

一、湖广大禹

神话传说反映了古代劳动人民在治水斗争中坚韧不拔的精神，尤其是大禹治洪水的故事更是体现了古代人民不畏险阻的可贵品质，凡是名山大川，几乎都有大禹的治迹[①]，因此大禹成为华夏治水的英雄。大禹流播之地，衍生出一些其他具有水神性质的神祇，如三峡神女。巫山神话传说："西王母的小女儿瑶姬，劈开十二条混江蛟龙以后，爱上了高峰入云、江水碧绿的巫山，便在此定居下来，帮助夏禹开凿三峡，疏通江水，为樵夫驱虎豹，为农人保丰收，为病人种灵芝，为行船谋安全。日久天长，她的身躯化为一座石峰，每天她第一个迎来朝霞，最后一个送走晚霞，故名望霞峰。"[②]

各地多有关于大禹的传说与相关地名，例如禹穴——有四川北川禹穴，传说是大禹降生处；有浙江绍兴禹穴，传说是大禹葬身处；有湖南衡山禹穴，传说是大禹藏书处；有陕西石泉禹穴，传说是大禹休息处，等等。又如禹碑——又叫大禹功德碑或岣嵝碑，湖南衡山岣嵝碑，相传为大禹所建；西安碑林、浙江绍兴大禹陵、四川北川及河南禹州等处均有禹碑。再如涂山——大禹治水期间娶涂山氏女之地，重庆江州、浙江会稽山、安徽当涂和怀远、山西晋阳都有称作"涂山"的地方。各地禹王宫（庙）更是层出不穷，以四川、重庆、湖北最多。例如湖北巴东县九龙观，"相传，大禹治水时曾从这里路过，觉察到半山腰有活宝（九条龙），后

① 长江流域规划办公室《长江水利史略》编写组. 长江水利史略［M］. 水利电力出版社，1979：22-23.

② 四川省巫山县地名领导小组. 四川省巫山县地名录［G］. 1983：27.

来以龚志刚为首在此山上建庙宇，取名‘九龙观’”[①]；湖北省蒲圻县（今赤壁市）禹门桥谢家，“村前有小石桥，传说是大禹治水时所建”[②]；湖北松滋市（原松滋县）采穴，“相传大禹治水时，长江洪水泛滥，大禹以为非杀其势，无以治之也，故南北开九穴十三口，令江洪经穴口水道泻入洞庭湖。采穴即是那时用人工挖掘的穴口，因而得名”[③]。明清时期，湖广（含湖北和湖南）尤其湖北水患十分严重，故将大禹作为当地水神。例如咸丰时龙坪，“传说龙坪境内自古多龙。李子房端公曾在下坝龙潭捕龙祈雨；雷打井有龙讨封；回龙寺里雕龙化生；中溪口有龙过中建河；每当山洪暴发，旗山下游孽龙怒吼。为了镇住孽龙，清道光年间，李启成、龚德新等人募款修建禹王庙。禹王庙修起后，孽龙大叫三日而去。龙坪由此得名。”[④]云阳龙脊石，“它是洞庭湖中的一条老龙，游入长江，直至巴蜀，到处兴风作浪，不少良田、房屋、舟船、人丁被它吞噬。于是玉帝派大禹来到凡间斩龙劈蛟，见此孽龙正在残害生灵，不禁怒火中烧，金斧一挥，砍中了老龙的颈项。老龙仍然垂死挣扎，身尾继续搅动，因而浊浪翻飞，天昏地暗，有夷巴山入汪洋之势。大禹再将一根金錾刺向龙脊，结果了它的性命。老龙残尸化为铁石留于江心，因之，龙脊石的低洼处是挨了一斧，而中部脸盆大的圆洞说是大禹金錾凿成，今人称此圆洞为龙肚脐，不论冬涸多久，洞内仍清泉一潭”[⑤]。

由此可见，大禹是镇龙的神，治水就要斩杀或镇住孽龙、蛟龙。湖广位于外地的湖北会馆就叫“大禹庙”或“禹王宫”。大禹属于全国范围内受到祭祀的水神，大禹文化事实上就是华夏水文化，尤其是治水文化的符号和象征，大禹治水精神体现了中华民族勤劳、聪慧、不畏艰难等优秀品质。

二、巴蜀李冰

余秋雨《文化苦旅·都江堰》指出：“要看水，万不可忘了都江堰。这一切，首先要归功于遥远得看不出面影的李冰。四川有幸，中国有幸，公元前251年出现过一项毫不惹人注目的任命：李冰任蜀郡守。”在李冰看来，这项任命“政治

① 湖北省巴东县地名领导小组．湖北省巴东县地名志［G］．1983：378.
② 湖北省蒲圻县地名领导小组．蒲圻县地名志［G］．1982：141.
③ 湖北省松滋县地名领导小组办公室．湖北省松滋县地名志［G］．1983：135.
④ 湖北省咸丰县地名办公室．湖北省咸丰县地名志［G］．1984：125.
⑤ 四川省云阳县地名领导小组．四川省云阳县地名录［G］．1986：458.

的含义是浚理，是消灾，是滋润，是濡养，它要实施的事儿，既具体又质朴”[①]。学者李琳也指出：“长江水神最多的还是治水或征服水怪的英雄。治水的有大禹，李冰父子等；征服水怪的有李二郎（李冰之子）、杨二郎（杨戬）、赵二郎（赵昱）、许真君（许逊）、杨昱（后又演变为杨泗将军）、吴猛。”[②]巴蜀水神是指李冰及其儿子二郎。清末美国人盖洛参观都江堰后指出：“诚实而正直地为民众服务要更高贵和更有益，李冰真正的献身精神和他在历代民众中的感召力堪为后世垂范。”[③]

在巴蜀，李冰和大禹齐名。清代杭爱《复浚离堆碑》记载：“益州，古称沃野千里。自禹导岷江，人得平土，而塘堰未开。至秦蜀守李公冰者，命其子二郎凿离堆山，创渠引水，灌溉十一州县之田畴，名都江堰，为万世利，厥功不在禹下。”[④]巴蜀各地有大量用于祭祀李冰的祠宇。例如《太平寰宇记》记载，成都府华阳县李冰祠“在府西南三里。为蜀郡太守有功；及唐，节帅李德裕重立祠宇”，永康军导江县李冰祠“在县西三十三里；为蜀太守”[⑤]。

《重修通佑王殿碑》曰：“有功德于民则祀之。”[⑥]李冰有德于民，人民自然要祭祀他。李冰既为地方水神，又为地方保护神，被尊为川主。《李公父子治水记》记载：“因其治蜀治水，益州始为天府，故世称曰‘川主’。”[⑦]巫溪就有四个川主庙地名，例如巫溪县蒲莲镇川主庙，“供奉李冰父子，故名”[⑧]。而明清四川会馆就叫川主庙，会馆中主要供奉李冰神像。李冰在云、贵、川等地成为水神，并随着巴蜀人口的外迁，以川主庙或川主宫，以及为祭祀其子而设的二郎庙之名遍布全国各地，其中长江中下游及西南地区最为广泛。宋代范成大《吴船录》记载：“李太守疏江驱龙，有大功于西蜀。祠祭甚盛，岁刲羊五万，民买一羊将以祭而偶产羔者，亦不敢留，并驱以享。”[⑨]李冰有大功于西蜀，是四川人民的“衣

---

① 余秋雨．文化苦旅·都江堰［M］．北京：知识出版社，1992：38．

② 李琳．洞庭湖水神信仰研究［M］．长沙：湖南人民出版社，2012：135．

③ ［美］盖洛．中国十八省府［M］．沈弘，郝田虎，姜文涛，译．济南：山东画报出版社，2008：286．

④ 四川省地方志编纂委员会．都江堰志·附录［M］．成都：四川辞书出版社，1993：513．

⑤ 冯广宏．都江堰文献集成：历史文献卷（先秦至清代）［M］．成都：巴蜀书社，2007：85-87．

⑥ 冯广宏．都江堰文献集成：历史文献卷（先秦至清代）［M］．成都：巴蜀书社，2007：733．

⑦ 冯广宏．都江堰文献集成：历史文献卷（先秦至清代）［M］．成都：巴蜀书社，2007：753．

⑧ 四川省巫溪县地名领导小组．四川省巫溪县地名录［G］．1982：93．

⑨ ［南宋］范成大．范成大笔记六种［M］．孔凡礼，校．北京：中华书局，2002：189．

食父母”，川人尊之为“川主”，“主”通“祖”，即尊李冰为四川人民的“祖先”。清代常明等人所修的《四川通志·祠庙》对成都府记载如下。

> 川主庙：在府城西南。祀秦蜀守李冰；雍正五年敕赐封祭。三公庙：在府治西南。祀秦李冰、汉文翁、宋张咏；明洪武中建。二郎庙：在府城东。祀李冰之子；雍正五年敕赐封祭。祈水庙：在府南。巡抚张德地重建。金堂县水利源祠：在县东。灌县伏龙祠：在县境。灌口庙：在县境。巴县、南川县、南充县、宜宾县、珙县（城内及歇马坝、穆家湾、落表场、孝儿嘴凡数处皆祀秦蜀守李冰；以冰在此凿江筑堰，灌田之功也）皆有川主祠；冕宁县、名山县、汶川县、黔江县、杂谷厅皆有川主庙；阆中县、雅安县、遂宁县、泸州皆有二郎庙。[①]

祭祀李冰及其子二郎的庙宇，以川主庙最多，川主庙是李冰川主信仰的祭拜场所。另外，川主庙还有二郎庙、川主宫、川王宫、王爷庙、水府庙、清源宫、万天宫、惠民宫等别名。《灌记初稿·地舆记》记载：“冰，初封昭应公，孟蜀封大安王，又封应圣灵感王。宋封广济王。元封圣德广裕英惠王。”[②]《重修通佑王殿碑》曰：“壬子岁，大宪题请，蒙谕旨：敕封公为‘敷泽通佑王’，二郎为‘广惠显英王’。”[③]李冰父子得到政府的敕封，如同河神之龙王，百姓对李冰的信仰因此得到推广，上升到国家认同。于是全国各地，尤其是长江上游各地普遍建李冰庙或川主庙，例如巫山县秀峰乡秀峰村二郎庙，“相传二郎神斩恶龙，后人在此建庙，故名”[④]，奉节县幸福乡二郎庙，“早年修一庙，供二郎神”[⑤]。

李二郎是在其父李冰获封之后才封王的。元代二郎被封为“英烈昭惠灵显仁祐王”，清代雍正封之为“承绩广惠显英王”[⑥]。《元祐初建三郎庙记》记载：“李冰去水患，庙食于蜀之离堆，而其子二郎以灵化显圣。”[⑦]巫溪有川主庙，“供

① 冯广宏．都江堰文献集成：历史文献卷（先秦至清代）［M］．成都：巴蜀书社，2007：364-365．

② 冯广宏．都江堰文献集成：历史文献卷（先秦至清代）［M］．成都：巴蜀书社，2007：380．

③ 冯广宏．都江堰文献集成：历史文献卷（先秦至清代）［M］．成都：巴蜀书社，2007：733．

④ 四川省巫山县地名领导小组．四川省巫山县地名录［G］．1983：11．

⑤ 四川省奉节县地名领导小组．四川省奉节县地名录［G］．1988：441．

⑥ 冯广宏．都江堰文献集成：历史文献卷（先秦至清代）［M］．成都：巴蜀书社，2007：380．

⑦ 袁珂，周明．中国神话资料萃编［M］．成都：四川省社会科学院出版社，1985：398．

奉李冰父子，故名”[①]。清代《重修通佑王殿碑》对李冰父子有如下记载。

> 盖其时，李公持筹擘画，而公之子更以神力佐之，即俗所称二郎者也。民怀其德，永世勿替，建庙于玉垒山阳，春秋俎豆，历代尊崇。……离堆凿而泽被无穷公主之；而二郎辅之。父子同功一体，殿厅应与相侔。[②]

李二郎史考无载，当为后代传说附会使然，这也是李冰影响所致。清末美国人盖洛《中国十八省府》一书描述了当时世人对李二郎的崇拜情况。

> 山上最吸引人和最有名的特征是一座庙宇，不是供奉佛祖或普通菩萨的寺庙，而是崇拜李冰之子的庙，人们尊称他为“二王”。每年五六月份，香客们从平原上或更远处成群结队地赶来祭拜他们的大恩公。最常见的供品是公鸡和香纸，每年上香还愿或许愿的男人、女人和孩子有几万人。[③]

“二王”即李冰之子李二郎，父子二人都有庙宇。“更确切地说，有两个李冰庙，一个供奉那位设计并开始兴修整个水利系统的父亲；另一个供奉完成了整个水利系统的儿子。根据中国习惯，儿子的功绩为父亲增光。”[④]

李冰治水是用犀牛镇水，所用的犀牛镇水之法以及后来的铁牛镇水之法逐渐流播到全国各地。汉代扬雄《蜀王本纪》记载：“江水为害，蜀守李冰作石犀五枚。二枚在府中，一枚在市桥下，二枚在渊中，以厌水精，因曰石犀里也。”[⑤]《华阳国志·蜀志六》也记载：“外作石犀五头以厌水精。穿石犀溪渠于江南，命曰犀牛里。后转置犀牛二头，一在府市市桥门，今所谓石牛门是也。一在渊中。”[⑥]

唐代卢求所撰的《成都记序》记载：“李冰为蜀守。……作石犀五以压毒蛟，命曰犀牛里；后更为耕牛二。……江之龙大怒，冰乃持刀入水与龙斗，龙死；遂无水害，迄今蒙利。”[⑦]石犀镇蛟、李冰化牛杀江神的传说流播很广，随着时间

---

① 四川省巫溪县地名领导小组．四川省巫溪县地名录［C］．1982：39.

② 冯广宏．都江堰文献集成：历史文献卷（先秦至清代）［M］．成都：巴蜀书社，2007：732-733.

③ ［美］盖洛．中国十八省府［M］．沈弘，郝田虎，姜文涛，译．济南：山东画报出版社，2008.

④ ［美］盖洛．中国十八省府［M］．沈弘，郝田虎，姜文涛，译．济南：山东画报出版社，2008：283-284.

⑤ 冯广宏．都江堰文献集成：历史文献卷（先秦至清代）［M］．成都：巴蜀书社，2007：3.

⑥ 冯广宏．都江堰文献集成：历史文献卷（先秦至清代）［M］．成都：巴蜀书社，2007：17.

⑦ 冯广宏．都江堰文献集成：历史文献卷（先秦至清代）［M］．成都：巴蜀书社，2007：50.

的推移，也吸纳了其他地方的水文化。例如司马迁《史记·滑稽列传》记载：“民人俗语曰：‘即不为河伯娶妇，水来漂没，溺其人民。’”[①]河伯即漳河的河神，而漳河河神娶妻的传说发生在北方黄河流域。李冰入水杀江神的传说与河神娶妻的传说发生碰撞，又彼此影响。对此，《艺文类聚·牛》引《风俗通》描述如下。

> 秦昭王使李冰为蜀守，开成都两江，溉田万顷。江神岁取童女二人为妇，冰自以其女与神为婚，往至神祠，劝神酒，杯但淡水，冰厉声责之，因忽不见。良久，有两苍牛斗于岸旁。有间，冰还，流汗，谓官属曰：“吾斗大极，不当相助，南向腰中正白者，我绶也。”主簿乃刺杀北面者，江神遂死。蜀人慕其气决，凡壮健者，因名冰儿。[②]

汉代黄河曾决堤，蜀人王延世用李冰的方法治理过黄河决堤。《汉书·沟洫志》记载：“河堤使者王延世使塞，以竹落长四丈，大九围，盛以小石，两船夹载而下之。三十六日，河堤成。……惟延世长于计策，功费约省，用力日寡。”[③]

战国时李冰用笼竹笼石头，截流岷江，具体做法可见唐代《元和郡县志》，楗尾堰“在县西南二十五里。李冰作之，以防江决。破竹为笼，圆径三尺，长十丈，以石实中，累而壅水。汉成帝时，瓠子河决，王延塞之，用此法也”[④]。由此可见中国的治水文化、水崇拜是彼此影响的。盖洛参观都江堰后，看到成都平原得到雨水润泽，人民也精耕细作，自然条件优越，但他指出：“这一地区的丰裕多半是因为灌溉和李冰的水利工程；这一点使得成都成为中国最大省份的首府。”[⑤]

李冰与江神二牛斗于江中，成为现代斗牛的雏形，对此《成都记》记载如下。

> 李冰为蜀郡守，有蛟暴，入水戮之；已，为牛形。约曰：“江神亦必牛形。白带者，我也。”须臾，有二牛斗；武士射其神毙。蜀不复病水。由是，斗牛之戏今世尚或有之，盖自秦世之始也。[⑥]

李冰有无影响中国的斗牛习俗尚待考证，但是因其使用石犀（牛）镇水，石牛、铜牛、铁牛（犀）成为中国各地江河的镇水神兽，影响了大江南北，以牛镇水的信仰也深入中华民族文化的骨髓，深刻影响了后世的治水文化和信仰。故余秋雨

① ［西汉］司马迁．史记·滑稽列传第六十六［M］．北京：中华书局，1959：3211．

② ［唐］欧阳询．艺文类聚·牛［M］．汪绍楹，校．上海：上海古籍出版社，1982：1626．

③ ［西汉］班固．汉书·沟洫志［M］．［唐］颜师古，注．北京：中华书局，1962：1688．

④ ［唐］李吉甫．元和郡县志·剑南道上［M］．贺次君，校．北京：中华书局，1983：774．

⑤ ［美］盖洛．中国十八省府［M］．沈弘，郝田虎，姜文涛，译．济南：山东画报出版社，2008：287．

⑥ 冯广宏．都江堰文献集成：历史文献卷（先秦至清代）［M］．成都：巴蜀书社，2007：128．

《文化苦旅·都江堰》指出："实实在在为民造福的人升格为神，神的世界也就会变得通情达理、平适可亲。""有了一个李冰，神话走向实际，幽深的精神天国一下子贴近了大地，贴近了苍生。"[①]

三、江西许逊

江西的治水之神为许旌阳，又叫许逊，因其为道士，故也叫许真君。江西留下大量有关他的圣迹。《读史方舆纪要·江西二》记载："濯湖，在县东二里，相传晋旌阳令许逊濯衣于此，因名。"[②]江西石门山，"（湖口）县东南十里有黄牛湫山，一名射蛟浦。相传晋永嘉中，许逊射蛟于此"[③]；江西瑞华山，"在府北五里，俯瞰大江。相接者曰真君山，峰峦巑嵲，俯瞰城郭，周围十里，上祀许旌阳，因名"[④]；江西惜母岭，"相传许旌阳逐蛟至此，小蛟回顾其母，因名"[⑤]；江西奉新县候龙渡张家村，"传说，晋时，许旌阳追斩蛟龙时，曾在此候龙过河。明永乐年间，张民由冈前水碓迁此建村"[⑥]；奉新县索陂里，"传说许逊追捕蛟龙，曾经此地，蛟龙眼看许逊快要赶上，便缩在一座水陂下。后同音演变为'索陂'。村以此而得名"[⑦]；奉新县甘坊龙江滩，"据传许逊追捕蛟龙时，蛟龙曾从此河滩经过，故名"[⑧]。

民间广泛流传许逊斩蛟除害的故事。明代《五杂组》记载："然古人蛟、蜃同称。若蚌、蛤属，岂能变化为人害？……然则蜃有二种，而海市蜃楼，及许逊所诛慎郎者，必非珧、蛤明矣。"[⑨]苏轼《神女庙》诗曰："深渊鼍鳖横，巨壑蛇龙顽。

① 余秋雨．文化苦旅·都江堰［M］．北京：知识出版社，1992：41．

② ［清］顾祖禹．读史方舆纪要·江西二［M］．贺次君，施和金，校．北京：中华书局，2005：3915．

③ ［清］顾祖禹．读史方舆纪要·江西三［M］．贺次君，施和金，校．北京：中华书局，2005：3938-3939．

④ ［清］顾祖禹．读史方舆纪要·江西五［M］．贺次君，施和金，校．北京：中华书局，2005：4008．

⑤ ［清］顾祖禹．读史方舆纪要·江西六［M］．贺次君，施和金，校．北京：中华书局，2005：4080．

⑥ 江西省奉新县地名办公室．江西省奉新县地名志［G］．1983：108．

⑦ 江西省奉新县地名办公室．江西省奉新县地名志［G］．1983：151．

⑧ 江西省奉新县地名办公室．江西省奉新县地名志［G］．1983：173．

⑨ ［明］谢肇淛．五杂组·物部一［M］．傅成，校．上海：上海古籍出版社，2012：167．

旌阳斩长蛟，雷雨移沧湾。”重印版《巫山县志》注释曰：“旌阳，即许真君。本名许逊，晋人，官蜀旌阳令，学道成仙，举家四十二口拔宅飞升而去。道家称他为许真君许旌阳。”[①]许逊在全国各地都留下了他的足迹及其弟子的传说。《读史方舆纪要·江西二》记载，修水县“县南一里又有炭妇镇，今为妙明观，俗传许旌阳试弟子处”[②]。光绪《巫山县志》记载：“晋甘战，许旌阳弟子。着《紫团真经》，内云：永镇巫山蛟蜃余孽，剑仙甘战。”[③]古人认为，蛟是蛇的一种。《七修类稿》记载：“杀蛇事有，而黑气之说无也。且许旌阳为诛蟒而得仙，正学之父为杀蛇而得正学，是报之善也。”[④]《五杂组》载：“斩蛟者，子羽、佽飞、菑丘䜣、周处、邓遐、赵昱，而许真君不论也。刺虎则多矣，……可谓盖代神力也已！若徒搏之，世不乏人也。”[⑤]在明代人眼里，许逊斩蛟最为著名，影响最大。

明清时期，江西人向全国各地迁徙，对许逊的信仰随之传播到全国各地。魏源《湖广水利论》指出：“当明之际，张贼屠蜀，民殆尽；楚次之，而江西少受其害。事定之后，江西人入楚，楚人入蜀。故当时有‘江西填湖广，湖广填四川’之谣。”[⑥]武汉万寿宫便是这一时期建成，史料记载：“万寿宫建于清康熙年间，由江西南昌、临江、吉安、瑞州、抚州、建昌六府在汉商号集资建成，距今已200多年。万寿宫是祭祀许逊（字敬之，晋代道土，世称许真君，尊称福王菩萨）的宫宇。因其在江西治水有功，造福人民，受到敬仰。东晋时，南昌首建天柱宫作为奉祀许逊道观以后，道观名称历有更改，但奉祀的仍为许逊。至明嘉靖年间，改称万寿宫。清末民初，旅居各省的江西人在各地设立的同乡会，多以万寿宫为名。”[⑦]

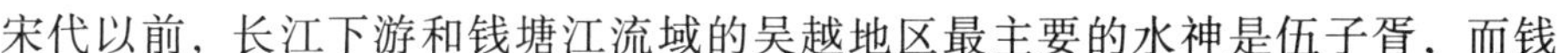

四、吴越伍子胥（张夏）

宋代以前，长江下游和钱塘江流域的吴越地区最主要的水神是伍子胥，而钱

① 四川省巫山县志编纂委员会. 巫山县志（光绪）·艺文志［G］. 1988：475.

② ［清］顾祖禹. 读史方舆纪要·江西二［M］. 贺次君，施和金，校. 北京：中华书局，2005：3923.

③ 四川省巫山县志编纂委员会. 巫山县志（光绪）·寺观志［G］. 1988：346.

④ ［明］朗瑛. 七修类稿·义理类［M］. 安越，校. 北京：文化艺术出版社，2001：170.

⑤ ［明］谢肇淛. 五杂组·人部一［M］. 傅成，校. 上海：上海古籍出版社，2012：89.

⑥ ［清］魏源. 魏源集·湖广水利论［M］. 北京：中华书局，1976：388.

⑦ 武汉市地名委员会. 武汉地名志［M］. 武汉：武汉出版社，1990：606.

塘江流域最大的灾害为钱塘江大潮，为此历代建有海塘（堤）。伍子胥在吴越之争过程中受诬陷而死，因迁怒于使用离间计的越国而化身为钱塘江大潮。由于伍子胥影响巨大，因此春秋以来广受崇拜。吴越祭祀伍子胥，是为了抚慰他的怒气，希望伍子胥不要为害于钱塘江两岸人民，故尊之为潮神。《夷陵州志》载，伍子胥庙“在州十里，祀楚伍员”[①]。监利市有伍子胥庙和申包胥祠，“古容城内修有子胥庙和包胥祠，庙内塑有伍子胥的金身，祠里塑有申包胥的金身。这一庙一祠记载着伍子胥危楚、申包胥安楚的千古佳话”[②]。天门县铁甲岭，“春秋战国时期伍子胥率兵伐楚，好友楚大夫申包胥前来劝阻相会于此。伍子胥以好友相见，卸甲行礼，故名”[③]。伍子胥为楚人，故今天湖北留有大量有关伍子胥的地名，但是没有任何有关其水神身份的地名。

宋代，浙江地方官张夏治理潮患时颇有建树，其去世前，杭州官民便在钱塘江江堤上为其建了生祠。张夏去世后，该生祠演变成神祠，出现了张夏取代伍子胥成为当地潮神的灵异传说，伍子胥反而处于从属地位了。对此，《七修类稿·张司封》记载如下。

> 杭州江岸，率多薪土，潮水冲激，不过三岁辄坏。夏令作石堤一十二里，以防江潮，既成，杭人德之。庆历中，立庙于堤上。嘉祐十年，又因功赠太常少卿。正和二年八月，封宁江侯，改封安济公，并赐其额曰“昭贶”。今庙中之碑作真宗时出为运使治塘。天圣间石塘又坏，运使田公、知府杨公，率僚属祠公堤上，功成，赠太常官，封宁江侯……盖今自候潮门内以北一带街坊土地，皆安济之庙；必当时沿江小民，亦各立祠以祀。[④]

明清时期，张夏为水神（潮神）的信仰进一步发展，当地人甚至将之视为“土著”，称之为张老相公，张夏俨然成为当地的守护神。随着吴越尤其是浙江人口的外迁，对张夏的信仰也慢慢流播到全国各地，其中以东南沿海为主。

五、五溪（岭南）马援

今天的岭南、武陵及其周边地区广泛地尊后汉马援为水神。马援为东汉一代

① 宜昌市地方志办公室. 夷陵州志·寺观［G］. 2008：92.

② 湖北省监利县地名领导小组办公室. 湖北省监利县地名志［G］. 1984：292.

③ 湖北省天门县地名领导小组办公室. 湖北省天门县地名志［G］. 1982：125.

④ ［明］朗瑛. 七修类稿·张司封［M］. 安越，校. 北京：文化艺术出版社，2001：348.

名将，一生文治武功，可谓功勋卓著。他马革裹尸，死后反遭诽谤。作为一个悲剧英雄，马援成为后代流贬官员和士人讴歌的主题之一，并逐渐成为其活动过的地域的地方保护神，是保护地方水利和交通的著名神祇。《后汉书・马援传》记载了马援马革裹尸的故事。

> 武威将军刘尚击武陵五溪蛮夷，深入，军没，援因复请行。……（二十五年）三月，进营壶头。贼乘高守隘，水疾，船不得上。会暑甚，士卒多疫死，援亦中病，遂困，乃穿岸为室，以避炎气。贼每升险鼓噪，援辄曳足以观之，左右哀其壮意，莫不为之流涕。……帝乃使虎贲中郎将梁松乘驿责问援，因代监军。会援病卒，松宿怀不平，遂因事陷之。帝大怒，追收援新息侯印绶。①

马援年过六旬率军出征五溪蛮（今武陵地区，即湘西、黔东、渝东南等地），“马革裹尸”的豪言壮志音犹在耳。其最后一战兵败，病逝于湘西壶头山，死后还遭人诬陷而被夺爵，是个极其悲壮的英雄人物。

马援死后，湘西地区人民十分怀念他，当地因此留下大量与马援历史事件相关的地名。例如湘西麻阳县马南，“据传汉代名将马援，率部征五溪蛮，其马在此突然病死，脚朝南方，故名”②；监利市华容城遗址，“汉时，章华台已成废墟，征西将军马援曾在此废墟上修百洲寺。唐初，尉迟恭重又扩建”③；九岭镇（现已撤销）铁炉咀，“传说汉代马援将军驻兵此地，曾于本村建炉熔造兵器”④；湘西沅陵万羊溪，“相传东汉马援南征时，少数民族军队据守营盘头寨，因地势险要，官兵屡为滚木擂石所阻，后以万头山羊，尾系油火捻，夜间驱之，沿溪佯攻，诱其滚木擂石用尽后，官兵乘机攻破山寨，故溪名万羊溪，村居其旁得名”⑤；沅陵马料溪，“村居沅水北岸小溪出口处。相传东汉马援征五溪蛮时，曾在此存放马料，故名”⑥；沅陵望向台，“相传东汉马援征蛮时，曾在山头观望方向，故名”⑦；澧县新洲镇，“相传汉马援伏波将军葬此，成洲迟于附近孟家洲，故名新洲”⑧。

---

① ［清］王先谦．后汉书集解・列传第十四・马援传［M］．北京：中华书局，1984：842-844．

② 湖南省地名公共服务工程领导小组．湖南地名志［M］．长沙：湖南地图出版社，2009：1767．

③ 湖北省监利县地名领导小组办公室．湖北省监利县地名志［G］．1984：59．

④ 湖北省监利县地名领导小组办公室．湖北省监利县地名志［G］．1984：164．

⑤ 湖南省沅陵县人民政府．湖南省沅陵县地名录［G］．1983：242．

⑥ 湖南省沅陵县人民政府．湖南省沅陵县地名录［G］．1983：261．

⑦ 湖南省沅陵县人民政府．湖南省沅陵县地名录［G］．1983：355．

⑧ 湖南省澧县人民政府．湖南省澧县地名录［G］．1983：79．

这些地名虽具传说色彩，但大多有历史渊源。又如沅陵壶头山，史料记载："东汉建武二十四年，伏波将军马援征五溪蛮用兵于此。因山高滩险，道路崎岖，大军困于山下。时天气炎暑，士卒多病死。马援令部下凿石为室，避暑其间。相传共建有四十八室。此次地名普查在壶头山脚发现一室，门支石柱，室内可容二席，壁上绘有人物花草，不知何时何人所为，当地群众称之为'生基坟'。旋马援死于军，后人有'壶头夜月映丹心'诗句，歌颂马援对汉室的忠心。"①

马援征五溪蛮，对象为当地反叛的贵族首领。例如陵县杨家寨，"相传，东汉马援征蛮时，有一苗族杨姓首领为抵抗官兵，在此山安营扎寨，故名"；将军山，"相传，东汉马援征蛮时，以苗族将领在此山驻扎，以对抗官兵，故名"②；麻伊洑营盘头，"村居山头，地势险要，相传东汉马援征五溪蛮时，少数民族部队曾在此立营固守，故名"③。

马援死后，汉军并没有撤走，交战双方都损失严重，军士疲乏，于是议和。史料记载："援既卒，军士多疾死，蛮亦饥困。（宋）均与诸将议曰：'忠臣出境，有可以安国家，专之可也。'乃矫制告谕群蛮，降之。遂为置吏，以司。"④又如沅陵县清浪小晏溪，"村居沅水北岸小晏溪口。相传东汉马援征五溪蛮时，屯兵壶头山，在此立有小营，原名小营溪，后演变为小晏溪；又说，马援死后，监军宋均等用秘不发丧之计，稳定军威，借机与少数民族头领在此议和，三日一小宴，故名小晏溪"；大晏溪，"村居沅水北岸大晏溪出口处。相传东汉马援屯兵壶头山时，在此立有大营，原名大营溪，后演变为大晏溪；又说，马援死后，监军宋均等用秘不发丧之计，稳定军威，借机与少数民族头领在此议和，五日一大宴，故名大晏溪"⑤。史料记载："监军宋均乘其恐怖而招谕之，群蛮遂降"⑥。

五溪蛮首领和汉军议和后，当地保持了和平与发展。人民感恩马援忠义，"今建庙，肖像祀伏波将军于银壶山上游，地名清浪滩。昭死事也。神灵甚，舟人过者，必割牲、酾酒以祭。辰、沅诸处，庙祀尤多。按：此乃'苗疆'建官之始"⑦；湘西各地土俗，"最敬汉伏波将军马公援……永、保、龙、桑四县土人境内，处

① 湖南省沅陵县人民政府．湖南省沅陵县地名录［G］．1983：383.

② 湖南省沅陵县人民政府．湖南省沅陵县地名录［G］．1983：304.

③ 湖南省沅陵县人民政府．湖南省沅陵县地名录［G］．1983：243.

④［清］段汝霖，［清］谢华．楚南苗志·湘西土司辑略［M］．伍新福，校．长沙：岳麓书社，2009：58.

⑤ 湖南省沅陵县人民政府．湖南省沅陵县地名录［G］．1983：258.

⑥［清］段汝霖，［清］谢华．楚南苗志·湘西土司辑略［M］．伍新福，校．长沙：岳麓书社，2009：222.

⑦［清］段汝霖，［清］谢华．楚南苗志·湘西土司辑略［M］．伍新福，校．长沙：岳麓书社，2009：58.

处皆有伏波庙，极壮丽，祀事甚虔”[①]。这一信仰随着沅江支流酉水传到乌江流域的彭水，例如该县有三贤祠，“在琴山之麓，祀汉伏波将军马援、唐太傅长孙无忌、宋使臣黄庭坚”[②]；沅陵县清浪，“以村居沅水清浪滩首得名。因旧时乡民开有迷信纸钱铺，专供顺水商船过滩敬神之用，故又名烧纸铺”，其中就有为水神伏波将军烧纸；沅陵清浪乡，“境内名胜古迹有汉时伏波将军马援为军士修建的避暑室，本地人称生基坟，有祭祀马援的伏波庙，庙内原供有马援偶像，现虽毁，庙宇尚存”[③]；沅陵伏波庙，“位于沅水清浪滩北岸，建于清道光九年（1829年）。庙门上有‘新息侯祠’四个大字，至今犹存。因祀伏波将军马援（即新息侯）而建，故称伏波庙”[④]。沅江各地商旅和当地老百姓都到伏波庙烧纸，祈求交通平安、沅江安澜。

那么马援是如何成为中国南方，尤其是湘沅流域之水神的呢？光武帝建武十八年（42年），马援被授为伏波将军，与其相关、影响较大的事迹主要包括征讨交趾、讨伐五溪蛮。初看，马援生平与水利似乎毫不相干，其实不然。《后汉书·马援传》记载：“援所过辄为郡县治城郭，穿渠灌溉，以利其民。”[⑤]可见当时马援在其驻守或者攻伐之地，均有水利业绩。《桂林风土记·灵渠》记载：“相传曰：后汉伏波将军马援开川浚济，水急曲行回互，用遏其冲，节斗门以驻其势。”[⑥]《郡国志》记载：“后汉伏波将军马援开湘水，为渠六十里，穿度城。今城南流者是，因秦旧渎耳。”[⑦]也就是说，马援除了征战，还曾投身地方水利建设。虽然其中可能有不少附会的成分，但是必然有部分与史实相符，许多地方至今留有与马援投身水利建设相关的地名。例如通城县九岭马港，“相传西汉马援将军曾在此地驻军，当时河床因山坡塌方，淤塞了大段，山洪暴发，泛滥成灾，马将军率领军民疏通此港。人们为纪念他，后将此段命名为马港至今”[⑧]；监利市九岭官兵头，“传说汉代马援将军为了改造当地水利条件，于隽水河上造座石堰引水灌溉农田，堰名官陂。至清咸丰年间此地又驻官军，就改名官兵头至今”[⑨]。马

① ［清］段汝霖，［清］谢华．楚南苗志·湘西土司辑略［M］．伍新福，校．长沙：岳麓书社，2009：222.

② ［清］邵陆．酉阳州志·坛祠［M］．成都：巴蜀书社，2010：125.

③ 湖南省沅陵县人民政府．湖南省沅陵县地名录［G］．1983：256-257.

④ 湖南省沅陵县人民政府．湖南省沅陵县地名录［G］．1983：384.

⑤ ［清］王先谦．后汉书集解·列传第十四·马援传［M］．北京：中华书局，1984：839.

⑥ ［唐］莫休符．桂林风土记·灵渠［M］．北京：中华书局，1985：7.

⑦ ［北宋］乐史．太平寰宇记·岭南道［M］．王文楚，校．北京：中华书局，2007：3102.

⑧ 湖北省通城县地名领导小组．通城县地名志［G］．1982：167.

⑨ 湖北省监利县地名领导小组办公室．湖北省监利县地名志［G］．1984：164.

援不仅投身水利，而且曾为武陵地区引入新的物种。例如沅陵葡萄溪，“注入沅江。相传，东汉马援征蛮时，曾驻师溪口，将北方葡萄移植此地，故名”[①]。秦汉时期，葡萄由西域传入，马援曾征战陇西，其将葡萄等作物带入武陵地区是完全可能的。此外，马援还对武陵地区的地方医疗有所贡献，例如《苗防备览》记载：“马伏波驻军时，以地多瘴，令茗叶、茱萸、芝麻、盐、米研为汤，名‘五味汤’。黔楚边民，尚沿其旧。”[②]

有学者指出：“马援一生，文治武功，功勋卓著，马革裹尸，死后却受诽谤，悲剧英雄的结局成为后代流贬官员和士人讴歌的主题之一。”[③]湘沅流域及其以南地区是马援征战之地，也是历代贬谪官员和流放士人宿身之地，二者重合；马援曾在边地从事水利建设，加之历代政府为维护边地稳定，沅湘等流域成为历代王朝交通要道、水利咽喉。由此，马援逐渐变成南方的水神，这是历史的偶然，也是历史的必然，更是马援自身所作所为蕴含的伟大精神使然。

六、长江水神信仰与祭祀

中国的大江、大河、大湖、大海，几乎各有崇拜的水神，体现了十分独特的地域性。例如在长江中上游，便有杨泗水神、湘妃水神、江神奇相、汉水女神、巫山神女（盐水女神）、云阳张飞、清江廪君、巴蜀鳖灵、屈原、海神妈祖、洛水女神、淮河无支祁以及鲧、共工、夔龙、应龙等。

上述水神中，杨泗流传最为广泛，遍布南方，长江上、中、下游都有流播。例如谷城县庙滩，“清咸丰十一年（1861年）洪水以后，汉江东移，沼泽淤积为沙洲，荆棘丛生。后为农民开垦成田。始建船舶码头，并在江边修盖了船家供奉的杨泗爷庙，因庙建在江边的沙滩上而得名庙滩”[④]；咸丰县杨泗坝，“中建河岸平坝建有石桥，每逢山洪暴发，就冲桥，坝被淹，传说是蛟龙经过。相传将军杨泗，在此安剑斩龙，以平水患。后来为纪念杨将军功德，于桥上刻‘杨泗将军’的名字，故名”[⑤]；奉节县四郎庙，“过去建有纪念杨四郎的庙”[⑥]；湖南省桑植

① 湖南省沅陵县人民政府．湖南省沅陵县地名录［G］．1983：321.

② ［清］严如熤．苗防备览·风俗考研究［M］．贵阳：贵州人民出版社，2011：271.

③ 王元林．水利神灵在地方秩序构建中的作用［J］．广西民族研究，2010（2）.

④ 湖北省谷城县地名领导小组办公室．湖北省谷城县地名志［G］．1985：258.

⑤ 湖北省咸丰县地名办公室．湖北省咸丰县地名志［G］．1984：161.

⑥ 四川省奉节县地名领导小组．四川省奉节县地名录［G］．1988：432.

县长潭坪乡杨四庙，“人们早年为杨四将军修建庙宇”①。清人杨学启《神女辨》引《祭法》指出：“‘有功于民则祀之’，礼固宜然。”②以上各种人物或神灵，因有功于社会和人民，尤其在水利、防灾方面作出巨大贡献，故人民立庙祭祀。

湖北孝感地区有以下民谚。

> 船过谌家矶，先祭鼋将军。鼋将军，管得宽，下管武塘口，上管江汉关。六月六日备香烛，杨四（泗）庙里敬菩萨。船往洞庭走，整猪整羊三出戏。杀猪又宰羊，先祭洞庭王。祭品老鸹尝，船过洞庭安；若把老鸹赶，湖神要翻脸。神水发，泼尿刹。③

上述民谚中提到的水神都具有地方性，例如“鼋将军”又叫“定江王”。自古航行长江，素有祭祀江神的文化，“九省通衢”的武汉更是如此。陆游《入蜀记》记载：“晚泊巴河口，距黄州二十里，一市聚也。有马祈寺、吴大帝刑马坛。传云吴攻寿春，刑白马祭江神于此。”④此处描述的是在黄州附近杀马祭祀江神的情况，到了沙市，《入蜀记》又载：“祭江渎庙，用壶酒、特豕。庙在沙市之东三四里，神曰昭灵孚应威惠广源王，盖四渎之一，最为典祀之正者。然两庑淫祠尤多，盖荆楚旧俗也。”⑤事实上，陆游每到一处便要祭祀一方水神，如到三峡，“以特豕、壶酒，祭灵感庙，遂行”⑥，用到了猪和酒。罗宏备《峡中竹枝词》曰：“恶石堆滩怒未平，短篙长缆最能行。黄陵庙里江神会，满座瞿塘滟滪声。”⑦西陵黄陵庙是祭祀大禹的场所，“黄陵庙里江神会”描述的就是为商旅行人的安全而祭祀大禹水神的情形。同治《东湖县志·祠祀志》记载的西坝黄陵庙，“祀禹及镇江王，在西塞坝，明州判秦云建，崇祯十五年及康熙十八年重修。一在三斗铺，一在黄牛峡，兼祀黄牛，汉诸葛亮建，有牌记，历代重修”⑧。黄牛庙里祭祀黄牛神的活动更为频繁，古来多有碑刻诗文为证。有学者写道：“人们认为黄牛神保佑着船帆平安，拜黄牛神为‘红神’，称在黄陵庙祭祀黄牛神的庙会为

---

① 湖南省桑植县人民政府．湖南省桑植县地名录［G］．1983：105．

② 四川省巫山县志编纂委员会．巫山县志（光绪）·艺文志［G］．1988：358．

③ 中国民间文学集成全国编辑委员会，中国民间文学集成湖北卷编辑委员．中国谚语集成·湖北卷［M］．北京：中央民族大学出版社，1994：508-509．

④ ［南宋］陆游．入蜀记校注［M］．蒋方，注．武汉：湖北人民出版社，2004：140．

⑤ ［南宋］陆游．入蜀记校注［M］．蒋方，注．武汉：湖北人民出版社，2004：188．

⑥ ［南宋］陆游．入蜀记校注［M］．蒋方，注．武汉：湖北人民出版社，2004：211．

⑦ 宜昌市委党史地方志办公室，夷陵区委史志办公室，西陵区地方志办公室．东湖县志（同治）·艺文志［G］．2012：400．

⑧ 宜昌市委党史地方志办公室，夷陵区委史志办公室，西陵区地方志办公室．东湖县志（同治）·祠祀志［G］．2012：128-129．

‘江神会’。”[①]“江神会”又叫“赛江神”。清人杨毓秀《东湖竹枝词》曰：“蜀船千桨下南津，日暮江干震鼓镈。至喜亭边舟子喜，屠羊酾酒赛江神。”[②]东湖即今天宜昌，蜀人“屠羊酾酒”祭祀江神显然是在宜昌西坝建设的四川会馆川主宫中，西坝川主宫祭祀李冰，黄陵庙祭祀大禹，湘人则在宜昌西坝伏波宫祭祀水神马援，其他省籍的在黄陵庙则更多。祭祀马援的祠庙多位于长江流域沿江位置，这与湘人移民和商旅流播有一定关系。

上述黄陵神、江渎神、杨泗、李冰、马援等各种水神，开始时都不具广泛性，都经历了从原诞生地向各地逐步流播发展的过程。当然，也有部分没有发生多大传播，主要局限于某一个区域。纵观水神发展的历史，有一个水神演变多个水神的情况，例如李冰和李二郎；也有一个水神取代其他水神的情形，例如妈祖。有学者指出：“妈祖是海神，确切地说是航海神或河海航行保护神。自从妈祖被塑造成航海神而具有了总领四海的职能之后，我国古代旧有的河神、海神在人们的心目中都退居次要地位，甚至成为妈祖的下属。”[③]此外，还有多种神祇与原型合成一个水神的情况，例如杨泗，来源可能包括许逊、湖南长沙杨泗、四川杨昱、洞庭湖杨么、民间传说中的杨家将杨四郎、四川割据政权明玉珍部将杨泗、陕西杨从义等。清政府也曾加封杨四（泗）封号，但杨四（泗）究竟是谁，谁也不清楚。对此，清礼部《请加封杨四将军奏》批文如下。

> 李冰父子，均拟如请敕加封号。至所称杨泗将军，治水安民，各省屡着灵应；查臣部档册，载有杨四将军，是否杨泗将军，抑或另有其人？应请饬下该督，查明年代、事迹，咨复核办。[④]

礼部督查的结果是，其名是杨四，而非杨泗，其人为杨从义，宋凤翔人，又有杨四将军，河南温县人。礼部无形中从历史的视角出发，考订了杨四的史实。素不知，民间信仰来源于历史，但是超越了历史，融入了民间和地域人民的思想和爱恨，岂能单单以历史考订呢？

王明珂认为：“站在边缘研究的角度，我认为脱离主观认同没有所谓客观存在的民族。”[⑤]我们谈神话传说中的治水英雄，追求的不是客观的人物，而是主

---

① 黄世堂，杨建章．黄陵庙通考［M］．北京：中央文献出版社，2000：7.

② 徐明庭，张颖，杜宏英，等．湖北竹枝词［M］．武汉：湖北人民出版社，2007：331-332.

③ 谢重光．妈祖与我国古代河神、海神的比较研究［J］．福建学刊，1990（3）：63，68-74.

④ 冯广宏．都江堰文献集成：历史文献卷（先秦至清代）［M］．成都：巴蜀书社，2007：638.

⑤ 王明珂．华夏边缘：历史记忆与族群认同［M］．北京：社会科学文献出版社，2006：88-89.

观的认同，是主观信仰中的治水英雄，他们在人民心中，是保护一方平安，甚至国家安宁的精神力量。因此，李冰之子李二郎是否存在，杨泗和杨四是否为同一个人，许逊到底出自哪里，中国龙到底是否存在，中国龙的原型是马、是牛还是蛇，等等，其实都不重要。重要的是，作为人民心中的水神，他们是否有益于民，有德于民。

根据中国水神的形成和发展，我们可以看到，我国传统文化和中华文明是多元一体的，是强势的中原文化辐射和流播的结果，是国家力量推动的结果，更是各种地域文化相互作用、相互影响的结果，是博大精深的华夏治水文化底蕴使然，是治水英雄个人魅力、国家力量、民间信仰、地域需要四者相互作用的结果。各地域在相互影响中各自汲取营养，取长补短，而在特定地域又保持着相对的完整性、独立性和自身的特点。

第五章　马为龙图腾之原型

我国至今保存了大量有关龙马互变的地名和传说，龙马是神马，色尚白，与水有关，居水为水神；是天马，可飞，可上天，是古代人神的坐骑。马与人的生产和生活息息相关，马是游牧民族的主体图腾之一。在全国各地的地名、神话传说、民俗信仰、考古材料中，都能考证马化龙、龙化马、龙马可以互变，以及马能刨地为泉，逐水而居。中华民族龙崇拜实质上与马崇拜关系密切，在一定程度上马的多寡、优劣决定了国运，决定了政治和军事发展的走向。我国广泛存在有关马的信仰和民俗活动，马是中华民族龙图腾原生态主体原型之一。另外，牛也是龙图腾的原型之一，牛生马，牛马相克，马为龙司水，牛为龙镇水。

一、马“逐水而居”

中国北方游牧生产方式与中原农耕生产方式差异非常大，今天西北和蒙古高原纬度高，且海拔高，气候寒冷，不适合农耕，事实上从事游牧是唯一的选择。《博物志》记载：“北方太阴，土平广深。”[①]《虎钤经·地利》指出：“以方位观之，则寒热之气异也。当有气之用，顺之者善矣。南方之气热，北方之气寒也。”[②]

寒冷使农作物不能生长，北方主体植被是草，故游牧生产方式是其主要或最

① ［西晋］张华．博物志·五方之民［M］．王根林，校．上海：上海古籍出版社，2012：10．

② 雷庆．中国兵学文化名著·虎钤经·地利［M］．延吉：延边大学出版社，1995：262．

优的选择。如“北人不喜治第，而多畜田，然硗确寡人，视之江南，十不能及一也”[①]。北方草原由于没有固定农田为支撑，也没有大河流丰裕的物产为补充，唯有游牧，故草原承载的人口相对南方要少得多。就动物习性而言，“凡鱼之游，皆逆水而上，虽至细之鳞，遇大水，亦抢而上。鸟之飞亦多逆风，盖逆则其鳞羽顺，顺而返逆矣。人之生于困苦而死于安乐，亦犹是也”[②]。对于北方民族来说，找到食物，找到人畜所需的水源是其生产和生活得以延续的首要条件之一。《博物志》曰：“盖以生民之本，衣食为先。”[③]牛羊为北方民族的衣食，而水草是牛羊生活的保障，故北方游牧必须“逐水而居”。《汉书・匈奴传》指出，匈奴“居于北边，随草畜牧而转移。其畜之所多则马、牛、羊……逐水草迁徙，无城郭常居耕田之业，然亦各有分地”[④]。

马尔萨斯指出：“众所周知，游牧国家不可能养活农耕国家所能养活的如此大数量的人口，然而，游牧民族令人生畏的原因在于他们所拥有的迁徙能力，为了给他们的牲口寻找新的牧场，他们还必须不断地运用此种能力。”[⑤]

北方游牧地区多马，南方多水，江河纵横，故多舟，因而南北军事斗争中，北方多骑兵，陆军占有绝对优势，而南方多舟船，则水军占有优势。《虎钤经・地利》指出：“故利不可以专一。北人之马，南人之航也，各有便焉。”[⑥]北方游牧地区多马，无论男女老少都善于骑马，这成为北方区域文化中最为鲜明的特点。而北方多南下攻伐，除了其自然条件恶劣，需要补充南方农耕产品外，还与北方善于御马有很大关系。“逐水而居”只是一种表象，并非单指游牧地区。也有“逐水而耕”“逐水而商”“逐水而牧”的情况。明代学者王士性《广志绎》有如下描述。

> 晋俗勤俭，善殖利于外，即牧畜亦藉之外省。余过朗陵，见羊群过者，群动以千计，止二三人执棰随之。或二三群一时相值，皆各认其群而不相乱，夜则以一木架令跳而数之，妓妇与肩酒嗀者日随行，翦毛以酬。问之，则皆山以西人。冬月草枯，则麾羊而南，随地就牧，直至楚中洞庭诸湖左右泽薮度岁，春深而回。每百羊息羔若干，翦毛若干，余则牧

① ［明］谢肇淛．五杂组・地部二［M］．傅成，校．上海：上海书店出版社，2001：79.

② ［明］谢肇淛．五杂组・物部一［M］．傅成，校．上海：上海书店出版社，2001：175.

③ ［西晋］张华．博物志・五方之民［M］．王根林，校．上海：上海古籍出版社，2012：10.

④ ［东汉］班固．汉书・匈奴传［M］．［唐］颜师古，注．北京：中华书局，1962：3743.

⑤ ［英］马尔萨斯．人口原理［M］．黄立波，译．西安：陕西人民出版社，2007：17.

⑥ 雷庆．中国兵学文化名著・虎钤经・地利［M］．延吉：延边大学出版社，1995：262.

者自得之。[1]

王士性亲见“逐水而牧”的情况，非常具有代表意义。山西南下，经河南，越黄河，穿湖北，跨长江，达洞庭的游牧，今人看来不可思议。晋人牧羊洞庭确实让人怀疑，但古代晋商遍天下自然无人怀疑，晋商下江南“逐水而商”自然为人所熟知。有水之地就有人，有人就有需求，就有市场，就有交换。《禹贡》《史记·货殖列传》所载贡物和贸易路线多沿水路。故古之“逐水而居”“逐水而耕”“逐水而商”“逐水而牧”，是理解水对社会生产和生活影响的重要方面，也是今人理解古人社会行为和思维方式的一把钥匙。《史记·匈奴列传》记载，匈奴“其俗，宽则随畜田猎禽兽为生业，急则人习战攻以侵伐，其天性也”[2]。产生这种天性的原因，一是“逐水而居”；二是多马；三是北方多草原平地，“土平广深”，利于人骑马驰骋。《史记·匈奴列传》指出，匈奴随草畜牧而转移，是“逐水草迁徙，无城郭常居耕田之业”[3]。

“逐水而居”是一种生活常识，古人认为，马具有灵性，能寻找到水源地，刨地生水（泉），“逐水”往往是马实现的。逐水（找水）之马为神马，具有灵性。《四川省巫山县地名录》记载的巫山县（原属四川，现归重庆市管辖）田家乡马刨井，“相传关羽路过此地，其马用脚蹄刨井找水喝，故名”。关羽之马能刨井得水，俨然龙之所为。巫山县另一地名马刨井，“传说，一将骑马到此，口渴无水，其马用脚蹄刨土成井，故名”[4]。《湖北省巴东县地名志》记载的巴东县清太坪镇马蹄水，“村内一石头上有几个坑像马蹄印，石头下有一眼泉水，故名”[5]。因为马能寻找水源，是马使人“逐水而居”，所以马是通水的媒介，马成为司水之神也就找到了源头。

事实上农、牧世界之间的冲突和融合，对人类文明的发展和世界历史的形成产生重要的影响，导致文明形态的变更，构成历史自身发展运动的重要动力[6]。游牧民族的代表文化——马文化和汉民族的代表文化——龙文化，二者在文化融合中既有交融又有抗争，游牧马文化与汉族龙文化在文化相互交融与渗透中，推动华夏民族文化向前发展[7]。马为龙图腾崇拜最重要的本源之一，龙图腾信仰主

---

① ［明］王士性．广志绎·江北四省［M］．周振鹤，校．北京：中华书局，2006：250.

② ［西汉］司马迁．史记·匈奴列传［M］．北京：中华书局，1959：2879.

③ ［西汉］司马迁．史记·匈奴列传［M］．北京：中华书局，1959：2879.

④ 四川省巫山县地名领导小组．四川省巫山县地名录［G］．1983：141，148.

⑤ 湖北省巴东县地名领导小组．湖北省巴东县地名志［G］．1983：278.

⑥ 赵林．农耕世界与游牧世界的冲突融合及其历史效应［J］．武汉大学学报（人文科学版），2002，50（6）：700-706.

⑦ 姜德军．试论“马”、“龙”文化及二者关系［J］．内蒙古大学学报（人文社会科学版），2000，32（S1）：73-76.

要来自马图腾信仰。

二、马为“国之武备”

汉族或其他民族想入主中原甚至一统天下，既需要农业基础，又需要大量马匹，这是古代中国得天下的两大必要条件，故马是对中国历代政权发生更迭及民族融合发挥重要作用的主要因素①。《农书》指出，“陶朱公曰：‘子欲速富，当畜五牸。’五牸之中，惟马为贵。……今农家以牛为本。虽以马为首，略叙于此”②。古代牛马并重，但“惟马为贵”，以马为先。《后汉书·马援传》记载：“昔有骐骥，一日千里，伯乐见之，昭然不惑。”③古代有识马的伯乐，而无识牛的伯乐。唐代诗人李贺《马诗二十三首》曰：“伯乐向前看，旋毛在腹间。”④韩愈《马说》曰：“世有伯乐，然后有千里马。千里马常有，而伯乐不常有。”⑤就识马文化而言，马为贵显而易见。

关陇之地是周、秦、汉和唐龙兴之地，其既有农业基础，又有大量马匹来源，具备古代中国得天下的两大必要条件。学者认为，秦在远古时代是以嬴（马的前身）为图腾⑥。《新唐书·五行志》记载：“马者，国之武备，天去其备，国将危亡。”⑦

马为图腾，是因古人认为乘马能赶上祖先以及上达天界。如帝王墓前多石马，且一些马有翅膀，就是期望死后骑马能到达天界。故西方人认为，“汉武帝让张骞出使西域目的是寻找天马，他渴望得到一批超自然的骏马，带着他飞升天界”⑧。

---

① 郭伟川．略论马在中国历史上的作用——兼评姜戎《狼图腾》［J］．汕头大学学报（人文社会科学版），2006，22（1）：15-18.

② ［元］王祯．农书译注［M］．缪启愉，缪桂龙，注．山东：齐鲁书社，2009：119.

③ ［南朝宋］范晔．后汉书·马援传［M］．［唐］李贤，注．北京：中华书局，1965：840.

④ 赵子阳，郑福田．马·诗赋——马文化诗词曲赋笺释［M］．呼和浩特：内蒙古人民出版社，2019：63.

⑤ 赵子阳，郑福田．马·诗赋——马文化诗词曲赋笺释［M］．呼和浩特：内蒙古人民出版社，2019：182.

⑥ 何汉文．嬴秦人起源于东方和西迁情况初探［J］．求索，1981（4）：137-147.

⑦ ［北宋］欧阳修，［北宋］宋祁．新唐书·五行志三［M］．北京：中华书局，1975：952.

⑧ ［美］谢弗．唐代的外来文明［M］．吴玉贵，译．北京：中国社会科学出版社，1995：138.

《汉书·食货志》指出："天用莫如龙，地用莫如马。"[①]龙虽为虚无的司水之物，但农业需要雨，自然"天用莫如龙"；马为游牧社会和农耕社会的必需品，尤其在军事和交通方面，马的地位非常高。由此可见，得马者得天下，马为统一天下和天下大治的必要条件之一。

历史上关于汉唐崇马的记载很多，如《史记·大宛列传》记载，汉武帝派大将李广利西征取大宛汗血马，汉武帝"得乌孙马好，名曰'天马'。及得大宛汗血马，益壮，更名乌孙马曰'西极'，名大宛马曰'天马'云"[②]。汉武帝亲撰《西极天马之歌》歌颂战马："天马来兮从西极，经万里兮归有德。承灵威兮降外国，涉流沙兮四夷服。"唐太宗骑六骏而自撰《六马赞》，还刻石镶嵌于墓室，以示至死不离六骏。

《后汉书·马援传》记载："援好骑，善别名马，于交阯得骆越铜鼓，乃铸为马式，还上之。因表曰：'夫行天莫如龙，行地莫如马。马者，甲兵之本，国之大用，安宁则以别尊卑之序，有变则济远近之难。'"[③]马援喜欢骑马，因武将征战之故。马援认为，"夫行天莫如龙，行地莫如马"。龙与马并称，一个在天，一个在地。马决定了国家的安宁和国家的地位，"马者，甲兵之本，国之大用"。《史记·秦本纪》记载，秦人善于养马，其先祖在夏朝养马，而到西周养马后得国。后来秦始皇统一六国，马之功居其半，今西安秦始皇兵马俑可为佐证。

历代帝王用马（武力）得天下，用龙治天下。帝王借助龙树立权威，把自己的诞生神化，说自己是龙种、龙子。秦始皇被称为"祖龙"，汉高祖自称为"龙子"，如《史记·高祖本纪》记载："其先刘媪尝息大泽之陂，梦与神遇。是时，雷电晦冥，太公往视，则见蛟龙于其上。已而有身，遂产高祖。"[④]实际上"封建帝王为了维护统治，借助龙树立自己的权威；龙因此而获得显赫的地位，受到普通的崇拜，极大影响中国古代政治和文化。与龙有关的各种观念、现象、习俗等，组成了绚丽多彩的龙文化。其影响之广，渗透之深，是世所罕见的"[⑤]。国之本为农，农业之本为水利，而龙为水神，龙化身天子，龙则成为皇权的象征，成了统治国家的手段。

---

① ［东汉］班固．汉书·食货志［M］．［唐］颜师古，注．北京：中华书局，1962：1164.

② ［西汉］司马迁．史记·大宛列传［M］．北京：中华书局，1959：3170.

③ ［南朝宋］范晔．后汉书·马援传［M］．［唐］李贤，注．北京：中华书局，1965：840.

④ ［西汉］司马迁．史记·高祖本纪第八［M］．北京：中华书局，1959：341.

⑤ 何星亮．中国图腾文化［M］．北京：中国社会科学出版社，1992：353.

三、白马崇拜

关于“龙马”，《辞海》释义有三种：一是古代传说中形状像马的龙；二是骏马之意；三是比喻精神健壮。闻一多说：“天文房星为龙，又为马。……龙像马，所以马往往被呼为龙，骑马人则应该是驾龙上下于天地的神灵——太皞等众神。”[①]接下来探讨龙和马的关系及其文化影响。

笔者根据地名和传说研究得出，远古龙马一体，龙即马，马即龙，故马是龙图腾最重要的原型之一，马化龙，龙化马，龙马互变。

《淮南子·原道训》曰：“雁门之北，狄不谷食，贱长贵壮，俗尚气力；人不驰弓，马不解勒；便之也。”[②]这种习俗是北方自然环境条件下形成的。如《史记·匈奴列传》记载：“居于北蛮，随畜牧而转移。其畜之所多则马、牛、羊，其奇畜则橐戾、驴、驮騠、騊駼、驒騱。逐水草迁徙，毋城郭常处耕田之业，然亦各有分地。”[③]

由此可见，战国及秦汉时期的匈奴特产主要是牲畜，尤其多各种马，故北方民族被称为马背上的民族。辽阔的草原上最重要的是马，有家马也有野马。“中国北方是早期驯养马的中心之一……至迟在新石器时代，中国人已经很容易地支配、驯服马，进而驯养马”[④]。鲜卑、柔然、蒙古、东胡等游牧民族都是以马（大多是白马）为自己民族的原生态图腾[⑤]。北方民族对马从依赖到重视，由喜爱而敬畏，最终形成崇拜。马成了蒙古族的图腾，马文化也就成为蒙古族文化的代表，成为牧业文明的代表[⑥]。在蒙古族文化中，马被奉为神，认为人死后马可以把人的灵魂带入天界，因为马属阳，象征天，为天神所驱使，特别是白马被认为是天的开启者和贯彻者，古人幻想借助于白马的力量与天神沟通，成为神与人最适合的中介[⑦]。例如北方岩画中最早出现的史前艺术里就有马的形象。

---

① 闻一多．闻一多全集：神话与诗［M］．武汉：武汉大学出版社，2009：19.

② ［西汉］刘安．淮南子全译［M］．许匡一，注．贵阳：贵州人民出版社，1993：16.

③ ［西汉］司马迁．史记·匈奴列传［M］．北京：中华书局，1959：2879.

④ ［美］斯坦列·丁奥尔森．中国北方的早期驯养马［J］．考古与文物，1986（1）.

⑤ 阿尔丁夫．论骏马“特殊魔力”的由来［J］．西北民族大学学报（哲学社会科学版），1993（1）：101-107.

⑥ 姜德军．试论“马”、“龙”文化及二者关系［J］．内蒙古大学学报（人文社会科学版），2000，32（51）：73-76.

⑦ 梁丽霞．蒙古族的马崇拜浅析［J］．民俗研究，2004（1）：57-66.

古人大多根据实物取象，故造字者以日光表示白色[①]。而龙马多出于水，古人以似白色的无色水为颜色；也可能是日色将沉，霞光普照，寓马之神采；还有可能受唐玄奘骑白龙马传说的影响，故多有关白马与西天取经的地名。如光绪《滇南志略》记载的定远县白马山，“传说唐僧西天取经回，路过此山，有马蹄迹，晒经书，至今犹存”[②]。定远县白马山的得名可能与唐僧取经传说中的白龙马相关，但这显然是神话传说，因为云南并不在唐玄奘去印度的路线上。又如《湖北省宜昌市地名志》记载的宜昌市乐天溪镇晒经坪，“传说唐僧西天取经回，过江，不慎经书落水，捞起后放在坪上摊晒，故名晒经坪。《东湖县志》记为赛金坪”[③]。又如《湖南省凤凰县地名录》记载的凤凰县竿子坪镇晒经塘，“传说唐僧西天取经回，路过此地，不慎经书落水塘，捞起后放在塘边石板上摊晒，故名晒经塘”[④]。我国民间有白马从印度驮经的传说。如《湖北汉川县地名志》记载的汉川县（今汉川市）南河乡白马庙，“此村原有一座庙，传说佛经是白马从印度驮来，故名”[⑤]。又如《湖南省汉寿县地名志》记载的汉寿县西竺山，“此地原有一座小山，距县城西一华里，山上建有寺庙。因佛教来自印度，天竺乃印度国的简称，故名西竺山”[⑥]。

白马从印度驮经的传说可能受到“唐僧西天取经”之说的影响。但是马，尤其是神马尚白，并非来自《西游记》中白龙马的传说，而可能源于三国时期。如陆游《入蜀记》记载的黄州附近马祈寺，“吴大帝刑马坛。传云吴攻寿春，刑白马祭江神于此”[⑦]。北方游牧政权用白马祭祀的宗教活动更为普遍。对此《辽史·吉仪》记载如下。

> 祭山仪：设天神、地祇位于木叶山，东乡；中立君树，前植群树，以像朝班；又偶植二树，以为神门。皇帝、皇后至，夷离毕具礼仪。牲用赭白马、玄牛、赤白羊，皆牡。仆臣曰旗鼓拽剌，杀牲，体割，悬之君树。……巫衣白衣。[⑧]

北方契丹人祭祀天神、山神用白马、青牛，色尚白。古代皇帝亲征时也要用白马祭祀。对此《辽史·军仪》记载如下。

> 皇帝亲征仪：常以秋冬，应敌制变或无时。将出师，必先告庙。乃

---

① 陆宗达. 说文解字通论［M］. 北京：北京出版社，1981：73.

② 方国瑜. 云南史料丛刊（第十三卷）［M］. 昆明：云南大学出版社，1998：151.

③ 湖北省宜昌市地名委员会. 湖北省宜昌市地名志［G］. 1984：262.

④ 湖南省凤凰县人民政府. 湖南省凤凰县地名录［G］. 1983：115.

⑤ 湖北省汉川县地名领导小组. 湖北省汉川县地名志［G］. 1981：299.

⑥ 湖南省汉寿县人民政府. 湖南省汉寿县地名志［G］. 1983：19.

⑦ ［南宋］陆游. 入蜀记校注［M］. 蒋方，校. 武汉：湖北人民出版社，2004：140.

⑧ ［元］脱脱. 辽史·志第十八·礼志一·吉仪［M］. 北京：中华书局，1974：834.

立三神主祭之：曰先帝，曰道路，曰军旅。刑青牛、白马以祭天地。[①]

北方游牧民族尚白，祭祀用白马的文化传统可能来自周朝和春秋战国时期。如《诗经·小雅》有“皎皎白驹”之句，言良马的毛色为“白”。草原上的人们把纯白马视为“圣物骏马”，视为“长生天”派来的使者，马为蒙古民族崇拜的图腾[②]。“大约从距今一万年前开始，原始人逐渐把野马驯养成家畜，从此马开始成为人类直接使用的工具。一些民族往往把与自己民族有密切关系的马，主观联想成同自己民族有特殊的亲属关系，把马视为祖先、亲族或保护神而虔诚崇拜，出现马的图腾崇拜。……马图腾崇拜曾经在原始社会一些游牧民族或部落中起过维系团结、统一意向、统一行动的作用”[③]。马为北方民族最重要的伴侣，得马的帮助，游牧民族如虎添翼。

北方多狼。《史记·匈奴列传》记载：“穆王伐犬戎，得四白狼、四白鹿以归。”[④]周穆王捕获白狼和白鹿各四，并非偶然，可能犬戎尚白，白狼和白鹿为图腾象征之物。北方多马也多狼，故明人指出：“江南多豺、虎，江北多狼。”[⑤]这也是自然环境选择的结果。狼善于在草原捕猎，北方民族常以狼为膜拜对象，故草原崇拜马，还崇拜狼，多狼图腾。民间有一些寺庙取名“白马寺”，便来自白马驮经的传说。在我国宗教文化和民间文化中，“白马驮经”就是“白龙驮经”。如《湖北省远安县地名志》记载的远安县白龙洞，“传说白、乌、黑三龙同时修仙，仅白龙成仙，故名白龙洞”[⑥]。又如《四川省巫山县地名录》记载的巫山县钱家乡丛龙观，“周围有乌龙、黑龙、青龙、白龙等地名传说，清朝时期在此建庙，取名丛龙观，庙毁名存”[⑦]。在百姓眼里，白龙更易升天成仙。美国专家谢弗认为，直到唐朝，乘马仍是贵族的一种特权，政府甚至禁止工匠和商人乘马，马是一种贵族动物，它对主人具有实用价值，还具有特殊地位且被赋予奇异的品性，是超凡脱俗的，被打上来自神种的烙印[⑧]。对于我国北方游牧民族而言，无论男女老少，皆可骑马，战事期间，一名骑手还可以有多匹战马。在北方，真正做到人马不离，没有马就没有北方文化的根基。

---

① ［元］脱脱．辽史·志第二十·礼志三·军仪［M］．北京：中华书局，1974：845.

② 芒来．内蒙古自治区马文化与马产业的现状与发展［J］．鄂尔多斯学研究，2009（4）.

③ 林琳．论秦代以前中华民族的马文化［J］．广西民族研究，1999（1）：63-68.

④ ［西汉］司马迁．史记·匈奴列传［M］．北京：中华书局，1959：2881.

⑤ ［明］谢肇淛．五杂组·物部一［M］．傅成，校．上海：上海书店出版社，2001：170.

⑥ 湖北省远安县地名领导小组．湖北省远安县地名志［G］．1982：364.

⑦ 四川省巫山县地名领导小组．四川省巫山县地名录［G］．1983：61.

⑧ ［美］谢弗．唐代的外来文明［M］．吴玉贵，译．北京：中国社会科学出版社，1995：136-137.

四、与白马相关的地名

冯骥才指出："地名是一个地域文化的载体，一种特定文化的象征，一种牵动乡土情怀的称谓。"[①]在中国龙图腾崇拜中，白马是白龙的化身。唐代诗人刘禹锡《吊马文》开篇认为，"马，龙类"。南朝宋文学家颜延之《赭白马赋》开篇也认为，"骥不称力，马以龙名"[②]。在中国地名文化中，有关白马和白龙的地名非常多，这些地名都是龙文化的载体，是龙马一体的象征。

1. "白马化银"之说

民间认为，白马是财富的象征，白马能变成银子。银色马也归入白马和白龙之类。《湖北省保康县地名志》记载的保康县银线峪，"有长流水，源于东沟和西沟，东南入粉青河。传说有一匹银色神马过峪，留下马尾一根，称银线，故名"；保康县铜槽峪，"有长流水，源于赵和尚沟，东南入粉青河。此沟中段一侧有一个小土槽，传说曾有一匹银马在土槽食草，当地有'银马配铜槽'之说，故名"[③]。文中所说"银色神马"是指白马或白龙，"银马配铜槽之说"是指因白马具有龙性，要用铜器所制之槽。三峡地区有白马变白银的传说。如《四川省奉节县地名录》记载的奉节县（现归重庆市管辖）三江乡方石缸，"传说县城白马寺两匹石马，逃到此地变成一缸银子"[④]；《长阳县地名志》记载的长阳县九猪街，"传说有一位秀才发现九匹白马下山喝水，后来白马入圈，变成九猪槽银子，于是秀才在此建房经商，得名九猪街"[⑤]。白马化银的传说，笔者推测可能受到"石牛便金"传说的影响，还可能与人们希望"天降横财"的美好愿望有关。

2. 白为水之色

白马（龙）化银的传说，可能与农业重视水利有关。湖南省邵阳市谚语云："金

---

① 冯骥才. 地名的意义［J］. 江淮文史，2003（3）：169-170.

② 赵子阳，郑福田. 马·诗赋——马文化诗词曲赋笺释［M］. 呼和浩特：内蒙古人民出版社，2019：184.

③ 湖北省保康县地名领导小组办公室. 湖北省保康县地名志［G］. 1982：264-265.

④ 四川省奉节县地名领导小组. 四川省奉节县地名录［G］. 1988：218.

⑤ 湖北省长阳县地名领导小组办公室. 长阳县地名志［G］. 1982：299.

库银库，不如水库。”[①]白马即白龙，是司水之神马（龙），如果风调雨顺，大兴水利，就很容易获得财富。湖北省应山县（今广水市）谚语云：“一瓢水，一碗谷，有肥无水望天哭。”民间谚语云：“水是庄稼的命脉。”[②]白龙（马）司水，故能帮助农业丰产。

中国大多有水之地，如塘、滩、潭、井等被冠以“白马”或“白龙”之名，皆因古人眼里水色为白，有水之地即财富（白银）之地，自然有司水之白龙或白马。如《湖北省利川县地名志》记载的利川县（现利川市）白龙塘，“村旁有一个水塘，传说塘中有一条白龙，《利川县志》记载，‘覃土司射白龙于此’”；利川市白龙滩，“村处清江江岸，江滩上有一个深潭，传说潭中有一条白龙，故名”[③]。又如《湖北省恩施县地名志》记载的恩施县（今恩施市）白龙潭，“村内有一个水塘，传说塘中有一条白龙，故名”[④]。又如《湖南省龙山县地名录》记载的龙山县白龙塘，“村旁有一个深塘，传说塘中有一条白龙，故名”[⑤]。又如《湖北省房县地名志》记载的房县白龙池，“传说水池中有一条白龙，故名”[⑥]。与白马相关的地名和与白龙相关的地名的文化含义相似。如《湖北省枝江县地名志》记载的枝江县（今枝江市）白马堰，“传说有一匹白马在此堰游过三圈”[⑦]。又如《湖北省神农架林区地名志》记载的神农架白马洞，“传说有一个山洞内积一堆白石，远看像一匹三蹄白马，呈老骥伏枥之状，得名白马洞”[⑧]。又如《四川省奉节县地名录》记载的奉节县新贺乡烈马山，“传说山中镇压了一匹白马，故名”[⑨]。又如《湖北省松滋县地名志》记载的松滋市卸甲坪乡白马泉，“村中有一眼泉。传说，一位老太太在泉边洗衣服，看见一匹白马进入泉洞，故名”[⑩]。又如《湖北省房县地名志》记载的房县窑淮镇白马庙，“传说有一匹神驹死后葬于庙内，故名”[⑪]；

① 中国民间文学集成全国编辑委员会，中国民间文学集成湖南卷编辑委员会. 中国谚语集成·湖南卷·邵阳市分卷［M］. 北京：中央民族大学出版社，1995：119.

② 应山县民间文学集成办公室，应山县文化馆. 应山县谚语集［G］. 1988：136-137.

③ 湖北省利川县地名领导小组办公室. 湖北省利川县地名志［G］. 1984：244.

④ 湖北省恩施县地名办公室. 湖北省恩施县地名志［G］. 1984：60.

⑤ 湖南省龙山县人民政府. 湖南省龙山县地名录［G］. 1983：59.

⑥ 湖北省房县地名领导小组办公室. 湖北省房县地名志［G］. 1984：156.

⑦ 湖北省枝江县地名领导小组. 湖北省枝江县地名志［G］. 1982：280.

⑧ 湖北省神农架林区地名领导小组办公室. 湖北省神农架林区地名志［G］. 1982：283.

⑨ 四川省奉节县地名领导小组. 四川省奉节县地名录［G］. 1988：363.

⑩ 湖北省松滋县地名领导小组办公室. 湖北省松滋县地名志［G］. 1983：340.

⑪ 湖北省房县地名领导小组办公室. 湖北省房县地名志［G］. 1984：201.

武汉市东西湖白马径，“传说，每当夜幕降临时有一匹白马腾空跃过，故名”[①]。又如《湖北省竹溪县地名志》记载的竹溪县丰坝乡白马滩，“传说，早年有一匹白色神马常到滩边饮水，故名”[②]。又如《湖北省远安县地名志》记载的远安县白马凼，“传说，白马山的神马经常在这里吃草，故名”[③]。

与白马相关的地名所体现的信息是白马具有神性，可飞，可入水。其中，马入水，说明其水性好，如湖北省丹江口市谚语云：“牛过江，马过海。”[④]湖北省宜城县（现宜城市）谚语云：“牛过江，马游海。”[⑤]民间认为马可以在大海里游泳，且水性（代表龙性）十足。由此可以推断，白马之“白”与水密切相关，有水便意味农业丰收，农业丰收意味财富，故中国民间存在白马化龙、白马化银的传说。

3. 白马祈雨

民间祈雨之地，往往是龙王庙。如《湖北省咸丰县地名志》记载的咸丰县龙王庙，“某村有一个地方常被水淹，人们祈防水患，修一座庙宇，庙内供奉龙王菩萨，故名”[⑥]。又如《湖北省房县地名志》记载的房县龙王沟，“以谷内原龙王庙取名”[⑦]。又如《湖南省津市市地名录》记载的津市市关山，“东部山腰有白龙井，相传为澧水龙神居所，清时建有关山龙神庙，为历代澧人求雨之所，今不存”；津市市雨台，“有一个土台，相传为当地人祈雨之处，故名”[⑧]。又如《湖南省保靖县地名录》记载的保靖县龙王庙，“很久以前当地人为求龙王下雨，故修龙王庙”；保靖县香龙山，“山上有一座龙王庙，人们常烧香敬奉龙王，故名”[⑨]。民间认为白马是水中之龙，白马之地是祈雨之地。问龙求雨，如果白马之地为龙地，它自然也是祈雨之地。如《江西省波阳县地名志》（波阳县为鄱阳县的旧称）记载的鄱阳县问龙湾邓家村，“北宋初期，邓氏由抚州迁昌江北岸湾部定居，原

① 武汉市东西湖区地方志编纂委员会办公室．东西湖区专志·地名志［M］．武汉：武汉出版社，2006：266.

② 湖北省竹溪县地名领导小组．湖北省竹溪县地名志［G］．1982：109.

③ 湖北省远安县地名领导小组．湖北省远安县地名志［G］．1982：388.

④ 中国民间文学集成全国编辑委员会，中国民间文学集成湖北卷编辑委员会．中国谚语集成·湖北卷·丹江口谚语集［M］．北京：中央民族大学出版社，1994：185.

⑤ 中国民间文学集成全国编辑委员会，中国民间文学集成湖北卷编辑委员会．中国谚语集成·湖北卷·宜城县谚语集［M］．北京：中央民族大学出版社，1994：209.

⑥ 湖北省咸丰县地名志办公室．湖北省咸丰县地名志［G］．1984：221.

⑦ 湖北省房县地名领导小组办公室．湖北省房县地名志［G］．1984：152.

⑧ 湖南省津市市人民政府．湖南省津市市地名录［G］．1984：86.

⑨ 湖南省保靖县人民政府．湖南省保靖县地名录［G］．1982：280-281.

名邓家。后来该地久旱，村民问龙求雨，故名问龙湾邓家”[①]。白马即白龙，白龙和白马之地均有龙脉之气。如《江西省波阳县地名志》记载的鄱阳县回龙嘴村，“清初，刘姓从都昌迁此建村。传说当时邻村人为了把该村住户赶走，于是将该村龙脉挖断，为了呼唤龙回来，该村取名回龙嘴”[②]。又如《湖北省恩施县地名志》记载的恩施市龙马村，“相传五百年前有人迁居于此，开荒种地。但所种蔬菜经常被盗，后来发现是一匹白马在夜晚偷吃了。于是邀人追捕，追到离驻地约四百米的龙王塘时，白马便消失在塘中。人们认为该白马是水中之龙，故名龙马”[③]。在传统地名中，龙马一体的地名非常多，更为重要的是龙与马互变互化，故白马和白龙也是互变互化的。中国民间许多有关白马的地名和与白龙相关的地名一样，具有龙脉，是祈雨之地。在白马之地求雨而取地名的也有很多，也有直接用白龙地名祈雨的。如《湖北省保康县地名志》记载的保康县白龙洞，“传说洞中有白龙，为百姓求雨处”[④]。又如《湖北省竹溪县地名志》记载的竹溪县白龙祠，“相传早年水池中有一条白龙，护佑此地风调雨顺，人们修白龙祠，故名”[⑤]。在白龙之地和白马之地祈雨的目的大多是祈求风调雨顺，而白龙是人们最喜欢的龙种。如《湖南省桑植县地名录》记载的桑植县龙潭坪，“五龙捧圣之地。由五条形似龙的青龙包、水龙口、来龙包、白龙泉、龙溪口的小山围绕龙潭包，早年包顶修有一座龙神庙，每年古历六月二十三日，人们在此集会求神，故名”[⑥]。龙神庙的关键是龙潭坪有白龙泉，泉形成龙潭，因此白龙泉成为当地建龙神庙的文化基础。故在全国各地的龙神庙中，白马庙或白龙庙非常多，白马庙或白龙庙俨然成为龙神庙的代称。

4. 白马庙

全国有各种龙神庙，建庙主要是为了镇水和祈雨，并能达到约束龙自身行为的目的。民间有龙之地，只要有水便可取与龙相关的地名，如龙泉、龙潭、龙井等，即使水量极小，也冠以“龙”名。如《湖南省花垣县地名录》记载的花垣县三角岩村双龙潭，“此地原有两个深潭，传说潭中有龙，故名”；花垣县三角岩村卧龙榜，“相传‘卧龙’是苗族语地名，意为多水。村边有几股大泉。故称卧龙，

---

① 江西省波阳县地名办公室．江西省波阳县地名志［G］．1985：302．

② 江西省波阳县地名办公室．江西省波阳县地名志［G］．1985：34．

③ 湖北省恩施县地名办公室．湖北省恩施县地名志［G］．1984：129．

④ 湖北省保康县地名领导小组办公室．湖北省保康县地名志［G］．1982：261．

⑤ 湖北省竹溪县地名领导小组．湖北省竹溪县地名志［G］．1982：177．

⑥ 湖南省桑植县人民政府．湖南省桑植县地名录［G］．1983：200．

后演变成卧龙榜”；花垣县三角岩村龙王庙，“古时此地建有一座龙王庙，故名”[①]；花垣县排料乡龙堵坪，“此坪有一口水井，传说井内有龙，因人们犯了龙规，龙王就把水井堵塞。故名龙堵坪”[②]。又如《湖北省竹溪县地名志》记载的竹溪县龙王港，“传说河港内有龙，故名”[③]；竹溪县龙王垭，“因垭上有一个洞，清泉长流，人称龙王洞，垭即为龙王垭”；竹溪县龙窝，“因村旁有一个窝凼，其中有一股清泉，传说为龙王居住的地方，故名”[④]。有水就有龙，对于农业而言，水是关键。湖北省荆门市谚语云：“水是命，肥是劲。”“田是崽，水是娘。”[⑤]湖北省宜城市谚语云：“水是田的娘，无娘命不长。”[⑥]故为了粮食丰收，保证充足的水源最重要。如《湖北省黄梅县地名志》记载的黄梅县蔡山镇东保村，“传说此地有一座龙王庙，由五村共同保护，村处庙的东侧，故名”[⑦]。又如《鹤峰土家族自治县地名志》记载的鹤峰县龙王坪良种场龙王庙，“传说土司在此修一座庙，取名龙王庙”[⑧]。又如《贵州省万山特区地名录》记载的万山特区（现万山区）起水庵，“早年人们常在龙王庙求雨，故名”[⑨]。龙王庙是祈雨之地，也可以用龙王庙镇水（势）。如《湖南省津市市地名录》记载的津市市青龙庙，“约建于清中叶，后徐祖珩、瞿宝瑶等募修文星阁于此庙前，以镇水势。今庙、阁俱不存”[⑩]。江西省全南县谚语云：“头马不惊，群马不乱。”[⑪]白马（龙）有头马的意味。笔者通过考察全国地名发现，以白龙或白马为名的龙王庙中数量最多，且地位最高。这些白龙庙或者白马庙基本功能和龙神庙差不多，但多了一些世俗色彩，人们修庙以约束白马的行为，但白马、白龙又不失神性。如《湖北省谷城县地名志》记载的谷城县白龙庙，“庙内有一尊白龙雕像，故名”[⑫]。又如《湖南省大庸县

---

① 湖南省花垣县人民政府．湖南省花垣县地名录［G］．1982：29-31．

② 湖南省花垣县人民政府．湖南省花垣县地名录［G］．1982：128．

③ 湖北省竹溪县地名领导小组．湖北省竹溪县地名志［G］．1982：208．

④ 湖北省竹溪县地名领导小组．湖北省竹溪县地名志［G］．1982：331-332．

⑤ 中国民间文学集成全国编辑委员会，中国民间文学集成湖北卷编辑委员会．中国谚语集成·湖北卷·荆门谚语集［M］．北京：中央民族大学出版社，1994：202．

⑥ 中国民间文学集成全国编辑委员会，中国民间文学集成湖北卷编辑委员会．中国谚语集成·湖北卷·宜城县谚语集［M］．北京：中央民族大学出版社，1994：154．

⑦ 湖北省黄梅县地名领导小组办公室．湖北省黄梅县地名志［G］．1985：557．

⑧ 鹤峰土家族自治县地名领导小组办公室．鹤峰土家族自治县地名志［G］．1982：152．

⑨ 贵州省万山特区人民政府．贵州省万山特区地名录［G］．1986：93．

⑩ 湖南省津市市人民政府．湖南省津市市地名录［G］．1984：86．

⑪ 中国民间文学集成全国编辑委员会，中国民间文学集成江西卷编辑委员会．中国谚语集成·江西卷［M］．北京：中央民族大学出版社，2003：547．

⑫ 湖北省谷城县地名领导小组办公室．湖北省谷城县地名志［G］．1985：51．

地名录》记载的大庸县（今张家界市）白龙庵，“过去此地划龙船常出事故，据传是泉中白龙作怪，人们便修庙镇之，取名白龙庵”[①]。又如《湖北省谷城县地名志》记载的谷城县白龙庙，“原有一庙供奉白龙，人们在端午节划龙舟时，龙头亦呈白色，故名”[②]。又如《湖北省枝江县地名志》记载的枝江市白马寺，“原名白马庙，后演变为白马寺”[③]。又如《湖北省麻城县地名志》（麻城县即今麻城市）记载的麻城市宋埠镇白马庙，“该村居民姓邹。传说村中曾出现一匹白色神马，村民修庙祭之，故名白马庙”[④]。又如《湖南省澧县地名录》记载的澧县道河乡（现已撤销）白马大队，“据传，一位须髯老叟发现一匹白马游玩于奇峰峻岭间。老叟徐而察之，倏尔不见。老叟四方相告，众疑神马，遂建寺祭之，取名白马寺”[⑤]。又如《湖南省汉寿县地名志》记载的汉寿县白马庙，“此地原有一座庙，供奉一尊白马将军神像，故名”[⑥]。又如《湖南省溆浦县地名录》记载的溆浦县白马庙，“传说白马仙人在此建庙，故名白马庙”[⑦]。由相关白马庙地名可知，白马即神马，具有神性和仙性。

常出没于民间的白色神马（或白龙）还具有马的一些特征，如神马需要吃草和喝水，且食量特大，故给农作物造成很大的损害，于是人们建庙来约束白马的行为。如《湖北省随县地名志》记载的随县白马岭，“传说，山中有一匹神马，常在夜晚糟蹋庄稼，人们便用白石修庙来镇住神马，故名白马岭”[⑧]。又如《四川省巫溪县地名录》记载的巫溪县（现重庆市巫溪县）镇泉乡，“相传此地昔有白马，夜出害稼，农人发现，追马至南坡山麓，马忽不见，因此修庙镇之，而后神庙之下涌出清泉，长流不竭，溉田千亩。乃称此泉为白马泉，亦名镇泉”[⑨]。又如《湖北省兴山县地名志》记载的兴山县飞马寺，“相传有两匹白马在田间吃庄稼，人们赶到时，见马飞去，人们惊呼为神马，并修庙，把飞马画在壁上，取名飞马寺”[⑩]。又如《湖北省宣恩县地名志》记载的宣恩县万寨乡马家槽，“传说有一匹白马下

① 湖南省大庸县人民政府．湖南省大庸县地名录［G］．1982：63.
② 湖北省谷城县地名领导小组办公室．湖北省谷城县地名志［G］．1985：312.
③ 湖北省枝江县地名领导小组．湖北省枝江县地名志［G］．1982：248.
④ 湖北省麻城县地名领导小组．湖北省麻城县地名志［G］．1984：367.
⑤ 湖南省澧县人民政府．湖南省澧县地名录［G］．1983：31.
⑥ 湖南省汉寿县人民政府．湖南省汉寿县地名志［G］．1983：177.
⑦ 湖南省溆浦县人民政府．湖南省溆浦县地名录［G］．1983：367.
⑧ 湖北省随县地名领导小组．湖北省随县地名志［G］．1984：782.
⑨ 四川省巫溪县地名领导小组．四川省巫溪县地名录［G］．1982：13.
⑩ 湖北省兴山县地名领导小组．湖北省兴山县地名志［G］．1982：106.

槽喝水，人们跑去庙里，白马不见了，故名马家槽”[①]。又如《湖北省远安县地名志》记载的远安县白马庙，“传说是敬奉山上白马而修庙，希望神马不吃庄稼，故名”；远安县马家寨，“传说山上有一匹白马，常下山吃庄稼，后来村民在山上修寨敬奉神马，希望神马不吃庄稼，故名马家寨”；远安县白马山，“这里山峦起伏，俊丽多姿，雪白神马常吃山下庄稼，村民为保护庄稼，便在山上修建白马庙敬奉神马，希望神马不吃庄稼，故名白马山”[②]。又如《湖北省松滋县地名志》记载的松滋市南海镇白马庙，“相传，此地过去有一匹白色神马常吃庄稼，人们为了治服神马，便修建了一座庙宇，故名。”[③]白马（或白龙）除具有神性和仙性以外，还具有凡间特性，需要吃草和喝水，而且还破坏农作物。白马（或白龙）是龙神的化身，保护民间水田灌溉，其像猫一样，偶尔也破坏农作物，于是民间建庙镇白马。

人们一般不舍得伤害白马，如《湖北省神农架林区地名志》记载的神农架白马洞，“传说（神农架）附近住有张老翁一家，以耕猎为生。张老翁多次发现家中大水缸枯竭，缸边马蹄印杂沓，却寻不到马饮水的踪影，而且地里的麦苗又遭到破坏。于是，在一个月圆之夜，张老翁埋伏在麦田附近，良久，忽见一匹白马跑入麦田中，张老翁慌乱地举起猎枪射击，白马惊恐地逃走了。张老翁心想，这必定是神马。张老翁一路追随白马来到一个石洞前，只见乱石成堆，不见白马的踪影。正要返家时，张老翁看到石洞前白马现身，只是白色的后腿被鲜血染红了。张老翁后悔莫及，回到家中，嘱咐子孙千万不要伤害神马，至今‘白马’犹存”[④]。

民间传说神马或神牛都害怕放牛娃和土地神。如《湖北省襄阳县地名志》记载的襄阳县拦马土地，“传说，西北的白马洞内有一匹白马，常在夜晚跑出来吃庄稼，直至鸡叫。这是土地神在学鸡叫，拦住了吃庄稼的马。后来人们在此地修建了一座土地庙，取名拦马土地”[⑤]。虽然大多数白马庙是镇白马之庙，但其主体功能是祈雨，只是白马或白龙偶尔任性，跑出来害庄稼。在中国民间，绝大多数白马庙是龙神庙的一个变体。因为龙马一体，白马即白龙。江西省信丰县谚语云：“是马三分龙。”江西省大余县谚语云：“马无毛病也成龙。”[⑥]由此可见，龙马并称且龙马互变最为普遍，其文化意象如龙马、马龙、神马、白马、水马、

① 湖北省宣恩县地名办公室．湖北省宣恩县地名志［G］．1983：424．

② 湖北省远安县地名领导小组．湖北省远安县地名志［G］．1982：227，348，360．

③ 湖北省松滋县地名领导小组办公室．湖北省松滋县地名志［G］．1983：220．

④ 湖北省神农架林区地名领导小组办公室．湖北省神农架林区地名志［G］．1982：283．

⑤ 湖北省襄阳县地名领导小组办公室．湖北省襄阳县地名志［G］．1983：152．

⑥ 中国民间文学集成全国编辑委员会，中国民间文学集成江西卷编辑委员会．中国谚语集成·江西卷［M］．北京：中央民族大学出版社，2003：547－548．

天马等都具有趋同性。

五、龙是复合图腾

关于龙文化，闻一多有如下阐述。

> 然则龙究竟是什么东西呢？我们的答案是：它是一种图腾（Totem），并且是只存在于图腾中而不存在于生物界中的一种虚拟的生物，因为它是由许多不同的图腾揉合成的一种综合体。因部落的兼并而产生的混合的图腾……大概图腾未合并以前，所谓龙者只是一种大蛇。这种蛇的名字便叫作“龙”。后来有一个以这种大蛇为图腾的团族（Klan）兼并了，吸收了许多别的形形色色的图腾团族，大蛇这才接受了兽类的四脚、马的头、鬣的尾、鹿的角、狗的爪、鱼的鳞和须……于是便成为我们现在所知道的龙了。[①]

这种观点可称为“蛇图腾说”或“综合图腾说”。但龙图腾的原生态或者最关键来源并非蛇，而是马。何星亮指出，图腾的原始含义主要是祖先，或是与之有血缘关系的人，或是保护神。人们必然与这些崇拜的人、物有某种紧密的关系，如太阳给人阳光、大地给人食物等，故图腾的信仰对象与人有紧密的关系。

前面讲到，我国古代游牧民族把与自己民族有密切关系的马主观想象成与自己民族有特殊的亲属关系，并把马视为祖先、亲族或保护神虔诚地崇拜，进而出现马图腾崇拜。古代国家对马十分重视，甚至专门设马政。相较蛇而言，马与人类更为亲密，与人们生产和生活结合得更为紧密，对国家政治、经济和文化具有重大的现实意义。因为“最早的图腾是动物，这一点是毋庸置疑的。动物图腾崇拜最早的又可能是哺乳动物，因为哺乳动物的形貌、生理特征和行为与人较接近，较容易被人认为是同类”[②]。马较爬行动物（如蛇）更易成为人类的图腾，与人类关系紧密的家畜（六畜）中，《三字经》认为“马牛羊，鸡犬豕。此六畜，人所饲”，故马与牛、羊位列上珍三品，而马居六畜之首。

当然，龙图腾还有吸收其他图腾的可能，如东汉王充的《论衡·龙虚篇》引用《山海经》曰：“四海之外，有乘龙蛇之人。世俗画龙之象，马首蛇尾。由此言之，马、蛇之类也。……蛇马之类明矣。”[③]龙为“蛇马之类”，是现实之中存在的生物，也

---

① 闻一多．闻一多全集：神话与诗［M］．武汉：武汉大学出版社，2009：20.

② 何星亮．中国图腾文化［M］．北京：中国社会科学出版社，1992：12-13.

③ 黄晖．论衡校释·龙虚篇［M］．北京：中华书局，1990：285-286.

可能是马蛇复合体，马为首。据考古发现，伏羲女娲人首蛇身像非常多，但是民间龙蛇互变的神话传说较少，而保存了大量原生态的龙马互变传说，以及龙与其他动物相结合产生的地名且大多以马为主。就我国各地尤其西南、中南、华南的历史文献、民俗学、地名学来看，龙与马结合得最为紧密。龙化马，马化龙，龙马一体的观念和认识深入人心。

六、龙与马的图腾关系

我国远古时期和秦汉时期可能曾视马为图腾，到魏晋南北朝时期，北方各政权皆以马为图腾，至唐代，其隆兴受鲜卑文化（鲜卑有马图腾信仰）影响，也受中原文化影响，以龙代替马为图腾。但是，马的原生态图腾信仰，除华夏古籍记载以外，在西北和西南地区被无意识地保存下来。接下来以保存图腾文化较为原生态的西南地区为例，对龙与马的图腾关系予以探讨。

1. 神马神话与龙图腾

中国西南地区有大量神马传说，如蜀地越嶲“天马”的神话，《华阳国志・蜀志》记载：“有天马河，马日千里，后死于蜀，葬江原小亭，今天马冢是也。县有天马祠。初，民家马牧山下，或产骏驹，云天马子也。今有天马径，厥迹存焉。”[①] 刘琳注云：越嶲自古产马。汉代称为“笮马”，是与内地交易的著名土产。东汉安帝时，曾于越嶲置长利、高望、始昌三苑以养马，故该地出良马。《水经注・江水》记载：“若水又径会无县，县有骏马河，水出县东高山。山有天马径，厥迹存焉。马日行千里，民家马牧之山下，或产骏驹，言是天马子。”[②] 显然《水经注》参照了《华阳国志》。我国有关龙马（含马龙、神马、天马等）的地名很多。如《中国神话传说词典》引用《舆地纪胜》曰：“在城东北二十里。唐王昌遇落魄仙于此，以龙马一夕送归潼川，因号曰龙马潭。”[③]《华阳国志・南中志》记载：“章帝时，蜀郡王阜为益州太守，治化尤异，神马四匹出滇池河中，甘露降，白乌见；始兴文字，渐迁其俗。”[④] 在人们眼里，神马为龙是祥瑞之物，如麒麟，为政治清明、社会太平的祥瑞之兽。地方官员为了彰显地方族群关系和谐，

---

① ［东晋］常璩．华阳国志校注［M］．刘琳，注．成都：巴蜀书社，1984：318.
② 王国维．水经注校・江水［M］．上海：上海古籍出版社，1984：1116.
③ 袁珂．中国神话传说词典［M］．上海：上海辞书出版社，1985：471.
④ ［东晋］常璩．华阳国志校注［M］．刘琳，注．成都：巴蜀书社，1984：347.

多次上书朝廷，歌颂太平。如《水经注·江水》记载："晋太始九年，黄龙二见于利慈池。县令董玄之，率吏民观之，以白刺史王濬，濬表上之晋朝，改护龙县也。"[①]"神马"和"黄龙"是否真的出现朝廷并不关心，朝廷关心的是地方稳定，故"顺水推舟"改护龙县，其本质也是一种政治安抚手段。《史记·大宛列传》记载，大宛"多善马，马汗血，其先天马子也"。乌孙国献马给汉武帝，汉武帝将得到的乌孙好马，取名曰"天马"。当大宛献马后，汉武帝看到大宛汗血马"益壮，更名乌孙马'西极'，名大宛马曰'天马'"[②]。由此可见，神马或天马是一种政治认同，而非一种实质的神兽。

随着时间推移，汗血马和天马显然已经被神化了。如《洞冥记》记载："修弥国有马如龙，腾虚逐日，两足倚行，或藏行于空中，惟闻声耳，时得天马，汗血是其类也。"[③]这里明确认为马为龙，而汗血马和天马就是龙。中国的天马传说由汉代西域"天马水神"文化东渐并汉化而成，展示了汉唐与西域之间文化艺术的有趣互动[④]。西北"天马"的政治认同也影响到西南"神马"的认同。《水经注·江水》对滇池一带的"神马"有如下描述。

> 长老传言，池中有神马，家马交之，则生骏驹，日行五百里。晋太元十四年，宁州刺史费统言，晋宁郡滇池县两神马，一白一黑，盘戏河水之上。有滇州，元封二年立益州郡，治滇池。[⑤]

西南地区自古产马，可能很早以前就有关于"神马"的传说，随着秦汉的政治势力深入西南地区，"神马"文化逐渐融入西南文化。《华阳国志》记载："故曰滇池。长老传言，池中有神马，或交焉，即生骏驹，俗称之曰'滇池驹'，日行五百里。有黑水神祠祀"[⑥]。刘琳注云：滇池一带古产善马，体小而雄骏，尤善山行，似巴地之马，故又称"巴滇马"。汉安帝时令益州郡置万岁苑，即马苑，当在滇池一带。滇池在蜀地越嶲之南，这种"神马"文化可能是在汉代自北向南传入云南的。

2. 龙马互变

何星亮认为："地名源于图腾名称，最早的地名即图腾名称，这可以在许多地名中找到确凿的证据。"[⑦]如正德《四川志》记载，雅州马落崖"在治南五里，唐狱

---

① 王国维．水经注校·江水［M］．上海：上海古籍出版社，1984：1121．

② ［西汉］司马迁．史记·大宛列传［M］．北京：中华书局，1959：3160，3170．

③ ［清］张英，［清］王士祯，［清］王掞，等．渊鉴类函·兽部［M］．上海：上海古籍出版社，2008：515．

④ 毛民．天马与水神［J］．内蒙古大学艺术学院学报，2007（1）：31-38．

⑤ 王国维．水经注校·江水［M］．上海：上海古籍出版社，1984：1126．

⑥ ［东晋］常璩．华阳国志校注·南中志［M］．刘琳，注．成都：巴蜀书社，1984：396．

⑦ 何星亮．中国图腾文化［M］．北京：中国社会科学出版社，1992：113．

吏王昌过之，泸南计事夜过，马乘之疾如飞，过崖鸡鸣，马化龙入江，至府印尚未干，有马蹄迹，古碑记”①。同治《绵州志》记载，马龙山在“治西四十三里，下有石洞，深广叵测。相传洞中出马，化为龙，因名”；马龙洞在“治西四十里马龙山，神马化龙处，深叵测，祷雨辄应”②。又如《湖北省利川县地名志》记载的利川市马龙塘，“山形若马，山下一塘，传说塘中有龙，故名”③。又如《江西省景德镇市地名志》记载的景德镇市内马龙塘，“传说，明初山里有一匹白马经常到附近一个水塘里洗澡，见人就像龙一样腾空跑走，人们称之神马、龙驹马，故称马龙塘山，因村建山坞内，习称内马龙塘”④。这些地名都记载了马化龙与龙化马的神话传说。

截至目前，笔者在西南地区方志记载的山川地名中发现有关龙与其他生物互变的地名非常少，而以有关龙化马和马化龙的地名为主（相较而言，龙蛇互变影响大，但没有关于龙马互变形成的地名的文献）。由此可见，马图腾是龙图腾最原始的、最重要的原生态图腾之一。当然也有人化龙的传说，如《湖北省随县地名志》记载的随县白龙池，“《随州志》云宋皇祐五年：‘郑獬尝梦身化为龙，浴于斯池，醒犹自见其尾于床上，故谈圃言獬是龙精。’《随州志》又载，‘甫池乃白龙新居’，因而得名。旧说洪山主峰初建幽济禅院时，所用杉木椽檩及栋梁之材皆由当时白龙池溢出，此系蜀中之物，故今此池‘东连大海水，西通嘉陵江’之传甚广”⑤。人可化龙，而龙也可化人，三峡就有关于龙化人传说的地名，如《湖北省兴山县地名志》记载的兴山县白龙潭，“传说有一条龙化为美男子，娶某氏女，在潭边定居，常在潭中洗澡，一日妻兄到访，见一条大蟒蛇盘旋潭内，妻兄惊呼奔走，霎时潭水喷涌，居宅被淹，故称白龙潭”⑥。又如《湖北省襄樊市地名志》记载的襄阳市回（飞）龙寺，“相传巷内有一位阴阳先生，迷信巷南土地庙风水好，在临死前嘱咐两个儿子，用白布裹尸，放在庙里的阴沟内，百日揭开。其子遵嘱办理，因月大月小少记一天，当揭开石板时，尸体已变成白龙，猛地回头，但两脚尚未成爪，欲飞不能。后人据此传说，在巷旁建回龙寺，巷以此得名”⑦。这里“回”为“飞”之意，是人变飞龙升天的意思。从有关龙马互变的地名看，龙和马的图腾关系十分紧密。人龙可以互变，这是龙文化的折射。人龙互变和龙马互变是相通的，但龙马互变早

---

① 出自明代正德年间熊相纂修的《四川志·黎州宣抚司·土产·山川》，四川大学图书馆依原刻钞本于 1961 年 5 月影钞，笔者查于西南大学历史学院资料室。

② ［清］文齐．同治直隶绵州志·山川［M］．成都：巴蜀书社，1992：74–75.

③ 湖北省利川县地名领导小组办公室．湖北省利川县地名志［G］．1984：402.

④ 江西省景德镇市地名办公室．江西省景德镇市地名志［G］．1988：488.

⑤ 湖北省随县地名领导小组．湖北省随县地名志［G］．1984：814.

⑥ 湖北省兴山县地名领导小组．湖北省兴山县地名志［G］．1982：92.

⑦ 湖北省襄樊市地名领导小组．湖北省襄樊市地名志［G］．1983：35.

于人龙互变。

3. 龙马祈雨

从中国民间祈雨习俗看，龙化马，马化龙，龙马互变，或者龙马一体，积淀深厚。神马，色尚白，与水有关，居水可兼水神。如正德《云南志》记载，楚雄龙马池“在定远县西南五里，方广四里，相传有龙马见于此”[①]；乾阳山“山麓有乾阳龙祠，岁旱祷之即雨”；白龙泉在“土人庙旁，岁旱祷之即雨”；龙华泉“相传有灵物潜其中，岁旱，取水祷之辄雨”[②]；龙马蹄石“在石屏州西八十里，石高四尺，围六尺。上有龙马蹄迹，旁有四小石，呼为‘风、伯、雨、师’，遇旱祷之辄应”[③]。又如正德《四川志·山川》记载的雅州白马泉，“传说，深山谷中有白马出游，人逐之入泉，祷雨多应”[④]。龙或马与祈雨相关，各地方志记载不胜枚举。

民间认为马可以直接寻找到水源，故有马刨地得水（泉）的传说。如《湖南省芷江县地名录》记载的芷江县禾梨坳乡茶溪冲，“村居山冲，传说从前有一个将军过此，人马干渴，其马用蹄刨地，立即一股清泉涌出，如可口香茶，故名”[⑤]。又如《四川省巫山县地名录》记载的巫山县沙坪乡（现已撤销）白马岭，“岭上有一个山洞，传说一匹白马从洞中飞出，故名”；沙坪乡马刨井，“传说有一个将军骑马过此，口渴无水，其马用蹄刨土成井，故名”[⑥]。又如《湖北省巴东县地名志》记载的巴东县玉米塘，“传说，田韦皋之祖母玘在唐元和二年（807 年）奉旨征西川，平刘辟之乱，功满返程至此，人马口渴，田玘所骑龙驹用蹄在地上刨出一个小坑，立即一股泉水涌出。田玘见这里土地肥沃，气候适宜，且天合人意，于是在此占地落籍。后来人们见马刨水之坑内翻出玉米，故名玉米塘”[⑦]。

马刨得水，是龙马一体、龙马可以转换的文化体现。中国南方多在以龙或马命名的地方祈雨。《黔书·续黔书·黔记·黔语》记载，贵定县城南白马山“上有古池，深不可测，人迹罕至，至则风雨晦冥。相传有白马见于山下，一黄冠咒之，立即山化为石云”[⑧]。又如《湖北省保康县地名志》记载的保康县白龙洞，“传说此

---

① 方国瑜．云南史料丛刊（第六卷）［M］．昆明：云南大学出版社，2000：156.

② 方国瑜．云南史料丛刊（第六卷）［M］．昆明：云南大学出版社，2000：146–147.

③ 方国瑜．云南史料丛刊（第六卷）［M］．昆明：云南大学出版社，2000：152.

④ 出自明代正德年间熊相纂修的《四川志·黎州宣抚司·土产·山川》，四川大学图书馆依原刻钞本于 1961 年 5 月影钞，笔者查于西南大学历史学院资料室。

⑤ 湖南省芷江县人民政府．湖南省芷江县地名录［G］．1982：182.

⑥ 四川省巫山县地名领导小组．四川省巫山县地名录［G］．1983：141.

⑦ 湖北省巴东县地名领导小组．湖北省巴东县地名志［G］．1983：224.

⑧ 罗书勤．黔书·续黔书·黔记·黔语［M］．贵阳：贵州人民出版社，1992：216–217.

洞有白龙，为百姓求雨处”[①]。又如《长阳县地名志》记载的长阳县龙潭湾，“村中小溪沟有一个深潭，传说从前天旱时往里投石子便可下雨，有人认为是龙显圣，故名龙潭湾”[②]。又如《湖北省咸丰县地名志》记载的咸丰县钟茅乡马歇，“传说有一匹大宝马从马河游来，在此歇息过夜，故名”；钟茅乡龙坪，“传说龙坪境内自古多龙。李子房端公曾在下坝龙潭捕龙祈雨”[③]。民间认为有马的地方就能祈雨，这源于人们对龙马一体的认同感，认为马为人们的保护神，有神马帮助便可风调雨顺，五谷丰登。

七、神（天）马通天

龙马、白马、天马等神马，具有通天功能，这在民间丧葬文化中有所体现。如巫山县红椿土家族乡狮子村 4 组《皇清故显考傅公讳远龙老大人之墓》，墓碑上方第一层墓帽刻有双凤捧日（太阳光芒中刻有一个“日”字），双凤头顶各有一朵祥云，双凤侧旁各有一位戴官帽、穿官服，一手抱笏、一手执金元宝的守墓人；第二层墓帽刻有两匹飞马，脖子上挂着铃铛，正飞向天门，该天门三层，是亡者进入天堂之门，两匹飞马旁边各有一棵神树，树上鲜花盛开，但神树并不相同，右边神树有两个根部。该墓碑刻有的飞马即飞龙，是墓主升天的神兽。

巫山县红椿土家族乡狮子村 4 组《皇清故显考傅公讳远龙老大人之墓》墓碑图案如图 5-1 所示。

图 5-1 《皇清故显考傅公讳远龙老大人之墓》墓碑图案（黄权生摄）

---

① 湖北省保康县地名领导小组办公室. 湖北省保康县地名志［G］. 1982：255.

② 湖北省长阳县地名领导小组办公室. 长阳县地名志［G］. 1982：89.

③ 湖北省咸丰县地名办公室. 湖北省咸丰县地名志［G］. 1984：116，125.

中国自古有“龙凤相对”之说，双马（龙的化身）与双凤相对。四川盐源出土的人兽纹铜状枝形器有人牵马，也有人骑马，这是通天的天梯，人是通天的巫师，马则是升天的坐骑①。如凉山博物馆收藏的人兽纹铜状枝形器有人各牵一马或一兽，或牵双马或双兽，马或兽皆立于树端，且左右相对而立，还有人骑马。根据这种枝形器奇特的造型，凉山博物馆馆长刘弘认为，它是一种通天的神树，也是人神相通的天梯。立于树端之人，是能登天沟通天、地、人的巫师，上古时期的巫师有男有女，枝形器上的人物给予了这个史实确凿的证明。巫师牵引的双马或双兽立于树端，应是巫师升天的坐骑②。如三星堆青铜龙形饰，“龙为大头，头上有带齿的角和宽耳，吻上翘，张口露齿，身细长，兽蹄足，长尾后迤，作行进状，尾尖微残”。由此可知，该动物基本为一匹正在行进中的马。又如三星堆神树，“树的一侧，有一条龙缘树而下，龙身呈辫索状马面头……”③树端之龙为马面，头是最关键的部位，该龙为艺术化的马。笔者考察湘西得知，土家族巫师的梯玛法器（神器）之一是铜马，马上骑着八部大王，马就是巫师与天界沟通的坐骑。藏族连地接天的经幡旗被称为“风马”“祭马”“禄马”，云南用于沟通人间与灵界的工具叫“甲马”，西南地区建房的工具叫“木马”（西南地区人们认为，房柱和房梁可以通天），木匠砍房梁时还要祭木马。由此可见，马为飞天的重要媒介，由考古材料结合民俗可知，马为图腾圣物。升天龙马枝形器如图 5-2 所示，盘绕三星堆神树的龙如图 5-3 所示。

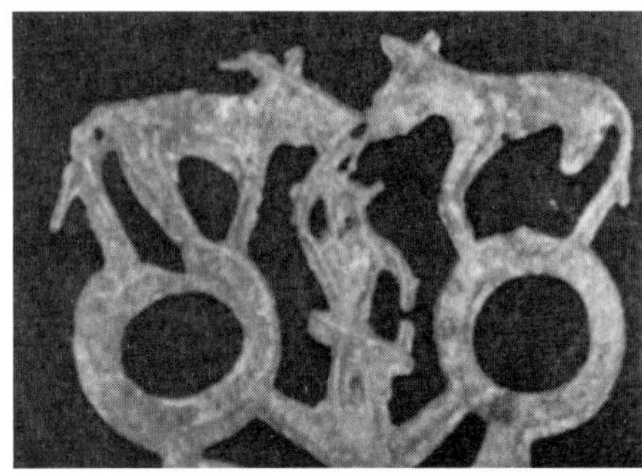
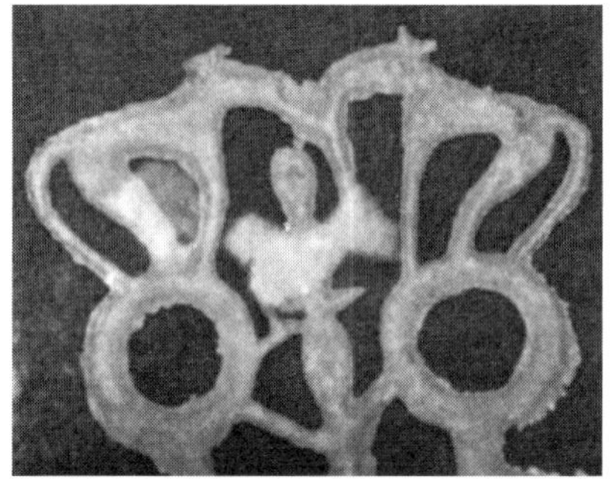

图 5-2　升天龙马枝形器（蓝勇摄自凉山彝族自治州博物馆）

前面说过，马为巫师升天的坐骑。西南地区有大量马飞天的传说，全国各地有大量有关天（飞）马的地名。如《湖北省兴山县地名志》记载的兴山县飞马寺，

① 刘弘. 若木·神树·鸡杖［J］. 四川文物，1998（5）：7-10.
② 刘弘. 若木·神树·鸡杖［J］. 四川文物，1998（5）：7-10.
③ 陈德安. 三星堆——古蜀王国的圣地［M］. 成都：四川人民出版社，2000：62.

图 5-3 盘绕三星堆神树的龙（黄权生摄）

“相传有两匹白马在田间吃庄稼，人们赶到时，见马飞去，人们惊呼为神马，并修庙，把飞马画在庙壁上，取名飞马寺”①。又如《贵州省岑巩县地名志》记载的岑巩县马鞍山，“传说思南塘头夜有马嘶，人们顺马碲印寻天马，却只见鞍不见马，后来有一位和尚，在马前钉了一个石桩，将马拴住了”②。又如正德《云南志》记载，元江军民府龙马迹“在府城西大石上，相传昔有异人乘龙马过此，留迹焉”③。马落崖“在治南五里，唐狱吏王昌过之，泸南计事夜过，马乘之疾如飞……”④又如光绪《腾越州志·古迹》记载，腾越龙马窝在“城西十里，昔人见雾中有物（龙）逐马如飞，后村中马产多骏”；龙马槽“在州北五十里，河中有石如槽，相传南诏时，有龙马在此饮水，故名⑤。笔者考察西南地区的通天神树马桑树，发现树名中的“马”就是龙，二者可以互变，马桑树就是登天之梯的传说在现实中的缩影⑥。如《湖北省保康县地名志》记载的保康县后坪镇马龙观村，“村南有两条山岭，一状若奔马，一状若游龙。传说，早年此地有龙和马经常下山到河边吃珍珠，后来此地修建玉皇庙，以降龙伏马，龙马遂化为两条山岭，玉皇庙又名‘马龙庙’。村以庙名”⑦。又如《湖北省松滋县地名志》记载的松滋市盘古山，“传说山上原有天梯登天，乃盘古开天之地”；松滋市求雨岗，“传说天大旱，人们在此岗求雨，故名”⑧。

---

① 湖北省兴山县地名领导小组．湖北省兴山县地名志［G］．1982：106.

② 贵州省岑巩县人民政府．贵州省岑巩县地名志［G］．1987：122.

③ 方国瑜．云南史料丛刊（第六卷）［M］．昆明：云南大学出版社，2000：210.

④ 出自明代正德年间熊相纂修的《四川志·黎州宣抚司·土产·山川》，四川大学图书馆依原刻钞本于 1961 年 5 月影钞，笔者查于西南大学历史学院资料室。

⑤ ［清］屠述濂．腾越州志（光绪）·古迹［M］．台北：成文出版社，1967：43.

⑥ 黄权生．马桑树传说建木考［J］．湖北民族学院学报（哲学社会科学版），2005，23（4）：21-26.

⑦ 湖北省保康县地名领导小组办公室．湖北省保康县地名志［G］．1982：117.

⑧ 湖北省松滋县地名领导小组办公室．湖北省松滋县地名志［G］．1983：604.

在云南省弥勒市红万村彝族祭祀火神的过程中，火神的“卫士”，即巫师的坐骑（用竹篾扎成，用纸裱糊并彩绘，用粽叶装饰马毛、马鬃的两匹神马）是祭火活动的关键神物，是火神的飞龙马，马背长翅膀，独来独往①。可见，马在西南地区仍为通天神兽，是上天的重要媒介。

唐宋时期，群众惜马、爱马、护马、敬马，视马为家族的重要成员……那时，马是百姓生产生活中必不可少的工具，是重要的生产力，他们将马视为不可侵犯之物，甚至杜撰出神马、马神之类的偶像加以供奉，继而形成若干护马、敬马、拜马的民俗古规②。弥勒市红万村彝族祭祀火神的前一天是农历二月初二，彝族人认为这一天是法定的祭龙日，而这个神是密枝神（龙），是管牛马的神，祭祀之物为白羊、白鸡。他们在祭龙山的龙树下祭祀，其祭词云：“今天我们来祭，来祭吉祥龙，这是吉祥龙，这是平安龙，是我们的寨龙，最能保庄稼。龙是护牲龙，龙是供灵龙，龙是秋实龙，龙是护家龙。祭龙使粮丰，祭龙使水盈，祭龙壮耕牛，祭龙肥驮马。”③祭词里所说的龙是彝族人的保护神，具有明显的图腾崇拜，龙是管牛马的神，马为通天神兽，现实中的马和通天的马已经完全分离。该地区的重要交通工具仍为马匹，而马作为龙的图腾原型基本被龙取代，马只剩下通天的功能。纳西族用马送亡灵，马叫“惊马”，送亡灵时，由丧家牵出两匹马，一匹供亡灵骑，另一匹驮亡灵生前用品。祭司东巴用热水淋马头，马遂作惊状，象征亡灵已骑上马背，接着东巴的助手在马头上撒一撮白面，然后所有人躬身大喊“请您上马，慢慢去吧，放心去吧”④。纳西族用马送亡灵，认为马是送亡灵到祖先之地的媒介，寓意为马与祖先相伴。今天西南地区一些民族仍以马为图腾，如阿昌族一些村寨以“喇米扬”（马）为图腾⑤。白族以白马为图腾，傈僳族一些村寨以马为图腾⑥。可见，西南地区马图腾信仰非常多，但是相比龙图腾信仰则要少，人们认为龙是管马的神，人回到祖先之地需要马的引导，故马是龙的图腾原型可能性最大。

---

① 葛永才．火祭［J］．中国西部，2007（1）：49.

② 石裕祖．云南民族舞蹈史［M］．昆明：云南大学出版社，2006：114.

③ 蒋剑．密枝祭祀［J］．中国西部，2007（1）：38-45.

④ 和少英．逝者的庆典——云南民族丧葬［M］．昆明：云南教育出版社，2000：75.

⑤ 李国文．通向彼岸的桥梁——云南民族宗教信仰［M］．昆明：云南教育出版社，2000：30.

⑥ 何星亮．中国图腾文化［M］．北京：中国社会科学出版社，1992：46.

八、龙马祥瑞与国家认同

全国各地都有与龙马相关的地名和传说。其中，四川、云南、贵州的“神马”都体现了边疆地区对中央王朝的认同。神马也为水马，人们将水马、神马、龙马、马龙归为一类。如《山海经·北山经》记载，水马“求如之山……滑水出焉，而西流注于诸毗之水。……其中多水马，其状如马”①。马与水相伴生，《黔书·续黔书·黔记·黔语》指出，水马与水的关系是“马之生于水”。

> 在养龙司，去贵阳百里，壤接于乌江，盖以马而得名。其事见于明臣宋濂《天马赞》。曰：“西南夷自昔出良马，而产于罗鬼国者尤良。或云罗鬼疑即古之鬼方。其地有养龙坑，在两山中，泓停奫深，开阖灵气，而蛟龙实藏其下。当春日始和，物情酣畅，土人立柳坑畔，则牝马之贞者系之，已而，云雾晦冥，咫尺不能辨色类，有物蜿蜒上与马接，盖龙云。逮天色开霁，视马旁之沙有龙迹者，则与龙遇。谨其刍茭而节宣之，既产，必获龙驹兮……”臣濂稽诸载籍，汉之元鼎有神马，出渥洼水中，马之生于水者，尚矣。养龙之说，虽相传于土人，要当为不诬也……赞曰：“天马四荧，蛟龙开，灵泓澄，神马生。……唐明皇时，灵昌郡得异马于河，龙鳞、虺尾、拳毛、环目、肉鬣，居帝闲二十年，后西牵至咸阳，马入渭水化为龙，盖亦类是矣。”②

贵州地方志《黔书·续黔书·黔记·黔语》记载的“养龙坑”中的龙与马可以结合生龙驹。龙马互变是否真实已经不重要，《黔书·续黔书·黔记·黔语》的作者引用明代宋濂的《天马赞》，回顾了汉唐时期有关“天马”的历史。四川、云南、贵州都生“神马”“黄龙”等祥瑞之物，这是地方对国家认同的表现。黔地成省时间较迟，但对国家的认同还是非常清晰明了的。以祥瑞之物命名地方政区，如晋设护龙县，其作用和意义是一样的。《白虎通义》曰：“天下太平，符瑞所以来至者，以为王者承天顺理，调和阴阳。阴阳和，万物序，休气充塞，故符瑞并臻，皆应德而至。”③其中，黄龙和白马（神马）都是祥瑞之物。《瑞应图》

---

① 袁珂．山海经校译［M］．上海：上海古籍出版社，1985：57.

② 罗书勤．黔书·续黔书·黔记·黔语［M］．贵阳：贵州人民出版社，1992：57-59.

③ ［唐］欧阳询．艺文类聚·祥瑞［M］．汪绍楹，校．上海：上海古籍出版社，1982：1693.

曰：“黄龙者，四龙之长，四方之正色，神灵之精也。能巨细，能幽明，能短能长，乍存乍亡，王者不漉池而渔，则应和气而游于池沼。”①在古人眼里，黄龙为祥瑞之物，晋泰始九年（273年），有黄龙两次出现在利慈县，由此朝廷改之为护龙县。《孝经援神契》曰：“德至水泉，则黄龙见者，君之象也。”②在古人眼里，黄龙是君王有德的表现。龙为神物，民间最具象的代表就是马，而水马、龙马、神马是可以变化的，帝王、神仙或者英雄可以乘龙马，龙马因此成为帝王、神仙、英雄上（登）天的坐骑，是通天的重要工具。《瑞应图》曰：“玉马者，王者清明尊贤则至。”“玉泽马者，师旷时来。”“王者顺时而制事，因时而治道，则来。”“腾黄者，神马也，其色黄，王者德御四方则至。”“乘黄，王者舆服有度则出，騕褭者，神马也，与飞兔同，以明君有德则至也。”③玉马可能是白马，白马是升天的媒介，古人认为借助白马可以与天神沟通。

黄色为帝王专用颜色，故龙或马为黄色，自然是祥瑞和政治地位的象征。事实上，我国西南地区有竹子生人和木头生人的传说，如《华阳国志·南中志》记载的“触沉木感而有娠”的传说。

> 永昌郡，古哀牢国。哀牢，山名也。其先有一妇人，名曰沙壶，依哀牢山下居，以捕鱼自给。忽于水中触有一沉木，遂感而有娠。度十月，产子男十人。后沉木化龙出，谓沙壶曰：“若为我生子，今在乎？”而九子惊走。惟一小子不能去，陪龙坐，龙就而舐之。沙壶与言语，以龙与陪坐，因名曰元隆，犹汉言陪坐也。沙壶将元隆居龙山下。元隆长大，才武。后九兄曰：“元隆能与龙言，而黠有智，天所贵也。”共推以为王。时哀牢山下复有一夫一妇，产十女，元隆兄弟妻之，由是始有人民。④

随着该神话的流传，当地人们逐渐认为木可化龙，以说明该地的祖先为龙，龙化（传）人，可体现该族群的高贵地位。元隆被推举为王，说明地方首领为了提高身份而自称为龙，这显然受到“龙为天子”神话传说或龙图腾文化的影响。统治者能够拥有绝对的话语权，通过制造有关自己族别或祖先的传说，可以提高身份和地位，为自己的统治找到合法性。

在神马为龙、马生水中、马可化龙的传说中，龙亦为马。“图腾分类并不像科学分类那样考虑事物的差异，因为它所遵循的是神话思维的类比逻辑”⑤。

---

① ［唐］欧阳询．艺文类聚·龙［M］．汪绍楹，校．上海：上海古籍出版社，1982：1703.
② ［唐］欧阳询．艺文类聚·龙［M］．汪绍楹，校．上海：上海古籍出版社，1982：1704.
③ ［唐］欧阳询．艺文类聚·龙［M］．汪绍楹，校．上海：上海古籍出版社．1982：1714.
④ ［东晋］常璩．华阳国志校注［M］．刘琳，注．成都：巴蜀书社，1984：424.
⑤ 叶舒宪．中国神话哲学［M］．西安：陕西人民出版社，2005：327.

《随巢子》云“夏后之兴，方泽出马”，西南地区的马与龙有生于水这一共同的习性，故《黔书·续黔书·黔记·黔语》记载的养龙坑中的马为“水马”[①]。民间认为，马既有水性又有龙性。湖北省丹江口市谚语云：“牛过江，马过海，驴子过河摆三摆。”[②]湖北省宜城市谚语云：“牛过江，马游海，驴子下水摆三摆。”[③]在中国传统文化中，龙马一体，马可以游海，龙性和水性十足。《东观汉记》记载：“吴汉伐蜀，战败堕水，缘马尾得出。”[④]《世说新语》曰：“刘备之初奔刘表，屯于樊城，表左右欲因会取备。备觉，如厕便出，所乘马的卢，走堕襄阳城西檀溪水中，溺不得出，备急，谓的卢曰，‘今日厄，可不努力’。的卢达备意，踊三丈得过。”[⑤]《周礼·夏官》曰：“马八尺以上为龙，七尺以上为騋，六尺以上为马。”[⑥]在古人眼里，八尺以上为龙，龙为水神，自然不怕水。在中国传统文化体系中，龙马和马龙都能习水理水，兴云布雨，故龙马与马龙都是神马。

中国西南地区的民族群体主要有氐羌系统、百越系统、百濮系统，早在先秦时期，西南地区便兴起崇龙之风，而龙对西南地区影响极深[⑦]。龙与马可以交配，龙与马可以互生，马实为西南远古民族龙崇拜中现实的动物图腾。养马之地即为养龙之地，马可入水为龙，龙马互变体现了西南地区特殊的地理环境。西南地区拥有大量盆地、坝子、河谷作为农耕地区，农耕地区四周则为少数民族游牧区，到清末还是以畜牧业为主。故《凉山彝族奴隶社会》认为，少数民族的畜牧业在农业生产中的比例为60%～70%。而西南地区茶马古道上的贸易一直在不间断地进行，由此可知马的重要性，这也为有关神马的神话传说的出现提供了良好的土壤，相比北方，该地区的农耕与游牧更能交错存在，共生性更强。

《中国神话传说词典》引用《汉唐地理书钞·遁甲开山图》曰：“陇西神马山有渊池，龙马所生。”[⑧]事实上，在丝绸之路开通前，张骞出使西域，通过马匹将邛竹杖、蜀布和枸酱运输出去。中国北方草原上的马，体型高大且善于奔跑，

① 罗书勤．黔书·续黔书·黔记·黔语［M］．贵阳：贵州人民出版社，1992：240.

② 中国民间文学集成全国编辑委员会，中国民间文学集成湖北卷编辑委员会．中国谚语集成·湖北卷·丹江口谚语集［M］．北京：中央民族大学出版社，1994：185.

③ 中国民间文学集成全国编辑委员会，中国民间文学集成湖北卷编辑委员会．中国谚语集成·湖北卷·宜城县谚语集［M］．北京：中央民族大学出版社，1994：209.

④ ［唐］欧阳询．艺文类聚·马［M］．汪绍楹，校．上海：上海古籍出版社，1982：1616.

⑤ ［唐］欧阳询．艺文类聚·马［M］．汪绍楹，校．上海：上海古籍出版社，1982：1619.

⑥ 赵伯雄．周礼注疏［M］．北京：北京大学出版社，1999：866-867.

⑦ 杨正权．龙与西南古代氐羌系统民族［J］．思想战线，1995（5）：66-72.

⑧ 袁珂．中国神话传说词典［M］．上海：上海辞书出版社，1985：118.

但耐力差，而西南地区的马，体型虽小却善于翻山越岭，南北各有所长。如四川西昌地区的建昌马驰名中外，体型小而特善登山[①]。《黔书·续黔书·黔记·黔语》记载，黔地马小而习险[②]。清代檀萃所撰的《滇海虞衡志·志兽》记载："兽莫巨于象，莫有用于马，皆南土所宜。故《志兽》首之，况出自滇产，因之而不后。……南中民俗，以牲畜为富，故马独多。……马产几遍于滇，而志载某郡与某某郡出马，何其褊也。"[③]

前面讲到先秦时期，西南地区便兴起崇龙之风。林向认为，金沙江流域有着悠久的龙崇拜（如蛇、鱼、马等灵物崇拜）习俗，都认为是"龙的传人"。该地区鱼、虫、蛇、马不分，而氐羌系民族非常重视马匹，有马龙神话、鱼龙神话[④]。

中国历史学家吕思勉认为，中国最早记载的盘古化生的故事（神话）出现在佛教大量汉译之时，"其为窃此等说，加以文饰而成，形迹显然，无待辞费"[⑤]。学者认为，中国一些神话是从印度传播到中国，而西南近印度，受印度影响较早。茅盾认为，中国神话原产生在南方，而后渐渐北行[⑥]。可见，中国龙马神话可能是从中国西南传播到全国，而秦汉时期显然又吸纳了来自西北的天马信仰。西南特定的少数民族原始图腾信仰和相对封闭的自然环境，加之农耕与游牧的共生性，以及茶马古道至今不衰，我们得以保留大量有关龙马图腾这一远古文化的原始信息。

九、乘驭龙马的政治意义

龙和马同为远古英雄乘驭的神物。很多古籍记载，龙和马是远古英雄乘驭的工具，这是因为马为骑乘的交通工具，在现实中最有成为龙的可能性。《增尚书注》曰："伏羲氏王天下，龙马出河。"[⑦]《大戴礼记·五帝德第六十二》记载："黄

① ［东晋］常璩．华阳国志校注［M］．刘琳，注．成都：巴蜀书社，1984：319.

② 罗书勤．黔书·续黔书·黔记·黔语［M］．贵阳：贵州人民出版社，1992：447.

③ 出自清代嘉庆年间檀萃辑的《滇海虞衡志·志兽》，该书入选民国"云南图书馆重校刊"之《云南丛书》。

④ 林向．金沙江：中国西部龙——金沙江文化论稿之一［J］．中华文化论坛，2002（4）：13-18.

⑤ 吕思勉．先秦史［M］．上海：上海古籍出版社，1982：43.

⑥ 茅盾．神话研究［M］．天津：百花文艺出版社，1981：137-139.

⑦ ［清］张英，［清］王士祯，［清］王掞，等．渊鉴类函·马［M］．上海：上海古籍出版社，2008：516.

帝黼黻衣，大带黼裳，乘龙扆云，以顺天地之纪。幽明之故，死生之说，存亡之难。”[①]帝喾（高辛），“春夏乘龙，秋冬乘马，黄黼黻衣，执中而获天下；日月所照，风雨所至，莫不从顺”。帝尧，“黄黼黻衣，丹车白马。伯夷主礼，龙、夔教舞，举舜、彭祖而任之，四时先民治之”[②]。这些远古英雄都乘龙乘马，其中龙和马并无区别，由此可见在远古人的思想观念中，龙与马都是可以乘驭的，故“春夏乘龙，秋冬乘马”。《楚辞·离骚》记载：“步余马于兰皋兮，驰椒丘且焉止息。……饮余马于咸池兮，总余辔乎扶桑。……为余驾飞龙兮，杂瑶象以为车。……麾蛟龙使梁津兮，诏西皇使涉予。……驾八龙之婉婉兮，载云旗之委蛇。”[③]正如《离骚》所说，（屈原）时而乘马，时而驾龙，这说明龙与马均为乘驭的神物，是同类。“马”的上古音与“龙”的上古音相同，则马即龙，并非近似龙形[④]。而帝王乘驭龙马是身份和地位的象征。

图腾文化是人类早期混沌未分时产生的一种文化现象[⑤]。龙马相混而同类，对此《周礼·夏官》曰：“庾人掌十有二闲之政教，以阜马，佚特，教駣、攻驹及祭马祖，祭闲之先牧及执驹、散马耳，圉马。正校人员选，马八尺以上为龙，七尺以上为騋，六尺以上为马。”[⑥]在古人眼里（实际上是春秋战国甚至秦汉时期），好马的标准是八尺以上，这类马即“龙”，或曰“龙马”。因此，龙马并非普通的马，是马的优良者，是帝王或神仙乘驭的专属品种。

例如《湖北省公安县地名志》记载的公安县天子庙，“明惠帝朱允炆路经黄雀寺，夜宿并留有诗文，改为天子庙”[⑦]。明惠帝被赶下台后，相传全国各地都有其“龙迹”。又如《湖北省随县地名志》记载的随县歪龙山，“传说，明惠帝被朱棣赶下台后，隐姓埋名在此修庙为僧（庙址尚存），故名”[⑧]。明惠帝是被赶下台的天子，只能是“歪龙”。在龙的种类中，白马或白龙为极品。如《湖北省京山县地名志》记载的京山县（现京山市）牵龙台，“传说大洪山白龙池跑出一条龙，被祖师爷牵去，故名”[⑨]。又如《湖北省恩施县地名志》记载的恩施市骑龙坝，“村北有一座白龙山，南面有一座人山，两山由一坝相连，称人山牵白

---

① 黄怀信．大戴礼记汇校集解·五帝德第六十二［M］．北京：中华书局，2008：731-732.

② 黄怀信．大戴礼记汇校集解·五帝德第六十二［M］．北京：中华书局，2008：748-751.

③ ［战国］屈原．楚辞［M］．林家骊，注．北京：中华书局，2010：12-31.

④ 岳珍．马龙：蚕的化身——中国龙原型试探［J］．中国文化研究，2003（2）：103-110.

⑤ 何星亮．中国图腾文化［M］．北京：中国社会科学出版社，1992：22.

⑥ 赵伯雄．周礼注疏［M］．北京：北京大学出版社，1999：866-867.

⑦ 湖北省公安县地名委员会办公室．湖北省公安县地名志［G］．1984：165.

⑧ 湖北省随县地名领导小组．湖北省随县地名志［G］．1984：780.

⑨ 湖北省京山县地名领导小组．湖北省京山县地名志［G］．1981：40.

龙，有骑上之意，故名”[①]。又如《湖北省枝江县地名志》记载的枝江市白马垱，“相传三国时，刘备骑白马在此垱喝水”[②]。又如《湖北省远安县地名志》记载的远安县金桥村，“传说人们在此沟修建一座石拱桥，封拱时鲁班骑一匹白马路过，协助封拱，桥建成鲁班和白马不见影踪，建桥人感到惊奇，故称金桥，后演变为金桥村”[③]。据鄂西和三峡地区传说，鲁班为木匠的祖师爷，所骑白马是自己用木头做的“木马”。故三峡谚语云：“鲁班师傅道法大，早出晚归骑木马。”[④]在民间，只要与马相关之物都具有龙性。如《四川省巫溪县地名录》记载的巫溪县龙王乡，“相传刘秀坐骑马蹄在此被王莽射中，故名”[⑤]。帝王乘龙马的传说较多，神仙或帝王所骑之马，自然是“龙马”。

天子为龙种，其驾驭或骑乘的马自然也为“龙马”或“天马”，具有神性或排他性。如《湖南省澧县地名录》记载的澧县王家厂镇白马庙，“传说汉高祖坐骑白马过境。死后，村民在此建庙供像祭之，取名白马庙”[⑥]。《中国神话传说词典》引用《汉唐地理书钞·遁甲开山图》曰：“陇西神马山有渊池，龙马所生。”[⑦]神马即龙马，龙马可以交配。《瑞应图》曰：“龙马者，仁马，河水之精也，高八尺五寸，长颈，胳上有翼，傍垂毛，鸣声九音，有明王则见。”《一本》曰：“王者不诛（马），则龙马、乘黄、泽马、朱髦并集。”[⑧]《潜确类书》引用《瑞应图》曰：“龙马者，神马也，河水之精。高八尺五寸，长颈，胳上有翼，旁有垂毛，鸣声九音，有明王则见。”[⑨]《潜确类书》将《瑞应图》中的“仁马”改为“神马”。《汉书·礼乐志》指出：“吾知所乐，独乐六龙，六龙之调，使我心若。訾黄其何不徕下？”应劭注云，“易曰：‘时乘六龙以御天。’武帝愿乘六龙，仙而升天，曰：‘吾所乐独乘六龙然，御六龙得其调，使我心若’”。应劭注又云，“訾黄一名乘黄，龙翼而马身，黄帝乘之而仙。武帝意欲得之，曰：‘何不来邪？’”[⑩]

---

① 湖北省恩施县地名办公室．湖北省恩施县地名志［G］．1984：91．

② 湖北省枝江县地名领导小组．湖北省枝江县地名志［G］．1982：117．

③ 湖北省远安县地名领导小组．湖北省远安县地名志［G］．1982：26．

④ 鄂西土家族苗族自治州民族事务委员会，鄂西土家族苗族自治州文化局．鄂西谚语集［M］．成都：四川民族出版社，1993：349．

⑤ 四川省巫溪县地名领导小组．四川省巫溪县地名录［G］．1982：95．

⑥ 湖南省澧县人民政府．湖南省澧县地名录［G］．1983：162．

⑦ 袁珂．中国神话传说词典［M］．上海：上海辞书出版社，1985：118．

⑧ ［清］张英，［清］王士祯，［清］王掞，等．渊鉴类函·马［M］．上海：上海古籍出版社，2008：515．

⑨ 袁珂．中国神话传说词典［M］．上海：上海辞书出版社，1985：118．

⑩ ［东汉］班固．汉书·礼乐志［M］．［唐］颜师古，注．北京：中华书局，1962：1059-1060．

显然，现实中的汉武帝只能乘马，但在帝王思想中，其搜罗各种好马，如西北之“天马”（汗血马），并将之视为“龙种”或“神马”，同样可以彰显其作为天子、龙种的特殊身份。唐代，乘马是贵族的一种特权，政府甚至禁止工匠和商人乘马，因为马是一种贵族动物，它对主人具有实用价值，还具有特殊地位且被赋予奇异的品性，是超凡脱俗的，被打上了来自神种的烙印[①]。在汉武帝眼里，贵族乘普通的马，而其作为四海之主，可乘“天马”或“龙马”。

在中国传统文化中，普通百姓是不能轻易骑马的，如湘西土家族谚语云：“只准官家骑马，不准百姓盖瓦。”[②]普通百姓严禁骑马，因为马是身份和地位的象征，具有龙性，是龙图腾的象征。《尚书中候》曰：“舜沉璧于河，荣光休至，黄龙负卷舒图，出入坛畔。又曰，‘河龙图出，洛龟书威。赤文像字，以授轩辕’。”[③]在古人的龙崇拜文化中，龙即马，马即龙，马成了龙图腾最重要的现实参照物。

前文说过，马可祈雨、通天，龙马互变，马具有龙的灵性和神性。而马图腾可能融合了蛇、鱼、虎、羊、猪、狗、熊、鸟等图腾和植物崇拜，以及其他自然崇拜。从新石器时代到春秋战国，再到秦统一六国，龙图腾形象基本成形。

《人类的方向》指出，“如有新事物出现，便被简单地插入原有类目的某一类中去。当欧洲航海者来到澳洲时，土著人便将新来者归类到某一图腾群集。新因素的出现并不需要重新安排已有的图腾分类图式，这个图式是松散开放的，足以使任何新的对象组合到自身中去”[④]。这个过程并非固定不变的确定形态，而是综合其他图腾的变相（形）的神图腾。我们不要以现代人的思维看问题，因为“原始人不管这些，他们的生命观是综合的，而不是分析性的……在不同的生命领域之间没有不可逾越的界限。没有什么东西具有固定不变的确定形态。所有事物都可以在瞬间变形的过程中转化为其他事物。如果说神话世界有什么突出特征，如果说它有什么支配法则，那就是这种变形的法则”[⑤]。叶舒宪认为，“图腾分类并不像科学分类考虑事物的差异，因为它所遵循的是神话思维的类比逻辑”[⑥]。龙图腾形象融入其他图腾形象非常

① ［美］谢弗．唐代的外来文明［M］．吴玉贵，译．北京：中国社会科学出版社，1995：136-137．

② 中国民间文学集成全国编辑委员会，中国民间文学集成湖南卷编辑委员会．中国谚语集成·湖南卷［M］．北京：中央民族大学出版社，1995：529．

③ ［唐］欧阳询．艺文类聚·龙［M］．汪绍楹，校．上海：上海古籍出版社，1982：1703．

④ ［美］皮科克，［美］基尔希．人类的方向［M］．新泽西：普伦蒂斯-霍尔出版社，1980：142．

⑤ ［德］卡西尔．论人：人类文化哲学导论［M］．康涅狄格：耶鲁大学出版社，1944：81．

⑥ 叶舒宪．中国神话哲学［M］．西安：陕西人民出版社，2005：327．

简单，任何特质的图腾都可以融入龙图腾之中。中华文化融合了各个时期活动在中国历史上各个民族的文化，甚至印度、西亚等外来文化，但是其最根本的文化没有变，只是丰富了中华文化的内涵。龙作为复合的华夏图腾，遵循的是神话思维的类比逻辑，是游牧、农耕、渔猎文化融合的结果，无论何种生产方式或民族，在数千年历史长河中，马是最重要的生产力。马是国家统一和民族强盛的前提条件，是数千年文明不断延续的动力，是民族的保护神，是龙图腾原型最重要的本源之一。

《中国神话传说词典》引用《水经注·河水》曰："汉武帝闻大宛有天马，遣李广利伐之，始得此马，有角为奇。……胡马感北风之思，遂顿羁绝绊，骧首而驰。晨发京城，夕至敦煌北塞外，长鸣而去，因名其处曰'候马亭'。今晋昌郡南，及广武马蹄谷盘石上，马迹若践泥中，有自然之形，故其俗号曰'天马径'。"[①] 天马（龙马）与骏马是有区别的，天马是被神化的马，具有通神的能力，能飞、能祈雨、能变化，等等。

重庆市巫山县平和乡起阳村马鞍山有一传说，相传一匹神马拉着两座大山往东海去，最后力竭而死，故两座大山停留在这里，马化成两山间的峡谷，而峡谷一侧的大石头上留有两个大马蹄印。巫山县平和乡起阳村马鞍山马碲印如图 5-4 所示。

图 5-4　巫山县平和乡起阳村马鞍山马碲印（黄权生摄）

另有秦始皇用鞭赶马拉山的传说，如《长阳县地名志》记载的长阳县磨市镇一支土，"传说是秦始皇赶山填海掉的一框土，故名"[②]。又如《四川省奉节县地名录》记载的奉节县大洪山，"传说，秦始皇赶山填海，此山未赶走，并受封，昔称大封山，音衍今名"[③]。秦始皇驾驭的马自然是龙马，秦始皇赶马拉山的传说与西南地区神马（龙马）传说的背景是分不开的。西陵峡谚语云：

① 袁珂．中国神话传说词典［M］．上海：上海辞书出版社，1985：69.

② 湖北省长阳县地名领导小组办公室．长阳县地名志［G］．1982：416.

③ 四川省奉节县地名领导小组．四川省奉节县地名录［G］．1988：90.

“鲁班打洞九十九，观音做鞋差一双，始皇赶山南津关。”[①]秦始皇驾驭龙马或神马赶山的传说，表明龙马所及，皆为王土，皆为龙脉所达之地。正如《吕氏春秋》所载：“普天之下，莫非王土；率土之滨，莫非王臣。”[②]这种大一统思想，也是龙脉迁徙的思想基础。秦始皇驾驭神马赶山，显然是大一统政治文化和政治思想的体现。

湖北省当阳市有一个叫“箍睡岭”的传说：西北发大水，崇山峻岭挡住河道，河水泛滥成灾，正好秦始皇把山赶出了河道，大水消退[③]。又如《四川省奉节县地名录》记载的奉节县石乳关，“相传两千年前，秦始皇统一中国时，曾在此关设阵鏖战，山壁的放马场上有插马鞭和秦始皇仰卧的痕迹”[④]。学者陈兆复研究《水经注》时指出，该书提到的岩画，题材范围也很广泛，包括各种动物形象，如虎、马、羊、牛、鸡等[⑤]。四川省珙县僰人悬棺岩画多马、狗等动物，马最多，有60多匹，其次是狗7只、雀鸟4只、猪2头、牛1头、虎豹各1只[⑥]。笔者于2003年曾在四川省珙县考察与马相关的岩画。四川省珙县僰人悬棺岩画如图5-5所示。

图5-5 四川省珙县僰人悬棺岩画
（陈兆复供图）

地名传说承载着龙马、马龙、白马、水马、天马和神马的信息，说明各种“龙马”都具有龙的特性。龙能上天下地，能兴云布雨，能变化，具有灵性和神性，其中龙马为帝王和神人专属，是龙的

① 鄂西土家族苗族自治州民族事务委员会，鄂西土家族苗族自治州文化局．鄂西谚语集［M］．成都：四川民族出版社，1993：367．

② ［战国］吕不韦．吕氏春秋全译［M］．关贤柱，廖进碧，钟雪丽，译．贵阳：贵州人民出版社，1997：451．

③ 蔡建国，王友兵．中国民间故事全书：湖北·当阳卷［M］．北京：知识产权出版社，2007：188．

④ 四川省奉节县地名领导小组．四川省奉节县地名录［G］．1988：457．

⑤ 陈兆复．中国岩画发现史［M］．上海：上海人民出版社，2009：31．

⑥ 黄华良，李诗文．悬崖上的民族·僰人及其悬棺［M］．成都：巴蜀书社，2006：174．

化身，在国家和地方文化中，体现国家意志和思想。

十、“马化龙”与“龙脉”之说

中国的龙脉文化十分兴盛，通常有所谓风水地脉和龙脉之分。其实龙脉即风水，是风水地脉的一种。如《湖南省溆浦县地名录》记载的溆浦县断龙坑，“村附近有一山势（龙脉）到此地被五溪河阻断，故名断龙坑”[①]。又如《湖南省芷江县地名录》记载的芷江县龙山坪，“过去有一位地理先生测地，说此地是龙脉之地，故名”；芷江县玉冲村，“村居山冲，村旁有一座山形似龙，据说原风水好，后来山上修庙，把‘龙’淤了，因‘玉’与‘淤’音近，故演化为现名”；芷江县龙公塘村，“村旁地形似塘，据说原有一位老地理先生测地‘理龙’到此，却不知‘龙脉’去向，故名”[②]。又如《湖南省沅陵县地名录》记载的沅陵县挖断井村，“相传，村旁原有一口水井，水源旺盛，后因‘龙脉’被人挖断，井水干涸，故名挖断井”[③]。又如《湖南省溆浦县地名录》记载的溆浦县思蒙乡血里坳，“传说有一位卢大人在溆浦做官，不让此地出能人，其命令地理先生斩断此坳‘龙脉’。‘龙脉’被斩断后，血流数里，故名血里坳”[④]。以上所说龙脉之地，是普通地方的风水之地，是地方或家族利益十分重视的地方。如《湖南省桃源县地名录》记载的桃源县盘塘，“原名盘龙桥。相传此地有猫猫、拱拱、长角、灯笼、爷爷五座小山，如龙盘踞，南有石拱桥，桥头竖有‘盘龙’石刻，故称‘盘龙桥’。民国初，当地董、高两大宗族，互争龙脉，高姓在桥边挖一个水塘（朱木堰），以护龙脉，故名盘塘桥，简称盘塘”[⑤]。又如《湖北省远安县地名志》记载的远安县河口乡红水堰，“相传以前修堰将龙脉挖断，流出红水，故名”[⑥]。又如《来凤土家族自治县地名志》记载的来凤县大河乡挖断山，“传说有一户鞠姓人家住在此地，虽然富有，但很吝啬，村民非常痛恨，于是动手挖山，挖断了龙脉，从此鞠家衰败破产”[⑦]。传说破坏龙脉，可以使家族或地方衰败。

---

① 湖南省溆浦县人民政府．湖南省溆浦县地名录［G］．1983：122.

② 湖南省芷江县人民政府．湖南省芷江县地名录［G］．1982：157，184，197.

③ 湖南省沅陵县人民政府．湖南省沅陵县地名录［G］．1983：285.

④ 湖南省溆浦县人民政府．湖南省溆浦县地名录［G］．1983：15.

⑤ 湖南省桃源县人民政府．湖南省桃源县地名录［G］．1982：54.

⑥ 湖北省远安县地名领导小组．湖北省远安县地名志［G］．1982：53.

⑦ 湖北省来凤土家族自治县地名办公室．来凤土家族自治县地名志［G］．1983：425.

在地方利益争夺中，人们也常以龙脉作为攻击竞争者的手段。如《湖北省五峰县地名志》记载的五峰县皇田村，“传说有一户唐姓人家自黄粮溪开沟引水灌田，李姓人家以‘斩断清廷龙脉’为由，上告宜昌府，官府判决将灌溉之田充公，每年向皇帝交稞 4 斗，人们称此田为皇田，村由此得名”[①]。此处地方官员，善于断案，将争夺的田地收归国有，作为“皇田”，避免了更大的纠纷和影响。在传统风水学中，青龙、白虎之地是龙脉之地。故三峡葬俗谚语云：“青龙压白虎，代代做知府。”[②]可见，龙脉之争是家族利益争夺或地方利益争夺的手段之一。

保护龙脉是维护地方利益的表现。如《湖南省辰溪县地名录》记载的辰溪县禁山垴，“从前沿山脊之树已成龙脉，严禁任何人砍伐，村建其地，亦得其名”[③]；辰溪县晒谷垴，“明代以前，此地古树幽深，形成龙脉，村民禁伐，得名禁山。清初建村，村前山垴地高向阳，辟有一大坪，附近村民皆在此晒谷，故名”[④]。又如《湖南省古丈县地名录》记载的古丈县龙吉寨，“从前山上龙脉被人挖断，为防不祥，取名龙吉寨”[⑤]。地方龙脉之争，是地方利益之争的表现，因为涉及国本，所以是重要之事。

古人认为，一个国家只能有一位天子，如果一个地方的龙脉有天子气，必然受到破坏。如《湖北省保康县地名志》记载的保康县天子坪村，“旧时有一位地理先生测地，说此地将出天子，故名”[⑥]。又如《湖北省枝江县地名志》记载的枝江市断山垭，“传说这里要出真命天子，官府派人把山脉挖一个垭口，于是把山脉挖断了，故名”；枝江市紫荆岭村，“白洋背后太保场要出天子，准备在此建紫禁城”[⑦]。又如《湖南省芷江县地名录》记载的芷江县天子坡，“村居小溪左侧坡腰，传说从前有一位地理先生测地，说此地是好龙脉，乃天子出生之地，故名”[⑧]。白马（龙）之地，即龙脉之地，是神仙或帝王专有之地。如《湖北省黄梅县地名志》记载的黄梅县西池乡，“传说，有一位风水先生说此地为‘白马’之地，故名”[⑨]。又如《湖北省房县地名志》记载的房县白马洞，“传说有一位仙姑骑白马奔入山洞，

① 湖北省五峰县地名领导小组．湖北省五峰县地名志［G］．1982：57.

② 鄂西土家族苗族自治州民族事务委员会，鄂西土家族苗族自治州文化局．鄂西谚语集［M］．成都：四川民族出版社，1993：367.

③ 湖南省辰溪县人民政府．湖南省辰溪县地名录［G］．1982：68.

④ 湖南省辰溪县人民政府．湖南省辰溪县地名录［G］．1982：218.

⑤ 湖南省古丈县人民政府．湖南省古丈县地名录［G］．1982：16.

⑥ 湖北省保康县地名领导小组办公室．湖北省保康县地名志［G］．1982：26.

⑦ 湖北省枝江县地名领导小组．湖北省枝江县地名志［G］．1982：141，286.

⑧ 湖南省芷江县人民政府．湖南省芷江县地名录［G］．1982：110.

⑨ 湖北省黄梅县地名领导小组办公室．湖北省黄梅县地名志［G］．1985：265.

故名”[①]。仙姑骑白马，白马即仙马、神马，是马之贵者，也是龙之尊者。又如《湖南省泸溪县地名录》记载的泸溪县白马坪，“传说有人在此坪看到一匹白色仙马，故名”[②]。又如《湖南省黔阳县地名志》记载的黔阳县白马脚，“村居沅河坎上，相传古时有一匹白色神马在此留下脚印”[③]。神马之地即极佳的龙脉之地。

中国民间与龙马相关的地名非常多，这些地方尤其是山脉河流往往为龙脉之地。如《四川省云阳县地名录》记载的云阳县马龙洞，“传说古时有一匹龙马在洞里饮水，故名”[④]。又如《湖北省宣恩县地名志》记载的宣恩县龙马山，“因山形似一匹骏马，故名”[⑤]。又如《湖南省泸溪县地名录》记载的泸溪县马龙头，“村旁两山相对，一山似马头，一山似龙头，故名马龙头。包括当坡、庵堂边、中寨三村”[⑥]。又如《湖北省鄂城市地名志》记载的鄂城市（现已撤销）马龙口，“此地有两座山，一座像马，一座像龙，此村位于两山相连处鞍部，故名马龙口”[⑦]。又如《湖南省保靖县地名录》记载的保靖县龙马嘴，“此地北山似龙，南山似马嘴，故名”[⑧]。又如《湖北省恩施县地名志》记载的恩施市龙马村，“相传500年前有人迁居于此，开荒种地。但所种蔬菜经常被盗，后来发现是一匹白马在夜晚偷吃了。于是邀人追捕，追到离现在驻地约四百米的龙王塘时，白马便消失在塘中。人们说该白马是水中之龙，故将此地取名龙马”[⑨]。又如《湖北省利川县地名志》记载的利川市马栏溪，“双龙溪水，称谓‘龙马’栏溪，故名”[⑩]。显然龙马出现的地方便是龙脉之地，是古代国家非常重视的地方，这是对龙和马的认同，也是对中央王朝统治的认同。在古代，龙是天子的象征，王侯将相成为帝王则是“马化龙”。《六朝事迹编类》记载，“五马亭：晋元帝与彭城王元、西阳王羕、南顿王宗、汝南王宏，南渡之后，当时谶云：‘五马浮渡江，一马化为龙。’谓此也。亭今废。其地属金陵乡，去城西二十五里，幕府山之侧”[⑪]。

“马化为龙”体现的是王侯将相到帝王的身份转换，即“马化龙”。清朝时期，

① 湖北省房县地名领导小组办公室．湖北省房县地名志［G］．1984：586.
② 湖南省泸溪县人民政府．湖南省泸溪县地名录［G］．1983：132.
③ 湖南省黔阳县人民政府．湖南省黔阳县地名志［G］．1984：174.
④ 四川省云阳县地名领导小组．四川省云阳县地名录［G］．1986：106.
⑤ 湖北省宣恩县地名办公室．湖北省宣恩县地名志［G］．1983：122.
⑥ 湖南省泸溪县人民政府．湖南省泸溪县地名录［G］．1983：80.
⑦ 湖北省鄂城市地名领导小组．湖北省鄂城市地名志［G］．1981：323.
⑧ 湖南省保靖县人民政府．湖南省保靖县地名录［G］．1982：133.
⑨ 湖北省恩施县地名办公室．湖北省恩施县地名志［G］．1984：129.
⑩ 湖北省利川县地名领导小组办公室．湖北省利川县地名志［G］．1984：5502.
⑪ ［南宋］张敦颐．六朝事迹编类·楼台门［M］．南京：南京出版社，2007：59.

南京还有一个五马渡口。《金陵杂志·金陵杂志续集》记载："晋元帝与彭城王，有'五马渡江，一马化龙'。本有亭，今废。在幕府山。"[①]

民间有秦始皇挖掘江南龙脉的传说。秦汉时期江南之地又曰秦淮之地，《广志绎·两都》记载："秦始皇以望气者之言，凿钟阜，断长垅，以泄王气，故名秦淮。"[②]在风水家眼里，这也是江南难以定都成大业的原因。晋元帝到江南定都，而江南王气被秦始皇泄掉了，于是"五马渡江，一马化龙"，这样便将王气连接起来。也可以说"五马渡江，一马化龙"是龙脉的迁移，是统治者寻找正统的理由。

在民间文化中，龙脉可以通过适当方式连接起来，东晋南渡，"五马渡江，一马化龙"的传说便是龙脉连接行为的一部分。如《湖南省临澧县地名录》记载的临澧县接龙村，"相传此地是一块风水宝地。人们修桥求吉利，取名接龙桥"；临澧县石墨村，"境内一山，地理先生合为'十脉'相会之处，名十脉山，后讹称为石墨山"[③]。又如《湖南省衡山县地名录》记载的衡山县迎龙桥，"村侧有一座黄龙山，旧时人们迷信风水，为了把龙脉连接到村里，人们在溪流上修建一座石桥，取名迎龙桥"[④]。又如《湖南省靖县地名录》记载的靖县（现靖州苗族侗族自治县）回龙桥村，"在两条山岭间的小溪上有一座石拱桥，好似一座山脉回转，地理先生说此山岭为风水龙脉，故名回龙桥。村以此桥得名"；靖州苗族侗族自治县接龙桥村，"村前有一座石拱桥相接两边龙脉，故名"；靖州苗族侗族自治县落地湾村，"村后山脉，形如苍龙，蜿蜒盘旋，示意龙脉落于此地，故名"；靖州苗族侗族自治县拱撑村，"村前小溪，有一座石拱桥，相传此拱桥能使此村和中指头两地的风水龙脉活跃，故名拱撑"[⑤]。又如《湖南省溆浦县地名志》记载的溆浦县舒溶溪乡龙过桥，"传说，该桥落成时有蛇（俗名龙）从桥上爬过；又说一山形龙脉到此桥边，潜溪过，对岸又现龙脉，故名"[⑥]。明代于慎行《谷山笔麈·形势》指出："三代以前，江北繁盛，江南旷阔，汉晋以下，江南富实，江北凋敝，盖由三国、五胡之乱，兵火战争，多在江北，江北之民，大半南徙，如侨兖、侨徐等州，大抵皆其旧民移江淮之上，因而郡之，被以故名。此皆天地之运，流转无端，递相盛衰，非人力所及也。"[⑦]

---

① ［清末民初］徐寿卿．金陵杂志·金陵杂志续集·古迹志·五马渡［M］．南京：南京出版社，2013：65．

② ［明］王士性．广志绎·两都［M］．周振鹤，校．北京：中华书局，2006：211．

③ 湖南省临澧县人民政府．湖南省临澧县地名录［G］．1983：38．

④ 湖南省衡山县人民政府．湖南省衡山县地名录［G］．1982：66．

⑤ 湖南省靖县人民政府．湖南省靖县地名录［G］．1984：38，91，110，116．

⑥ 湖南省溆浦县人民政府．湖南省溆浦县地名录［G］．1983：68．

⑦ ［明］于慎行．谷山笔麈·形势［M］．吕景琳，校．北京：中华书局，1984：129．

由此可见，古代龙脉之地可以迁移。天降龙马，取龙名（马名）或用桥连接，以及帝王（真龙天子）出行，龙气（王气）或龙脉也会产生。

十一、天子与“甲马（竹马）”之说

民间认为，丧葬于龙脉之地，普通人不一定能承受，只有真龙天子才能承受。如湖北省来凤县谚语云：“老人葬在活龙口，命运小了出草寇。”① 民间出天子的龙脉之地，相关的地名传说非常多，如《湖南省汉寿县地名志》记载的汉寿县龙口村，“相传此地为南宋农民起义领袖杨幺的驻地，绿树叠翠，风景优美。人们说杨幺是‘真龙天子’。皇帝派孔彦舟带军先烧毁杨家房屋，后挖缺口引南湖水淹没屋场，后人为了纪念杨幺，故称该地为龙口”②。南宋农民起义领袖杨幺有“真龙天子”气象，但杨家屋场被破坏，便失去了夺取天下的龙脉之象。

在民间龙脉文化中，“草寇天子”即使得到龙脉之地，也没有“天命”，难以成功。如湘西怀化谚语云：“蛐蟮变龙，变起也不雄。”③ 故“草寇天子”难以成事。“真龙天子”则不同，在获得天下的时候，必然得“天命”或“天助”。如《四川省巫溪县地名录》记载的巫溪县龙王乡，“相传刘秀坐骑马蹄在此被王莽射中，故名”；巫溪县马倒坪，“相传刘秀的马中箭倒地而死，故名”④。刘秀作为“真龙天子”，所骑的马为龙，故刘秀的马被射死之地被称为龙王之地。又如《湖北省孝感县地名志》记载的孝感县（现孝感市）义井铺，“相传西汉末年，刘秀与王莽作战于此，刘秀兵败，被莽兵围困，不能脱围，秀下马避乱于井口上，马卧藕塘里，蜘蛛结网于井口上，莽兵搜寻不获，秀幸免于难。后来刘秀称光武帝建都洛阳，封井为‘义井’，藕塘为‘卧马塘’”⑤。蜘蛛结网，马卧藕塘，避免“真龙天子”刘秀被追兵发现，这就是“天助”。又如《湖北省光化县地名志》记载的光化县（现已撤销）自生桥，“相传王莽撵刘秀至此，刘秀被河所阻，叹曰：‘何不生出桥呢？’话音刚落，河上果生出桥来。因非人工所造，故名自生桥”⑥。刘秀有“天命”，

① 鄂西土家族苗族自治州民族事务委员会，鄂西土家族苗族自治州文化局. 鄂西谚语集［M］. 成都：四川民族出版社，1993：367.

② 湖南省汉寿县人民政府. 湖南省汉寿县地名志［G］. 1983：25.

③ 中国民间文学集成全国编辑委员会，中国民间文学集成湖南卷编辑委员会. 中国谚语集成·湖南卷［M］. 北京：中央民族大学出版社. 1995：32.

④ 四川省巫溪县地名领导小组. 四川省巫溪县地名录［G］. 1982：95.

⑤ 湖北省孝感县地名领导小组. 湖北省孝感县地名志［G］. 1982：284.

⑥ 湖北省光化县地名领导小组办公室. 湖北省光化县地名志［G］. 1982：50.

自然得“天助”，虽然为河所阻而无路，但河自生桥救驾。

鄂西、川东有大量关于“赵家天子”的传说。如《湖北省随州市地名志》记载的随州市乌龙巷，“传说后周时期，赵匡胤到随州看望董刺史，一天赵匡胤午睡，朗朗晴空忽然乌云翻滚，狂风肆意，继之雷电闪灼，大雨磅礴。董刺史对此天气变化诧异万分，忽见屋顶上空有一条乌龙，张牙舞爪，回旋翻覆。董刺史连忙入室，见赵匡胤仰卧在床，鼾声如雷，他一下子就明白了，赵匡胤乃乌龙临凡，日后必登皇位。后来，陈桥兵变，赵匡胤当上了皇帝。据该故事传说，随州人民将赵匡胤午睡现龙身的街巷，取名‘乌龙巷’”①。巫山博物馆收藏的龙马头如图 5-6 所示。

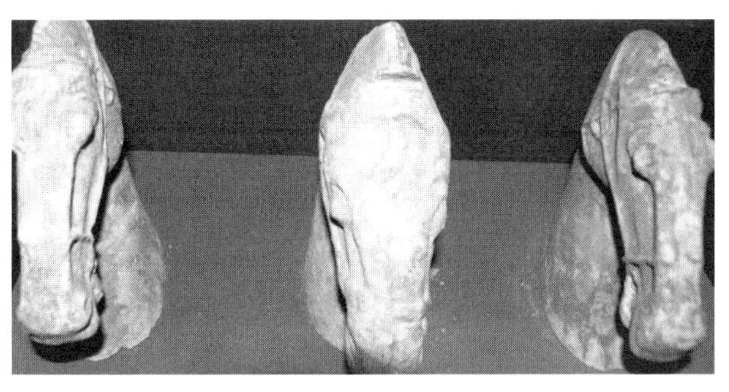

图 5-6 巫山博物馆收藏的龙马头（黄权生摄）

巫山文史专家向承彦在 20 世纪 80 年代初手抄而成《三峡奇闻》，书中记载巴东和巫山交界的天子岩岩壁上有血手印，其掌印呈赭红色，成人手掌大小，边缘清晰，左右手均有，排列杂乱。相传宋朝开国皇帝赵匡胤的母亲在此地生下他，孩子刚一落地，母亲咬断脐带，正要把孩子包裹起来时，突然岩壁摇摇晃晃，好像要倾塌，母亲用满是鲜血的双手撑住岩壁，于是血手印留在岩上，后来人们把这座岩石取名天子岩。巴东天子岩岩画——血手印如图 5-7 所示。

图 5-7 巴东天子岩岩画——血手印（陈文武摄）

例如《湖北省宜城县地名志》记载的宜城市甲马营，“传说，赵匡胤与弟弟赵匡义骑马追赶三煞（凶神），路过此地马累死，后来他们连马带甲埋于此地，故名”②。甲马，除了指代战争中的武备外，更多的是象征一种宗教和祭祀文化，即纸马，以取

① 湖北省随州市地名领导小组办公室．湖北省随州市地名志［G］．1983：47.

② 湖北省宜城县地名领导小组．湖北省宜城县地名志［G］．1982：35.

代祭祀中的真马。前面谈到契丹祭祀祖先和陆游祭祀江神都用白马，但祭祀中真马代价太大，于是用纸马即甲马替代。明代王士性《广志绎》记载“泰山香税”这一条目时写道：“士女所舍物，藩司于税赋外资为额费。夫既已入之官，则戴甲马、呼圣号、不远千里、十步五步一拜而来者，不知其为何也？”[①]王士性没有调查“甲马”的用途而“不知其为何”。《辞海》释“甲马”曰：“迷信者礼拜神佛时所用的纸马。”[②]清代虞兆漋《天香楼偶得·马字寓用》记载：“俗于纸上画神佛像，涂以红黄彩色而祭赛之，毕即焚化，谓之甲马。以此纸为神佛之所凭依，似乎马也。”《清稗类钞·物品类·纸马》记载：“纸马，即俗所称之甲马也。古时祭祀用牲币，秦俗用马，淫祀浸繁，始用禺马。唐明皇渎于鬼神，王屿以纸为币。用纸马以祀鬼神，即禺马遗意。后世刻板以五色纸印神佛像出售，焚之神前者，名曰纸马。或谓昔时画神于纸，皆画马其上，以为乘骑之用，故称纸马。”[③]民间认为，纸马能变成真马，木马（即禺马）也能上天。

传说“真龙天子”获得甲马，便能获得真人和真马的帮助，纸马、竹马、竹人即为兵马，故能得天下，“草寇天子”则不能成功。如《贵州省岑巩县地名志》记载的岑巩县岑王坡，“相传坡上曾出过‘草寇’被擒，为了请功，遂改名‘擒王’，但仍写成‘岑王’”[④]。湘西、鄂西南、贵州有关“草寇天子”的传说非常丰富。如《湖南省芷江县地名录》记载的芷江县飘扬冲，“村居山冲，据传苗民反清时，一队苗军高举义旗经此山冲，故名”[⑤]。又如《湖南省溆浦县地名录》记载的溆浦县挖断坳，“此坳似象鼻。相传，皇帝怕在此地出王叛乱，命人挖断其龙脉，故名挖断坳”；溆浦县王岭界，“传说，此山曾住过草寇寨王，故名”[⑥]。湖南省张家界有向王天子（向大坤）的传说，如《湖南省大庸县地名录》记载的大庸县止马塔，“传说向王天子起事失利，败退到此，弃马而逃，故名。又因三溪在此合流向东，有水绕四门赴佳城之说”；大庸县化旗峪，“传说向王天子败绩后，在此峪烧化战旗，故名。据《永定县乡土志》等地方志记载，向王天子为反明起事，败后，困死神堂湾”；大庸县卸甲山，“传说杨家将在此山卸甲休息，又说是向王天子在此卸甲休息，故名”[⑦]。又如《湖南省桑植县地名录》记载的桑植县向

① ［明］王士性．广志绎·江北四省［M］．周振鹤，校．北京：中华书局，1981：54．

② 辞海编辑委员会．辞海（1979 年版）［M］．上海：上海辞书出版社，1980：1672．

③ ［清］徐珂．清稗类钞·物品类·纸马［M］．北京：中华书局，2010：5998．

④ 贵州省岑巩县人民政府．贵州省岑巩县地名志［G］．1987：123．

⑤ 湖南省芷江县人民政府．湖南省芷江县地名录［G］．1982：185．

⑥ 湖南省溆浦县人民政府．湖南省溆浦县地名录［G］．1983：110．

⑦ 湖南省大庸县人民政府．湖南省大庸县地名录［G］．1982：63，98，105．

天湾，“相传南宋向王天子战死此湾，现存向王天子庙遗址可考”[①]。鄂西关于“草寇天子”——向王天子的传说也十分丰富。如《湖北省建始县地名志》记载的建始县向午村，“村有一个石洞，很早以前有一个人自称‘向王天子’，在洞里驻扎，每当午时放炮，响彻五村，故原名响五村，后来，以向王午时鸣炮演变为向午村”[②]。又如《湖北省郧西县地名志》记载的郧西县天子洼，“传说此村洼内有一户人家生了一个男孩，阴阳先生说他日后会当天子。后来被皇帝知道了，皇帝怕男孩长大夺位，便派人将男孩杀掉，故名”[③]。又如《贵州省铜仁县地名录》记载的铜仁县（现铜仁市）落箭坪，“传说杨六郎射箭落此地，故名”。该传说有另一个版本，据令婆庙凹田董村的老人讲，当地有两兄弟，其中一人落草为寇，欲称王，在山寨里藏了“千军万马”，等鸡鸣后，准备用箭射到金城（京城），将皇帝射死。他嘱咐母亲看着公鸡，待鸡鸣就喊他，他的母亲心里着急，时间还没到，鸡还没叫，便拍起了簸箕（又说误拍），家里公鸡以为其他公鸡在拍翅膀，便叫了起来，其他公鸡也跟着叫起来。于是他搭起弓箭朝京城射去，此时皇帝还没有上金銮殿，箭落到别处，落箭的地点就是落箭坪[④]。

在民间传统文化中，“草寇天子”凭借纸马、竹马、竹人不能成功，主要是因为大势不够、天命不足。如《湖北省大悟县地名志》记载的大悟县破竹林，“相传村西有一个天子坳，出天子气破了村头的竹子，故名”[⑤]。又如《湖北汉川县地名志》记载的汉川市西江乡纸马角，“相传一位道人以道法指挥纸人、纸马反抗官兵而得名，此村系纸马所过之处，于是将‘过’改为‘角’”[⑥]；汉川市巴河镇破竹垮，“传说村前竹林茂盛。忽一日，雷电交加，大雨倾盆，竹子全部破裂，飞出竹人、竹马，直上云霄，故名”[⑦]。又如《湖北省秭归县地名志》记载的秭归县西陵乡千将坪，“古时村中曾有一片竹林，每根竹子的结节有竹人、竹马，被称为‘千军万马’，故名”[⑧]。“草寇天子”想通过竹人、竹马夺取天下，但竹人、竹马是竹子做的，易破。如《鹤峰土家族自治县地名志》记载的鹤峰县炸竹坪，“相传有一个叫张号的人，不满领袖统治，出门拜师，其师传张号三支箭，并授其法，嘱咐张号将三支箭供奉于神龛闭门三年六个月，待期满之日，鸡鸣头遍，拿出三

① 湖南省桑植县人民政府．湖南省桑植县地名录［G］．1983：66.
② 湖北省建始县地名办公室．湖北省建始县地名志［G］．1983：190.
③ 湖北省郧西县地名委员会办公室．湖北省郧西县地名志［G］．1983：233.
④ 贵州省铜仁县人民政府．贵州省铜仁县地名录［G］．1986：40.
⑤ 湖北省大悟县地名领导小组．湖北省大悟县地名志［G］．1983：149.
⑥ 湖北省汉川县地名领导小组．湖北省汉川县地名志［G］．1981：261.
⑦ 湖北省汉川县地名领导小组．湖北省汉川县地名志［G］．1981：364.
⑧ 湖北省秭归县地名领导小组．湖北省秭归县地名志［G］．1982：169.

支箭朝东射去，自有人马相助。张号心切，尚差三日期满，就将箭射去，结果未伤领袖，只损其桌椅。而当时门前竹子爆炸，果然有竹人、竹马相助，但不能上阵，结果全功尽弃，后来人们取名炸竹坪”[①]。“草寇天子”不得天命，不能得天下，常言道：“命里有时终须有，命里无时莫强求。”[②]在民间传说中，“草寇天子”的失败，与其凭借的龙脉被破坏有因果关系。

民间传说中，“草寇天子”的龙脉须挖掉或用铜钉钉腰予以镇压才能将之破坏。如《四川省巫山县地名录》记载的巫山县龙柱乡两头挖，“传说该地埋人后能出天子，皇帝得知便派人把该地两头挖断，故名”[③]。又如《湖北省宜昌县地名志》记载的宜昌县（现宜昌市）鸦鹊岭镇挖断山，“传说此处要出天子，皇帝得知便派人挖山破坏风水，但屡挖屡起，后龙神托梦说‘不怕千人挖万人挑，只怕桐树钉山腰’，人们采用此法果然将山挖断了，故名”[④]。又如《通城县地名志》记载的通城县断山坳，“在龙形山下，古时阴阳先生迷惑群众说，‘龙形山下今后要出天子，篡帝位’。皇帝得知便派人把龙形（山坳）挖断，故名”；通城县缺头山，“又名出龙山。古时风水先生迷惑群众说，屋前龙形山是发地，今后要出天子。皇帝得知便派人把山头挖断，故名”[⑤]。

民间“草寇天子”即便有好的龙脉，也容易被破坏。如《湖南省沅陵县地名录》记载的沅陵县血水潭，“相传皇帝疑惧此地出草王扰乱天下，派人挖断村后龙脉，血染溪潭，故名”[⑥]。龙脉流血，流的自然是未成功的“龙血”。皇帝常断“草寇天子”龙脉。如《湖南省古丈县地名录》记载的古丈县断龙山，“山长达数里，传说该山龙脉旺盛，于是皇帝派人挖断山龙脉，故名”[⑦]。又如《长阳县地名志》记载的长阳县磨市镇望子冲，“原名王子冲。传说该地风水好，后人可出天子得名，后演变为望子冲”[⑧]。“草寇天子”失败往往是由最亲的父母、妻儿误事造成的。如《湖北省巴东县地名志》记载的巴东县堆子乡天子坪，“传说此地一位孕妇梦见一人，叫她某月某日子时向误子垭方向走去，但不能回头看家门，结果行至途中回头看家门，因而未出天子，故名”[⑨]。民间有白马接天子的传说，如《湖

---

① 鹤峰土家族自治县地名领导小组办公室．鹤峰土家族自治县地名志［G］．1982：212.

② 中国民间文学集成全国编辑委员会，中国民间文学集成湖北卷编辑委员会．中国谚语集成·湖北卷·宜昌市谚语集［M］．北京：中央民族大学出版社．1994：206.

③ 四川省巫山县地名领导小组．四川省巫山县地名录［G］．1983：99.

④ 湖北省宜昌县地名领导小组．湖北省宜昌县地名志［G］．1982：412.

⑤ 湖北省通城县地名领导小组．通城县地名志［G］．1982：113，178.

⑥ 湖南省沅陵县人民政府．湖南省沅陵县地名录［G］．1983：62.

⑦ 湖南省古丈县人民政府．湖南省古丈县地名录［G］．1982：108.

⑧ 湖北省长阳县地名领导小组办公室．长阳县地名志［G］．1982：416.

⑨ 湖北省巴东县地名领导小组．湖北省巴东县地名志［G］．1983：39.

北省武昌县地名志》记载的武昌县（今鄂州市）马气湖，“传说，桂子山出天子，一天白马来接登基的皇儿（天子），良久未见，白马气死于湖边，故名”[①]。又如《湖南省汉寿县地名志》记载的汉寿县白马庙，“相传钟相、杨幺在白沙渡智夺宋军白马一匹，此马能日行千里，夜行八百，经过训练，累立战功，后人修庙祀之”[②]。即使“草寇天子”有龙脉，但是势运和天命不足也难以成功。如《湖北省武昌县地名志》记载的鄂州市枯竹海，“传说此地能出天子，因天子一出生后就死亡，地脉为之损坏，湖边翠竹一夜枯死，故名枯竹海”[③]。明代《五杂组·人部》记载：“有龙真而穴未真者，气脉未住也，故好奇者，有斩龙法。”[④]也就是说，“草寇天子”的龙穴或龙脉不是真的龙脉之地，可用斩断地脉之法破解。“草寇天子”的失败源于竹人、竹马没有变成真的兵马，也可能是隐喻不得民心和人心。

以上说明，古人有龙马崇拜，民间信仰、宗教祭祀和民间传说都体现了马的神性及其独特的文化地位。

十二、牛与镇水

1. 牛的神性

民间有丰富的有关马为龙的传说，马拥有跟龙一样呼风唤雨的神性。但并非所有的马都能变成龙，一些变成龙的动物也有好恶之分。湖南省岳阳市谚语云：“蛟龙得云雨，终非池中物。”[⑤]恶龙和蛟龙会发洪水，形成蛟害。如《湖南省芷江县地名录》记载的芷江县恶龙溪，“相传地理先生测地，说此地龙脉生得恶，取名恶龙溪”[⑥]。又如《湖南省溆浦县地名录》记载的溆浦县马方溪，“传说此溪有一个山洞，洞中有神马，常出来为祸，后被道士封闭，故名马封溪，后演变为

① 湖北省武昌地名委员会．湖北省武昌县地名志［G］．1984：223．

② 湖南省汉寿县人民政府．湖南省汉寿县地名志［G］．1983：78．

③ 湖北省武昌地名委员会．湖北省武昌县地名志［G］．1984：224．

④ ［明］谢肇淛．五杂组·人部一［M］．傅成，校．上海：上海古籍出版社，2001：107．

⑤ 中国民间文学集成全国编辑委员会，中国民间文学集成湖南卷编辑委员会．中国谚语集成·湖南卷［M］．北京：中央民族大学出版社．1995：91．

⑥ 湖南省芷江县人民政府．湖南省芷江县地名录［G］．1982：186．

马方溪”[①]。湖南省长沙市谚语云：“变得好，是条龙，变不好，是条虫。”[②]神马、恶龙危害地方，在民间文化中有与之相克的物种，就是与马并重的牛。牛具有人性和神性。如《湖北省松滋县地名志》记载的松滋市牛江嘴，“传说有一个农夫犁田，牛走得慢，农夫用鞭子抽打，牛竟然转过头说，‘你吃了早饭，我还没吃草’。因此叫‘牛犟嘴’，后来俗写成牛江嘴，故名”[③]。明代《五杂组·天部》记载：“太康中，幽州有死牛头，能作人言。”[④]牛能开口说话，彰显了牛之人性的一面。

明代《五杂组·人部》记载：“葬地大约以生气为主，故谓之《龙经》。所谓‘空手抱锄头，步行骑水牛’者，总欲认得真龙耳。龙真穴真，断无水蚁、风杀之患。”[⑤]如《湖南省沅陵县地名录》记载的沅陵县血水溪，“传说村后一头牯牛精，被人腰斩，血染溪水，故名”[⑥]。又如《湖南省芷江县地名录》记载的芷江县杀牛冲，“村居山冲，村旁有一座山，山势雄壮如一头大水牛，据说对村民极为不利，为镇压此牛，取名‘杀牛冲’以图吉祥”[⑦]。又如《鹤峰土家族自治县地名志》记载的鹤峰县水牯洞，“相传村后一个山洞里有一头犀牛常出洞吃灵芝草，后山洞封闭，犀牛再也出不来，故名水牯洞”[⑧]。在传统文化中，犀牛具有灵性，而犀牛的灵性也在普通的黄牛和水牛身上得到认同。

民间有关于牛王庙、牛王菩萨等传说。如《湖北省罗田县地名志》记载的罗田县牛踏石坳，“坳上有牛脚印石板，传说是仙牛所踏”[⑨]。又如《湖北荆门市地名志》记载的荆门市石牛庙村，“村原有一块大石，状如牛，村民奉之如神，后建庙，取名石牛庙，村以此得名”[⑩]。又如《咸宁市地名志》记载的咸宁市石牛堖，“传说此地原是荒山野岭，常有两头神牛在夜晚破坏庄稼，后被仙人所治，变成两头石牛，故名”[⑪]。又如《湖南省沅陵县地名录》记载的沅陵县天湖池，“村居高山，相传山顶原有一个天然水池，常有犀牛在池中洗澡，人们疑为仙牛，池

---

① 湖南省溆浦县人民政府．湖南省溆浦县地名录［G］．1983：110.

② 中国民间文学集成全国编辑委员会，中国民间文学集成湖南卷编辑委员会．中国谚语集成·湖南卷［M］．北京：中央民族大学出版社．1995：32.

③ 湖北省松滋县地名领导小组办公室．湖北省松滋县地名志［G］．1983：221.

④ ［明］谢肇淛．五杂组·天部一［M］．傅成，校．上海：上海古籍出版社，2012：5.

⑤ ［明］谢肇淛．五杂组·人部一［M］．傅成，校．上海：上海古籍出版社，2012：107.

⑥ 湖南省沅陵县人民政府．湖南省沅陵县地名录［G］．1983：64.

⑦ 湖南省芷江县人民政府．湖南省芷江县地名录［G］．1982：194.

⑧ 鹤峰土家族自治县地名领导小组办公室．鹤峰土家族自治县地名志［G］．1982：38.

⑨ 湖北省罗田县地名领导小组．湖北省罗田县地名志［G］．1984：389.

⑩ 湖北省荆门市地名领导小组办公室．湖北荆门市地名志［G］．1982：75.

⑪ 湖北省咸宁市地名领导小组．咸宁市地名志［G］．1982：162.

为天神所造，故名天湖池”[①]。又如《湖北省公安县地名志》记载的公安县牛头寺村，“传说曾有一座供奉神牛的牛头寺，村名沿用之”[②]。又如《湖北省恩施县地名志》记载的恩施市芭蕉乡飞山庙村，“传说村山包上飞来菩萨，村民修庙祭之，取名飞山庙，故村得名”；恩施市芭蕉乡牛王庙村，“村早年修有牛王庙，故名”[③]。牛王庙是民间认同牛之神性的集中体现。

2. 牛为麒麟之原型

马为龙之原型之一，而牛为麒麟的化身。麒麟又叫一角兽。《史记·孝武本纪》记载：“其明年，郊雍，获一角兽，若麃然。”司马贞索隐引郭璞云：“汉武获一角兽，若麃，谓之麟是也。”[④]

《五杂组·物部》记载：“麟之长百兽也以仁……然麟、凤为王者之祥。”“凤、麟皆无种而生，世不恒有，故为王者之瑞。龙虽神物，然世常有之，人罕得见耳。”麒麟和凤凰为祥瑞之物，是“无种而生”之物。《五杂组·物部》记载：“宋嘉祐间，交阯贡麒麟二，状如牛身，被肉甲，鼻端有角。”[⑤]麒麟，从生物学角度看，显然是犀牛无疑。但在中国民间有牛产麒麟的说法，如《湖北省罗田县地名志》记载的罗田县麒麟坳，“此山坳昔有牛产麒麟的神话传说”[⑥]。又如《湖南省麻阳县地名录》记载的麻阳县长潭乡麒麟坪，“传说过去有一头水牛生子似麒麟，故名”[⑦]。又如《湖北省钟祥县地名志》记载的钟祥县（现钟祥市）贺集乡麒麟院，“相传村中耕牛生了一头麒麟，故名”[⑧]。又如《湖北省远安县地名志》记载的远安县麒麟坪，“此地平坦，传说发现过似麒麟的动物，以示祥瑞，故名麒麟坪”[⑨]。在民间传说中，祥瑞的麒麟都是耕牛所生，黄牛、水牛、牦牛等牛种，甚至犀牛，人们都视为牛类。《礼记·礼运》曰：“麟凤龟龙，谓之四灵。”[⑩]麒麟比龙尊贵，在水崇拜中，麒麟的地位最显。故麒麟具有龙的属性，而祈雨功能自不在话下。如《湖南省花垣县地名录》记载的花垣县犀牛潭，“在县城南二公里。相传有犀

---

① 湖南省沅陵县人民政府．湖南省沅陵县地名录［G］．1983：247.

② 湖北省公安县地名委员会办公室．湖北省公安县地名志［G］．1984：170.

③ 湖北省恩施县地名办公室．湖北省恩施县地名志［G］．984：352.

④ 袁珂．中国神话传说词典［M］．上海：上海辞书出版社，1985：1.

⑤ ［明］谢肇淛．五杂组·物部一［M］．傅成，校．上海：上海古籍出版社，2012：153-154.

⑥ 湖北省罗田县地名领导小组．湖北省罗田县地名志［G］．1984：492.

⑦ 湖南省麻阳县人民政府．湖南省麻阳县地名录［G］．1982：22.

⑧ 湖北省钟祥县地名领导小组办公室．湖北省钟祥县地名志［G］．1982：389.

⑨ 湖北省远安县地名领导小组．湖北省远安县地名志［G］．1982：175.

⑩ 袁珂．中国神话传说词典［M］．上海：上海辞书出版社，1985：451.

牛在潭中，出游时水浑浊，人不能见，每遇天旱，农人掷秽物于潭中，则雨”[①]。这些地名表现的是牛祈雨的功能。《五杂组·事部三》记载：“至于牛，则有功于人甚大，杀之与杀良将何异？三代之际，天子无故不杀牛。”[②]牛为农耕之本，而牛为麒麟的主体原型，与牛具龙性有一定关系。

3. 牛化（便）金

中国有关金牛的地名十分丰富，皆是“牛化（便）金”、牛能镇水和牛为麒麟之原型等文化使然。如《贵州省万山特区地名录》记载的万山区牛圈社，“传说农户圈内曾经来过金牛，故名”；万山区金牛寺，“相传，在修建寺院时发现一头金牛，故名”[③]。又如《湖北省宜昌县地名志》记载的宜昌市寻山头，“传说此山出现过一头金牛，每晚到农户家里喝水，人们为了捉住它，曾到山头寻找，故名寻山头”；宜昌市金牛垭，“传说这里有一位小媳妇，每天都挑水，头天挑满缸隔夜水没了，因此经常挨打，有一天夜晚她突然发现一头金牛正在缸里喝水，她一怒之下就把金牛打跑了，故名金牛垭”[④]。又如《湖北省枝江县地名志》记载，枝江市金牛塘，“相传此地原是一个深潭，某天，一头耕牛拖着打场的石磙逃入潭中，遂成妖精，故此潭取名‘精牛潭’，后来演变为金牛塘”[⑤]。又如《湖北省孝感县地名志》记载的孝感市金门湾，“相传昔日牛迹山有一头金牛，常从此湾门前经过，故名”[⑥]。又如《湖北省神农架林区地名志》记载的神农架宋洛乡桂竹园村，“相传此村桂竹成林，某天，一位财主发现一头金牛正在小溪旁边饮水，财主立即派庄丁砍桂竹当梭标（镖）追捕，而金牛下水后不见踪影，故桂竹园没有桂竹，但名声依旧”[⑦]。又如《湖北省谷城县地名志》记载的谷城县古牛石，“传说有一头金牛路过此地，脚踏巨石留下足迹，故名”[⑧]。又如《湖南省会同县地名录》记载的会同县指奔村，“传说有一头金牛经过此地，往城郊去了，只有牛尾巴指向此地，故得名‘止蹦’。后来演变为‘指奔’”[⑨]。又如《湖南省汉寿县地名志》

① 湖南省花垣县人民政府．湖南省花垣县地名录［G］．1982：232.
② ［明］谢肇淛．五杂组·事部三［M］．傅成，校．上海：上海古籍出版社，2012：276.
③ 贵州省万山特区人民政府．贵州省万山特区地名录［G］．1986：149，287.
④ 湖北省宜昌县地名领导小组．湖北省宜昌县地名志［G］．1982：255.
⑤ 湖北省枝江县地名领导小组．湖北省枝江县地名志［G］．1982：207.
⑥ 湖北省孝感县地名领导小组．湖北省孝感县地名志［G］．1982：317.
⑦ 湖北省神农架林区地名领导小组办公室．湖北省神农架林区地名志［G］．1982：37.
⑧ 湖北省谷城县地名领导小组办公室．湖北省谷城县地名志［G］．1985：116.
⑨ 湖南省会同县人民政府．湖南省会同县地名录［G］．1983：20.

记载的汉寿县困牛嘴，“相传金牛山的金牛在此嘴睡过，故名”[①]。民间关于金牛的传说非常丰富，这可能与“牛化（便）金”和牛崇拜相关。

在中国民间传说里，仙牛或神牛能便金。如《湖北省松滋县地名志》记载的松滋市金牯牛堆，“传说，此堆里有一头金牯牛和一个金童。某天凌晨，一个小孩牵一头牯牛渡河，艄公向小孩要船钱，只讨得一堆牛屎，艄公生气地将牛屎掀下河中成堆。天亮后，河堆金光闪闪，艄公才知道是金童牵金牯牛过河去了。后来此堆叫金牯牛堆”[②]。又如《通城县地名志》记载的通城县潭下乡福牛岭，“村后岭有大石似牛。传说，石头每天晚上变牛到下堡吃木，童谣云：‘吃下堡，屙高岭，能使黄土变成金’”[③]。牛便金的传说，可能与古蜀牛便金传说相关。如秦国欺诈蜀国“乃作石牛五头，朝泻金其后，曰‘牛便金’”[④]。三国时蜀国的来敏所撰的《本蜀论》记载：“秦惠王欲伐蜀，而不知道，作五石牛，以金置尾下，言能屎金。蜀王负力，令五丁引之成道。”《蜀王本纪》记载：“秦惠王欲伐蜀，乃刻五石牛，置金其后。蜀人见之，以为牛能大便金。……蜀王以为然，即发卒千人，使五丁力士拖牛成道，置三枚于成都。秦道乃得通，石牛之力也。后遣丞相张仪等随石牛道伐蜀焉。”[⑤]“牛便金”的传说甚广。如《湖南省靖县地名录》记载的靖州苗族侗族自治县金滩，“相传滩内遍藏黄金，取之不竭；滩内还有一头金牛，至今尚未挖掘。今太阳坪乡在此地建金矿淘金，为县境最大金矿”[⑥]。又如《江西省乐平县地名志》记载的乐平县（现乐平市）金银山，“传说，主峰半腰的一块石头上有一位妇女和金牛的脚印及耙齿印，金光闪闪，故改称金银山”[⑦]。又如《湖南省汉寿县地名志》记载的汉寿县金牛山，“此山盛产沙金，相传古时有一位道士骑金牛路过此山，石头上留有金牛蹄迹，像刀刻，故名金牛山”[⑧]。由此可见，作为龙的原型，马能化银，牛能化金；金比银贵，牛比马更显赫。在民间文化中，牛生麒麟，自然也生龙马。如《湖北省监利县地名志》记载的监利市黄驹岭，“相传此地曾有黄牛生马驹子，乡人奔走相告，皆称此地为黄驹岭，

① 湖南省汉寿县人民政府. 湖南省汉寿县地名志［G］. 1983：195.

② 湖北省松滋县地名领导小组办公室. 湖北省松滋县地名志［G］. 1983：677.

③ 湖北省通城县地名领导小组. 通城县地名志［G］. 1982：178.

④［东晋］常璩. 华阳国志校补图注［M］. 任乃强，注. 上海：上海古籍出版社，1997：123.

⑤ 袁珂，周明. 中国神话资料萃编［M］. 成都：四川省社会科学院出版社，1985：391-392.

⑥ 湖南省靖县人民政府. 湖南省靖县地名录［G］. 1984：204.

⑦ 江西省乐平县人民政府地名办公室. 江西省乐平县地名志［G］. 1984：289.

⑧ 湖南省汉寿县人民政府. 湖南省汉寿县地名志［G］. 1983：148.

后来引为村名”[①]。由此可见，牛和马似乎是相生相克的种属，且两者都能与水联系，都能化金银，均是龙的原型。

牛为农耕之本，在农民眼里，牛本身就是宝物。如湖南省邵阳市谚语云：“牛是农家宝，耕田少不了。”[②]湖北省孝感市谚语云：“牛是农家宝，种田少不了。”[③]湖北省枣阳市谚语云：“牛是农家宝，耕田少不了。”[④]在农民眼里，牛是宝，与农业活动有关的牛的神话传说也是如此。如《湖北省随县地名志》记载的随县金宝山，“相传山中藏有金人、金牛、金马、金耙，故名”；随县犁山坡，“传说此山有金犁、金耙，后金牛拉走金耙，剩下金犁，故名”[⑤]。在随县传说中，金犁和金耙皆为牛耕田之农具，由此可见，神话传说来源于现实。金牛出没之地，也是龙脉之地。如湖南省长沙市谚语云：“金牛金牛像条牛，不出宰相出武侯。”[⑥]

列宁说：“谚语以惊人的准确性，道出事物十分复杂的本质。”[⑦]牛之化身不造反，这与牛的秉性有关。湖北省宜城市谚语云：“将军一匹马，农民一头牛。”[⑧]马与战争有关，牛与耕田有关。故牛和马同为龙之原型，但牛鲜有作为“草寇天子”造反的工具，反而在农业活动中起到镇压蛟害和蛟龙的功用。

4. 牛司镇水

麒麟的原型犀牛（包括其他牛类）能起镇水之功。如《嘉鱼县地名志》记载的嘉鱼县塘湾，“东临南衔，北近凤凰路，西为倒口塘（鱼塘），呈马蹄形。东南角曾建有靖江王庙（已废），并有一尊石雕犀牛，名‘犀牛望月’，传为‘镇水之宝’”[⑨]。犀牛能镇水，自然能镇压恶龙，如犀牛镇水传说，早在李冰治水时代就十分流行。随着时间的推移，神话传说逐渐演变，犀牛镇水的神话传说也

---

① 湖北省监利县地名领导小组办公室．湖北省监利县地名志［G］．1984：250.

② 中国民间文学集成全国编辑委员会，中国民间文学集成湖南卷编辑委员会．中国谚语集成·湖南卷·邵阳市分卷［M］．北京：中央民族大学出版社，1995：134.

③ 中国民间文学集成全国编辑委员会，中国民间文学集成湖北卷编辑委员会．中国谚语集成·湖北卷·孝感谚语［M］．北京：中央民族大学出版社，1994：33.

④ 中国民间文学集成全国编辑委员会，中国民间文学集成湖北卷编辑委员会．中国谚语集成·湖北卷·枣阳谚语［M］．北京：中央民族大学出版社，1994：39.

⑤ 湖北省随县地名领导小组．湖北省随县地名志［M］．1984：777，781.

⑥ 中国民间文学集成全国编辑委员会，中国民间文学集成湖南卷编辑委员会．中国谚语集成·湖南卷［M］．北京：中央民族大学出版社，1995：529.

⑦ 中国民间文学集成全国编辑委员会，中国民间文学集成湖北卷编辑委员会．中国谚语集成·湖北卷·枣阳谚语［M］．北京：中央民族大学出版社，1994.

⑧ 中国民间文学集成全国编辑委员会，中国民间文学集成湖北卷编辑委员会．中国谚语集成·湖北卷·宜城县谚语集［M］．北京：中央民族大学出版社，1994：207.

⑨ 湖北省嘉鱼县地名领导小组．嘉鱼县地名志［G］．1982：22.

体现在其他牛类身上。民间认为牛能胜龙（这里指马），但需要外力帮助。李冰化牛与江神斗，得到属吏帮助，方胜江神。如《湖南省辰溪县地名录》记载的辰溪县蛟龙潭，“村脚有一个深潭，相传潭内有龙和犀牛，龙与牛斗，龙胜，故名蛟龙潭”[①]。在民间文化中，蛟龙与牛基本上势均力敌，但牛往往得人助，便能战胜恶龙或蛟龙。如《湖北省潜江县地名志》记载的潜江县（现潜江市）牛埫，“传说此地有一条小溪，溪里藏有一条恶龙，每逢水牛下溪，恶龙便与水牛斗，但水牛多被恶龙所伤。于是，人们把水牛的两只角缚上尖刀，后来水牛用尖刀刺死了恶龙，故名”[②]。水牛能杀蛟龙。明代《五杂组·物部》记载：“广陵沙岸上有水牛偃曝，一鼋大如席，闯出水际，潜往牛所。牛觉，亟起，环行出其后，奋角抵之，鼋即翻身仰卧，不能复起，为滨江人击杀之。古有相传水牛咬蛟，当不虚也。”[③]各种动物相生相克，牛马相克，且牛克马，如《论衡·龙虚篇》指出：“龙，牛之类也，何神之有？”[④]明代《五杂组·人部》记载：“然龙之形状，非目力可以细察，视之牛马，难易径庭，故有三停九似，蜿蜒升降之异，加以海潮风浪之势，如斯而已。”“牛马，龙虎之属。”“龙性最淫，故与牛交，则生麟；与豕交，则生象；与马交，则生龙马。”古代画家笔下的龙“马首蛇尾……耳似牛”[⑤]。在古人眼里，牛、马与龙可以互变，牛和马是龙最重要的原型或者形态参照物。世界上最灵的动物是龙，如《五杂组·物部》记载：“兽莫仁于麟。”[⑥]牛和马都是龙的原型之一。马体现的更多是政治和军事，马上取天下，体现马文化；牛体现农业，是经济基础，下马（用牛）治理天下，体现牛文化。牛马相辅相成，方能得天下和治理天下。

5. 牛娃镇牛

全国各地有镇水铁牛，牛保护庄稼不被洪水淹没，而镇水之牛和龙马一样，也会在夜晚偷吃庄稼。如《湖北省宣恩县地名志》记载的宣恩县会口乡马虎坪村，“传说石马每天夜晚出来偷吃庄稼，石虎每天夜晚出来伤人，后来有一个猎人将石马石虎射死于坪中，故名马虎坪”[⑦]。又如《湖南省隆回县地名志》记载的隆回县罗子团村白牛铺村，“村边一个岩洞，传说有白牛从洞中出来偷吃禾苗”[⑧]。

---

① 湖南省辰溪县人民政府．湖南省辰溪县地名录［G］．1982：185．

② 湖北省潜江县地名领导小组办公室．湖北省潜江县地名志［G］．1982：123-124．

③ ［明］谢肇淛．五杂组·物部一［M］．傅成，校．上海：上海古籍出版社，2012：168．

④ 黄晖．论衡校释·龙虚篇［M］．北京：中华书局，2018：281．

⑤ ［明］谢肇淛．五杂组·人部三［M］．傅成，校．上海：上海古籍出版社，2012．

⑥ ［明］谢肇淛．五杂组·物部一［M］．傅成，校．上海：上海古籍出版社，2012：151，156．

⑦ 湖北省宣恩县地名办公室．湖北省宣恩县地名志［G］．1983：129．

⑧ 湖南省隆回县人民政府．湖南省隆回县地名志［G］．1983：215．

又如《通城县地名志》记载的通城县铁柱村雷打石，“过去村前泉井边有一块大石，石刻‘大佛’二字，顶平可坐二十余人。传说该石夜晚变牛偷吃禾苗，后被雷神击破，现已全部炸毁”[①]。又如《湖北省远安县地名志》记载的远安县河口乡白果园村，“相传从前有一头白牯牛经常偷吃禾苗，村民捕获驯养，为人耕田，牛死以坟埋葬，人们称‘白牯园’，后演变为‘白果园’，村以为名”[②]。又如《湖北省巴东县地名志》记载的巴东县溪丘湾乡红堰塘，“传说此地原有一头石牛偷吃平阳坝的禾苗，有人用钻子把牛头钻掉，牛流红水成堰，故名”；巴东县溪丘湾乡牛肉岭，“传说此地有一头石牛偷吃平阳坝的禾苗，有人用钻子把牛头钻掉，只剩下胸腹石尸，故名”[③]。

在民间传说中，放牛娃是“偷吃神牛”的天敌。如《湖北省恩施县地名志》记载的恩施市白果乡白牛坡村，“村坡地有一个山洞，传说洞中曾跑出一头白牛吃庄稼，被小孩看见了，小孩追牛到洞中，见有七个人在打牌，其中一人问：‘我们有几人？’小孩答‘七人’，连问几次，都是如此，待小孩走出洞后，山洞坍塌了，故名”[④]。又如《湖南省汉寿县地名志》记载的汉寿县偏山村，“相传有一个仙童赶一头金牛路过此山，睡觉时将山压偏了，故名”[⑤]。又如《湖南省泸溪县地名录》记载的泸溪县问野村，“传说养牛娃走失一头牛，遍山寻问，至此得牛，故名”[⑥]。如何使牛不害庄稼？唯有放牛娃。《论衡·物势篇》认为，“故十年之牛，为牧竖所驱”。放牛娃能将体型高大的牛制服，何也？在古人眼里，这是“势”使然。《论衡·物势篇》曰：“蚊虻之力不如牛马，牛马困于蚊虻，蚊虻乃有势也。”[⑦]在民间传说中，牛力大身魁，被放牛娃牵住牛鼻子，牛有再大的力气也无济于事，其“势”必然为放牛娃所控。在有关荆州镇安寺郝穴铁牛和李家埠铁牛的神话传说中，两地铁牛夜晚偷吃庄稼，人们在田间雕刻了放牛娃，牛就不偷吃庄稼了。洪泽湖铁牛也有类似的传说。神牛、神马偷吃庄稼的传说深入民间。

6. 牛马相克

巫山有“牛头不对马嘴（面）”之说。牛、马作为龙的原型，两者是相克的。湖南省衡阳市谚语云：“潮势不同，虾子吞龙。”[⑧]对于牛、马而言，它们都有

---

① 湖北省通城县地名领导小组. 通城县地名志［G］. 1982：89.

② 湖北省远安县地名领导小组. 湖北省远安县地名志［G］. 1982：48.

③ 湖北省巴东县地名领导小组. 湖北省巴东县地名志［G］. 1983：91，94.

④ 湖北省恩施县地名办公室. 湖北省恩施县地名志［G］. 1984：313.

⑤ 湖南省汉寿县人民政府. 湖南省汉寿县地名志［G］. 1983：195.

⑥ 湖南省泸溪县人民政府. 湖南省泸溪县地名录［G］. 1983：73.

⑦ 黄晖. 论衡校释·物势篇［M］. 北京：中华书局，1990：134.

⑧ 中国民间文学集成全国编辑委员会，中国民间文学集成湖南卷编辑委员会. 中国谚语集成·湖南卷［M］. 北京：中央民族大学出版社，1995：33.

龙性，而在传统的水利神话传说中，牛克马。马属火，龙脉也属火，故欲镇住龙脉就要在龙脉上修水利建筑。如《湖北省罗田县地名志》记载的罗田县火龙山，“垮在山上，传说地理先生以‘五行’说此山龙脉属火，故名火龙山”[①]。山属火，水可锁火之龙脉。如《湖南省芷江县地名录》记载的芷江县胜塘冲，“传说，原村里常发生火灾，后请地理先生测地，说屋场是火把形，需修塘克水，方得安宁，故名”[②]。又如《湖北省钟祥县地名志》记载的钟祥市锁龙堤，“龙山下筑有一道堤，相传锁住了龙脉，故名”[③]。又如《江西省井冈山市地名志》记载的井冈山市下庄，“传说唐朝末年鲍家庄在此立基而得名。当时朝廷认为这个村庄的风水很好，于是派人斩断龙脉破坏风水，从此这个村庄衰落下去，故名‘下庄’”[④]。牛马相生相克，这一文化底蕴深厚，至今盛行不衰。《湖南省花垣县地名录》记载了花垣县上金牛村的传说。

> 在村子上方有一岩似牛，雅化称金牛。传说，清朝嘉庆年间，此村有一位苗族首领石宗四，带领苗民反抗清廷。清廷派钦差大臣傅鼐平叛，傅鼐到金牛村以后，问地理先生金牛村的龙脉，地理先生作诗曰：“金牛金牛像条牛，不出帝王出封侯。山环水绕金牛出，青龙白虎拜前头。”金牛村以前出举人，现在又出石宗四，充分说明此地龙脉很好。于是傅鼐派人用铁钉把金牛钉死（后称钉牛），然后派人在金牛上方的银子山修一个大水塘水淹银子山，在金牛下方修一座拦河坝（现称下坝）破坏龙脉。
>
> 花垣县上金牛村位于金牛上方，故名。花垣县下坝是金牛下方的一座拦河坝，故名。[⑤]

牛马相克的传说在各地十分流行，如湖北省崇阳县荆竹爆村，“传说，该村有一位妇女怀孕三年零六个月，久不分娩。某日，腹中儿对母言：‘若见白马速呼儿。’后来母亲误将白牛当白马，小孩出世当即气死。而村后荆竹林出现爆裂声，不久全部枯死。原来这个小孩是未来的天子，荆竹内藏的是兵马，由此得名荆竹爆”；崇阳县白马畈，“传说有一匹白色神马，往西南方的天子窝接天子，经过此畈，不料天子已受骗气死，白色神马无主返回，又在此畈转了数圈后，跑向东北方的码头畈，被人误宰”。

---

① 湖北省罗田县地名领导小组．湖北省罗田县地名志［G］．1984：495.

② 湖南省芷江县人民政府．湖南省芷江县地名录［G］．1982：185.

③ 湖北省钟祥县地名领导小组办公室．湖北省钟祥县地名志［G］．1982：20.

④ 江西省井冈山市地名办公室．江西省井冈山市地名志［G］．1985：83.

⑤ 湖南省花垣县人民政府．湖南省花垣县地名录［G］．1982：114.

金、木、水、火、土，彼此相生相克，牛马相克与之相同。《论衡·物势篇》曰：“如天故生万物，当令其相亲爱，不当令之相贼害也。”“五行之气，天生万物。以万物含五行之气，五行之气更相贼害。”“丑未亦土也，丑禽牛。”“午亦火也，其禽马也。水胜火，故豕食蛇，火为水所害。”[①]牛为土，马为火，似乎牛马不相克。不过，马为龙马之属，是司水之物，而牛为土，土克水。明代《三峡通志·黄陵庙事迹记》曰：“黄牛，土星所化，五行之中，土能克水，黄牛之色乃中央土也。”[②]在民间，牛马相克，马化龙，故牛马相克实为牛龙相克。

在民间文化中，牛能产麒麟，麒麟为祥瑞之龙，牛也能生马，故牛克马，有母服子之意。《论衡·自然篇》曰：“天地合气，万物自生，犹夫妇合气，子自生矣。”[③]在某种情况下，牛生马，故《论衡·自然篇》指出：“牛生马，桃生李，如论者之言，天神入牛腹中为马。”[④]龙马为天神，入牛腹而为马（龙），在传统伦理道德中，儿子必须孝母或尊母，故牛生马，牛可降伏马。

另外，牛克马、以牛治水可能与李冰用牛治水和大禹治水得牛相助的神话传说有关。有关李冰化牛斗龙（江神）的神话传说，唐代卢求的《成都记序》写道：“李冰为蜀守。……作石犀五以压毒蛟，命曰犀牛里；后更为耕牛二。……江之龙大怒，冰乃持刀入水与龙斗，龙死；遂无水害，迄今蒙利。”[⑤]古人在都江堰还曾用铁牛作为水利标尺，该水利实践对后世用牛镇水这一文化具有重要影响。明代陈鎏所撰的《都江堰铁牛记》记载：“牛凡二，各长丈余，首合尾分，如人字状，以其锐迎水之冲，高与堰嘴等。”都江堰铁牛鱼嘴铁牛身上铸有铭文曰：“问堰口，准牛首；问堰底，循牛趾；堰堤广狭，顺牛尾；水没角端诸堰丰，须称高低休减水。”[⑥]李冰治水用牛镇水，三峡传说大禹治水得牛相助，对此范成大《吴船录》曰：“至黄牛峡。上有洺川庙，黄牛之神也，亦云助禹疏川者。”[⑦]中华民族自称“龙的传人”，龙为复合图腾，而与中华民族息息相关的牛、马是龙图腾的主体原型。一切神话传说都来源于现实，而研究龙图腾和探讨牛、马与龙的关系，将是找到龙图腾和龙信仰的两把钥匙。

---

① 黄晖. 论衡校释·物势篇［M］. 北京：中华书局，2018：126-128.

② 蓝勇. 稀见重庆地方文献汇点（上）［M］. 重庆：重庆大学出版社，2013：155.

③ 黄晖. 论衡校释·自然篇［M］. 北京：中华书局，2018：676.

④ 黄晖. 论衡校释·自然篇［M］. 北京：中华书局，2018：685.

⑤ 冯广宏. 都江堰文献集成：历史文献卷（先秦至清代）［M］. 成都：巴蜀书社，2007：50.

⑥ 四川省地方志编纂委员会. 都江堰志［M］. 成都：四川辞书出版社，1993：180-181.

⑦ 蓝勇. 稀见重庆地方文献汇点（上）［M］. 重庆：重庆大学出版社，2013：116.

第六章　长江蛟文化

一、“蛟”的得名

关于“蛟”的得名，宋代陆佃所撰的《埤雅》曰：“蛟骨青，又曰蛟，能交首尾束物，故谓之蛟。俗呼马绊。以此一说，蛟尾有肉，环束物则以首贯之。”在古人眼里，蛟为蛇形，蛇捕猎时常以身体缠绕猎物，似“交首尾束物”，故取名“蛟”。这是宋代人想象中“蛟”的得名方式。更早时期南朝祖冲之所著的《述异记》曰：“蛟眉连生，连生则蛟矣。”《渊鉴类函·蛟》曰：“‘交眉则蛟蜃之眉’是也。”[①]“连”通“交”，笔者认为，“蛟”本义为“交”，有“结合”“交合”“生殖”和“婚配”的意思。《辞海》释“蛟”曰：“一说母龙，无角。”[②]蛟为母龙，带有繁殖的意思。在中国神话传说中，女娲补天造人，伏羲创造文化。《艺文类聚·帝王部》曰：“伏羲德合上下，天应以鸟兽文章，地应以龟书，伏羲乃则象作易。”[③]可见伏羲传说比女娲传说出现得晚。关于女娲炼五色石以补苍天，《淮南子·览冥训》有如下描述。

> 往古之时，四极废，九州裂；天不兼覆，地不周载；火爁炎而不灭，水浩洋而不息；猛兽食颛民，鸷鸟攫老弱。于是女娲炼五色石以补苍天，断鳌足以立四极，杀黑龙以济冀州，积芦灰以止淫水。苍天补，四极正；淫水涸，冀州平；狡虫死，颛民生；背方州，抱圆天；和春阳夏，杀秋

---

① ［清］张英，［清］王士祯，［清］王掞，等．渊鉴类函·蛟［M］．上海：上海古籍出版社，2008：656.

② 辞海编辑委员会．辞海（1979年版）［M］．上海：上海辞书出版社，1980：1883.

③ ［唐］欧阳询．艺文类聚·帝王部［M］．汪绍楹，校．上海：上海古籍出版社，1999：208.

约冬，枕方寝绳。阴阳之所壅沉不通者，窍理之；逆气戾物，伤民厚积者，绝止之。[①]

女娲补天使狡虫死亡，“断鳌足以立四极，杀黑龙以济冀州”可能与蛟有关。虽然女娲补天与蛟联系起来比较牵强，但是女娲造人是古人生成伏羲和女娲交合之神话的基础。《风俗通义》曰：“天地开辟，未有人民，女娲抟黄土作人，剧务，力不暇供，乃引絙于泥中，举以为人。故富贵者黄土人也，贫贱者絙人也。”[②] 女娲造人，并让人通婚。《风俗通义》曰：“女娲祷祠神祈而为女媒，因置昏姻，行媒始行明矣。”在远古神话中，女娲的地位是无与伦比的，后来人们在女娲传说中加入伏羲。《风俗通义》曰：“女娲，伏希（羲）之妹。”[③]

在汉代画像砖墓中，有大量女娲伏羲人首蛇身交合缠绕的画像。这可能是“蛟（交）”得名的神话源头。曹植《女娲赞》曰：“古之国君，造簧作笙。礼物未就，轩辕纂成。或云二皇，人首蛇形。神化七十，何德之灵。”女娲人首蛇身（形），神化万物。《艺文类聚·帝王部》曰：“帝女娲氏，亦风姓也，作笙簧，亦蛇身人首，一曰女希，是为女皇，其末诸侯共工氏，任知刑以强，伯而不王。”[④] 女娲又叫女希（羲），在只知其母、不知其父的母系社会时代，男性始祖难以流传，而“伏羲”之名，可能借“女希（羲）”之名。“女希”和“父希”均为人首蛇身，故后来的女娲和伏羲形象均为人首蛇身。

历史文献记载伏羲的传说较晚一些，《艺文类聚·人部》曰：“神农牛首，结绳而治，伏羲人头蛇身。”[⑤]《艺文类聚·帝王部》曰：“太昊帝庖羲氏，风姓也，蛇身人首，有圣德，都陈，作瑟三十六弦。”[⑥]“女希”和“父希”均为人首蛇身，都为风姓，“女希”作笙簧，“父希”作瑟三十六弦。事实上“父希”的神话传说来自“女希”的神话传说，或者“父希”是根据“女希”演化而成的。在秦汉时代，伏羲和女娲“相交”的考古证据非常多，尤其画像砖墓中两蛇（龙）缠绕，进而生成了表示生殖和婚配之意的“蛟”字。如《埤雅》记载的“蛟能交首尾束物”，实质上表示的便是伏羲和女娲人首蛇身缠绕之“交”。

---

① ［西汉］刘安．淮南子全译［M］．许匡一，注．贵阳：贵州人民出版社，1993：351．

② ［东汉］应劭．风俗通义校注［M］．王利器，注．北京：中华书局，1981：601．

③ ［东汉］应劭．风俗通义校注［M］．王利器，注．北京：中华书局，1981：599．

④ ［唐］欧阳询．艺文类聚·帝王部［M］．汪绍楹，校．上海：上海古籍出版社，1999：208．

⑤ ［唐］欧阳询．艺文类聚·人部［M］．汪绍楹，校．上海：上海古籍出版社，1999：311．

⑥ ［唐］欧阳询．艺文类聚·帝王部［M］．汪绍楹，校．上海：上海古籍出版社，1999：208．

在古人眼里，神马为龙，神马与普通马“交”而生龙驹。如《华阳国志》曰：“故曰滇池。长老传言，池中有神马，或交焉，即生骏驹，俗称之曰‘滇池驹’，日行五百里。有黑水神祠祀。”[①]神马与普通马“交”而生龙驹，与伏羲和女娲人首蛇身缠绕之“交”含义相同。

《淮南子·说林训》曰：“黄帝生阴阳，上骈生耳目，桑林生臂手，此女娲所以七十化也。”[②]“女娲所以七十化”是指万物皆女娲生，女娲生万物得到了诸神的帮助（辅助）。女娲所化（造）之人传至后世，出现了分化，其中蛟地位下降，成为危害社会的神异之物，但蛟还是带着龙性，以“走蛟”“发洪”等方式报复人们，希望“由蛟化龙”。

在农耕时代，民间和国家选择镇蛟之物，牛为首选，皆由牛在农耕时代的重要性决定的。因为“牛乃耕农之本，百姓所仰，为用最大，国家之为强弱也”[③]，“在中国古代，南方地区水患严重，人们以为是蛟龙作怪，多地流传有镇水（蛟）铁牛的传说。”[④]故镇蛟之物，铁牛最多。

二、蛟的形态和种属

蛟是神话中的神异动物，在古人眼里，蛟有具体的形态，有鳞甲，如《广雅》曰：“有鳞曰蛟龙。”[⑤]《艺文类聚·蛟》引《山海经》曰：“蛟，似蛇而四脚，小头细颈，有白瘿。大者十数围，卵生，子如一二斛瓮，能吞人。”[⑥]《山海经》成书较早，故历代描述蛟的形象均以《山海经》为蓝本，《墨客挥犀》曰：“蛟之状如蛇，其首如虎，长者至数丈，多居于溪潭石穴下，声如牛鸣。”[⑦]文中描述的蛟的形象保持了《山海经》所说的蛇身，只将小头细颈改成了虎头。如《渊鉴类函·蛟》记载女子洗衣服感应得孕，“生三物，皆如鲼鱼。……大暴雨水，

① ［东晋］常璩．华阳国志校注［M］．刘琳，注．成都：巴蜀书社，1984：396．
② ［西汉］刘安．淮南子全译［M］．许匡一，注．贵阳：贵州人民出版社，1993：1007．
③ ［东汉］应劭．风俗通义校注［M］．王利器，注．北京：中华书局，1981：622．
④ 黄权生，罗美洁．长江镇水（蛟）铁牛的历史地理考察［J］．中华文化论坛，2015（7）：134-145．
⑤ 袁珂．中国神话传说词典［M］．上海：上海辞书出版社，1985：383．
⑥ ［唐］欧阳询．艺文类聚·蛟［M］．汪绍楹，校．上海：上海古籍出版社，1982：1664．
⑦ 袁珂．中国神话传说词典［M］．上海：上海辞书出版社，1985：383．

三蛟一时俱去……后女亡……（三蛟）哭声状如号犬”[①]。《山海经·南山经》曰：“南次三经之首，曰天虞之山。其下多水，不可以上。东五百里，曰祷过之山。其上多金玉，其下多犀、兕，多象。有鸟焉，其状如䴔而白首，三足、人面，其名曰瞿如，其鸣自号也。浪水出焉，而南流注于海。其中有虎蛟，其状鱼身而蛇尾，其音如鸳鸯，食者不肿，可以已痔。”[②]关于蛟的形象，五代孙光宪所撰的《北梦琐言·武休潭蛟》有如下描述。

《月令》：“季秋伐蛟取鼍。”以明蛟可伐而龙不可触也。蛟之为物，不识其形状，非有鳞鬣四足乎？或曰：虬螈蛟蝹，状如蛇也。南僧说蛟之形如蚂蟥，即水蛭也，涎沫腥黏，掉尾缠人，而噬其血。蜀人号为马绊蛇，头如猫鼠，有一点白。汉州古城潭内马绊蛇，往往害人，乡里募勇者伐之，身涂药，游泳于潭底，蛟乃跃于沙汭，蟠蛇力困，里人欢噪以助，竟毙之。[③]

以上所说，蛟“状如蛇”，鳞体鱼身，小头细颈或虎首；牛声、鸟音或犬音；“形如蚂蟥”“涎沫腥黏”“头如猫鼠，有一点白”。

人类大胆想象和臆测蛟是鸟类与蛇结合而生的物种。对此，光绪《归州志·伐蛟说》有如下描述。

按蛟似蛇而四足，细颈，颈有白瘿，本龙属也。相传旷原邃阜，当春而雉与蛇交，精沦于地，闻雷声入土成卵，渐次下达于泉。久之，卵大如轮，又闻雷声奋起，而上自剖而出，暴腾狞劣，往往裂冈岭、荡田园、漂没庐舍。人畜而迫不可防，惟雉与蛇非类，而交其事不经，又未见于记载，似涉臆说。

第考晋太原中司马轨之将雉媒下翳，其媒屡雊野，辄遥应觅所应者。头翅已成雉，半身后固是蛇。又武库中，忽有雉人咸怪之，司空张华曰“必蛇妖所作搜括之”，果得蛇蜕。是雉与蛇交而生蛟，容或有之，要亦虫蛇恶物为民害者，所当急为驱除也。[④]

蛟是否为鸟类和蛇结合的产物，正如作者所言，“未见于记载，似涉臆说”。裴渊《广州记》曰：“新宁县东溪甚饶，蛟及时害人。曾于鱼梁上得之，其长丈余，

① ［清］张英，［清］王士祯，［清］王掞，等．渊鉴类函·蛟［M］．上海：上海古籍出版社，2008：659.

② 袁珂．山海经校译［M］．上海：上海古籍出版社，1985：7-8.

③ ［北宋］李昉，［北宋］扈蒙，［北宋］李穆，等．太平广记·伐蛟［M］．北京：中华书局，1961：3464.

④ ［清］李炘，［清］沈云骏．归州志（光绪）·伐蛟说［M］．台北：成文出版社，1976：151-152.

形广如楯，修颈小头，胸前赭，背上青斑，胁边若锦。”[①]“胸前赭，背上青斑，胁边若锦”描绘的显然是鳞体形态。“形广如楯，修颈小头”则与龟类相似。《辞海》认为蛟是鼋鳄之属[②]。在古人眼里，龟为灵物，其甲是用来占卜的灵物。《淮南子·说林训》指出：“牛蹄彘颅亦骨也，而世弗灼，必问吉凶于龟者，以其历岁久矣。”[③]北京颐和园镇水铜牛背上的《金牛铭》记载，“夏禹治河，铁牛传颂，义重安澜，后人景从。制寓刚戊，象取厚坤。蛟龙远避，讵数鼍鼋”[④]。事实上蛟和鼍鼋紧密相连。如《吕氏春秋·季夏》曰：“令渔师伐蛟取鼍，升龟取鼋。”[⑤]此句认为，蛟龙和鼍鼋同类。我们知道，龙为复合图腾，蛟也当如此，其任何特征和形态都不是绝对的。针对“令渔师伐蛟取鼍，升龟取鼋”，高诱注曰：“蛟，鱼属，有鳞甲，能害人。”[⑥]关于蛟的形态，古人的认识各有差异。《楚辞·九思》曰：“乘六蛟兮婉婵。”王逸注曰：“龙无角曰蛟。”[⑦]《渊鉴类函·蛟》曰：“无角曰蛟。”[⑧]无角的龙更多是指螭龙，《广雅》曰：“有鳞曰蛟龙，有翼曰应龙，有角曰虬龙，无角曰螭龙。”无论文献如何描述，蛟都归于“有鳞甲”的鱼类。再看蛟的属性，在古人眼里，蛟为龙属，是有鳞甲的龙种之一。《艺文类聚》认为龙都属鳞介种属，是该种属中等级最高的动物。《艺文类聚·龙》引《说文解字》曰：“鳞虫之长，春分而登天，秋分而入川。”[⑨]《说文解字》曰：“蛟，龙之属也。池鱼满三千六百，蛟来为之长，能率鱼飞置笱水中，即蛟去。”[⑩]笱是古代竹制的捕鱼器具，蛟怕捕鱼器具，如韩愈《秋怀诗》曰：“其下澄湫水，有蛟寒可罾。”古人认为，蛟可以用渔网或捕鱼工具捕捞，可见蛟为鱼类或龙类。但蛟还不是完全的、彻底的“龙”。在古人眼里，蛟只是龙的前身，龙能升天、变形、飞翔，尤其能司雨（降雨）。《述异记》曰：“虺五百年化为蛟，蛟千年化为龙。”[⑪]虺，

① ［清］张英，［清］王士祯，［清］王掞，等．渊鉴类函·蛟［M］．上海：上海古籍出版社，2008：657.

② 辞海编辑委员会．辞海（1979年版）［M］．上海：上海辞书出版社，1980：1883.

③ ［西汉］刘安．淮南子全译［M］．许匡一，注．贵阳：贵州人民出版社，1993：1007.

④ 摘自北京颐和园《金牛铭》。

⑤ ［战国］吕不韦．吕氏春秋全译［M］．关贤柱，廖进碧，钟雪丽，译．贵阳：贵州人民出版社，1997：171.

⑥ 辞海编辑委员会．辞海（1979年版）［M］．上海：上海辞书出版社，1980：1883.

⑦ 辞海编辑委员会．辞海（1979年版）［M］．上海：上海辞书出版社，1980：1883.

⑧ ［清］张英，［清］王士祯，［清］王掞，等．渊鉴类函·蛟［M］．上海：上海古籍出版社，2008：656.

⑨ ［唐］欧阳询．艺文类聚·龙［M］．汪绍楹，校．上海：上海古籍出版社，1982：1661.

⑩ 袁珂．中国神话传说词典［M］．上海：上海辞书出版社，1985：383.

⑪ ［清］张英，［清］王士祯，［清］王掞，等．渊鉴类函·蛟［M］．上海：上海古籍出版社，2008：657.

一般认为是蛇虫之类，可能是爬虫类，但笔者认为虺是马的可能性更大。如前文所说，远古时龙马一体，龙即马，马即龙，因此马应当是龙图腾最重要的原型之一，马化龙，龙化马，龙马互变。故虺很可能是马，马可化龙，蛟则是马到龙的过渡阶段。

中国有将蛟龙和龙马并说的习惯，并产生了大量有关龙马、水马的地名。如《中国神话传说词典》引用《舆地纪胜》曰："在（泸州）城东北二十里。唐王昌遇落魄仙于此，以龙马一夕送归潼川，因号曰龙马潭。"①《山海经·北山经》曰："又北二百五十里，曰求如之山。其上多铜，其下多玉，无草木。滑水出焉，而西流注于诸毗之水。……其中多水马，其状如马，文臂牛尾，其音如呼。"②龙马具有神性，即具有龙的一切功能，能呼风唤雨，故龙被称为水神，龙马被称为水马。《荆楚岁时记》记载，纪念屈原的龙舟之一为"水马"③，取马为龙之意。《黔书·续黔书·黔记·黔语》记载："黔之养龙坑，两山相夹，深池涵焉，尝出神马。明洪武四年，伪夏明升献马十，其一白者，首高九尺，长丈余，乃得之于此也。父诸毗文臂，渥洼蒲梢，余吾龙友，青海骢驹，往牒可稽已。汉肃宗元和中，神马四匹出滇池河中。魏黄初间于上党得泽马。晋孝武太元十四年滇池县河水有神马二匹。唐明皇灵昌郡得异马于河，皆水马也。"④神马也为水马，可见人们将水马、神马、龙马、马龙归为一类。而蛟作为水马的一种，还不是变化成形的水马。蛟成为龙需要诸多条件，如需要水、需要修炼，化龙前需要藏在洞穴、深潭中。如《四川省巫山县地名录》记载的巫山县龙潭坪，"坪内有一个水潭，传说潭中藏有蛟龙，故名"⑤。"蛟化龙"需要一个过程，故西南地区存在大量有关蛟和龙马的地名。

关于"龙马"，《辞海》释义有三种：一是古代传说中形状像马的龙；二是骏马之意；三是比喻精神健壮。第一种和第二种解释与马相关。闻一多说："天文房星为龙，又为马。……龙像马，所以马往往被呼为龙，骑马人则应该是驾龙上下于天地的神灵——太皞等众神。"⑥古人有"御龙"和"御马"之说。而蛟兼具马和龙的属性，也可以被驾驭。《抱朴子》曰："委华驷而辔蛟龙，或弃神

---

① 袁珂．中国神话传说词典［M］．上海：上海辞书出版社，1985：471．

② 袁珂．山海经校译［M］．上海：上海古籍出版社，1985：57．

③ ［南朝梁］宗懔．荆楚岁时记译注［M］．谭麟，译．武汉：湖北人民出版社，1985：92．

④ 罗书勤．黔书·续黔书·黔记·黔语［M］．贵阳：贵州人民出版社，1992：239．

⑤ 四川省巫山县地名领导小组．四川省巫山县地名录［G］．1983：121．

⑥ 闻一多．闻一多全集：神话与诗［M］．武汉：武汉大学出版社，2009：19．

州而宅蓬瀛。”[①]《楚辞·九思》曰：“乘六蛟兮婉婵。”中国各地尤其是长江流域有关蛟、龙、马和龙马的地名非常多，这种文化现象与马化龙、龙化马、龙马互化密切相关。

《水经注·河水》曰：“汉武帝闻大宛有天马，遣李广利伐之，始得此马，有角为奇。……胡马感北风之思，遂顿羁绝绊，骧首而驰。晨发京城，夕至敦煌北塞外，长鸣而去，因名其处曰候马亭。今晋昌郡南，及广武马蹄谷盘石上，马迹若践泥中，有自然之形，故其俗号曰天马径。”[②]《水经注·河水》认为天马（龙马）与骏马是有区别的，被神化的天马，其功能超过蛟，如能飞翔、能祈雨、能变化，等等。《黔书·续黔书·黔记·黔语》记载：“当春日始和，物情酣畅，土人立柳坑畔，则牝马之贞者系之，已而，云雾晦冥，咫尺不能辨色类，有物蜿蜒上与马接，盖龙云。逮天色开霁，视马旁之沙有龙迹者，则与龙遇。谨其刍茭而节宣之，既产，必获龙驹兮。”[③]马类龙，故神人所乘的马可以得水。如《中国神话传说词典》引用《述异记》曰：“青城县西北，去县三里，有老君观。观门东，上有一泉，号‘马跑泉’。其泉水味甘，四时不绝，春夏如冰冷，秋冬即温。昔太上老君与天真皇人会真之所，其泉是老君所乘马跑成泉焉。”[④]

由此可见，龙马结合所产的龙驹与蛟相类。这种思想意识因地名的沿袭而实现文化上的传承。有学者指出：“地名源于图腾名称，最早的地名即图腾名称，这可在许多地名中找到确凿的证据。”[⑤]中国多与龙相关的地名。巴地图腾为虎，故巴地留下大量与虎相关的地名，而氐人以白马为图腾，故其居住的地区有很多与白马相关的地名。西南地区洞窟多，故多与蛟龙相关的地名，也多与龙马相关的地名。蛟龙藏于山，总欲“走蛟”而归江入海。

蛟的种类较多，有虎蛟、马蛟、蛟龙等，作为神话传说，其具体是什么形态，是否符合生物学的规律已经不重要。重要的是这种思想认识和文化是客观存在的。《淮南子·说林训》曰：“今鳝之与蛇，蚕之与蠋，状相类而爱憎异。”[⑥]事实上，蛟作为中华神话传说的一部分，蛟的好坏、蛟的功能及其诸多文化现象均以人类的爱憎作为主要判断因素。

《星禽术法》曰：“分二十八宿，而以角木蛟居首。”中国道家认为天上星

---

① ［东晋］葛洪．抱朴子内篇全译·地真卷十八［M］．顾久，译．贵阳：贵州人民出版社，1995：75．

② 王国维．水经注校·河水［M］．上海：上海人民出版社，1984：64-65．

③ 罗书勤．黔书·续黔书·黔记·黔语［M］．贵阳：贵州人民出版社，1992：57．

④ 袁珂．中国神话传说词典［M］．上海：上海辞书出版社，1985：463．

⑤ 何星亮．中国图腾文化［M］．北京：中国社会科学出版社，1992：113．

⑥ ［西汉］刘安．淮南子全译［M］．许匡一，注．贵阳：贵州人民出版社，1993：1007．

宿可用蛟指代，可见远古甚至汉代时蛟在中国传统文化中的地位还是非常高的。《渊鉴类函·蛟》曰："梵言宫毗罗，蛟也。"[①]佛教中十二神将之一宫毗罗称为"蛟"，体现了蛟较高的地位。随着时代的发展，有鳞之蛟龙的地位下降了，蛟被"下放"到人间，成为兴风作浪的蛟蛇或蛟虫。

《淮南子·说林训》曰："人莫欲学御龙，而皆欲学御马，莫欲学治鬼，而皆欲学治人，急所用也。"[②]笔者认为，龙马、蛟龙、马和蛟之间可以互变，只是在农耕时代，小农经济对自然灾害尤其敏感，故当发生水灾或山崩等自然灾害时，人们归因于蛟害。

有专家指出，多少年，多少代，葛洲坝头经常有浮尸飘荡，三江下游多污泥浊水，臭气熏天。不少被江涛夺走生命的船工淤埋在漆黑的泥沙底下，好多贫病交加的桡夫子毙命于阴森冷峻的镇川门前。这里的江上人，把祸殃怪罪于蛟龙，怨恨它掀腾"蛟水"，兴风造孽。面对峡江的"蛟水"，人们只能"祭龙王供水族"，但是汹涌的潮水、咆哮的浪涛、成串的旋涡仍然肆意翻腾，在波峰浪谷里谋求生存的桡夫子只能望江嗟叹[③]。

峡江水险，人们归因于蛟害，如何避免灾害发生、远避蛟害？人们往往求助神灵。《三峡通志·归峡考》记载："滩从水从难，盖水之难行者，深浅不一，转徙无方，岩岩怪石，锋利矛交。平者铺弹，险者截江，奇者可爱，恶者可憎，所谓铁积剑排。……瞻之近岸，而多败船。……予过之，舟行则畏途，途步无从，乃叹曰：'蜀道之难，信矣。'……鱼腹沙孔明三图犹在，黄陵庙大禹之功未度。"[④]峡江庙宇之地亦为镇蛟之地，供奉的是治蛟之神。

三、蛟毒与蛟害

有水之地，尤其是深水、深潭、大江和大湖都藏有蛟。《淮南子·说林训》曰："君子之居民上，若以腐索御奔马；若蹍薄冰，蛟在其下；若入林而遇乳虎。"[⑤]

① ［清］张英，［清］王士祯，［清］王掞，等．渊鉴类函·蛟［M］．上海：上海古籍出版社，2008：657．

② ［西汉］刘安．淮南子全译［M］．许匡一，注．贵阳：贵州人民出版社，1993：1002．

③ 齐克．珠涌大江流［M］．武汉：长江文艺出版社，1980：45．

④ 黎小龙．三峡通志校注·归峡考［M］．重庆：重庆出版社，2014：31．

⑤ ［西汉］刘安．淮南子全译［M］．许匡一，注．贵阳：贵州人民出版社，1993：1031．

在古人眼里，有水的地方，必有蛟，而蛟必危害人的性命。漂浮江面的大木，人们视之为龙（蛟龙），或龙巢，即龙居住的地方。五代孙光宪《北梦琐言》有如下描述。

> 王蜀时，夔州大昌盐井水中往往有龙，……彼人不以为异。近者秭归永济井卤槽亦有龙蟠，与大昌者无异。……云安县汉成宫绝顶，有天池深七八丈，其中有物如蜥蜴，长咫尺，五色备具，跃于水面，象小龙也。……夷陵清江有狼山潭，其中有龙，土豪李务求祷而事之，往见锦衾覆水，或浮出大木，横塞水面，号为龙巢。遂州高栋溪潭，每岁龙见，一如狼山之事。①

巴蜀、荆梦之地，龙巢到处都是。明代《三峡通志·峡俗丛谈》记载：“自五月至八月，江流泛滥，瞿唐不可上下，舟船当戒，谓之封夏，又曰封峡。”“夷陵江或浮大木，蔽塞水面，土人谓之龙巢翻。”② 大江大木所过，必然撞坏船只，其害为“龙巢翻”。蛟的危害极大，明代沈德符所编的《万历野获编·龙子》曰：“得雉则结卵成蛟，最为大地灾害。其遗体石罅中，数十年后，始裂山飞出，移城郭，夷墟市，所杀不胜计。”③ 又如《艺文类聚·蛟》曰：“云水源有汤泉，下流多蛟害，汸济者遇之，必笑而没。”④ 蛟具有一定的神性，对此《管子·形势》曰：“蛟龙得水而神可立也，虎豹托幽而威可载也。”⑤ 蛟得水而成神，故蛟能变化神通，尤其能化人而趁机害人。蛟为害地方，对此《中国神话传说词典》引用《墨客挥犀》曰：“岸行或溪谷者时遭其患。见人先以腥涎绕之，既坠水，即于腋下吮其血，血尽乃止。昔有舟人为蛟所毒，但见于水上嬉笑而人，明日尸出，两腋下有穴如杯焉。”⑥ 又如《渊鉴类函·蛟》曰：“河间滹沱河水尝有蛟，人五月恒暴，遂变为人，于岸上与人并行，至悬岸处推与俱下。”⑦ 民间有蛟化美丽夫人而害人的传说，而《白蛇传》便是蛟文化的一个变体。蛟化妇人而媚人，对此《中国神话传说词典》引用《述异记》曰：“夏桀宫中，有女子化为龙，不可近，俄而复为妇人，甚丽而食人，桀命为蛟妾，告桀吉凶。”⑧ 蛟化女子害人，《北梦琐言》

---

① ［五代］孙光宪．北梦琐言［M］．林艾园，校．上海：上海古籍出版社，1981：168.

② 黎小龙．三峡通志校注·峡俗丛谈［M］．重庆：重庆出版社，2014：140.

③ ［明］沈德符．万历野获编·龙子［M］．北京：中华书局，1959：191.

④ ［唐］欧阳询．艺文类聚·蛟［M］．汪绍楹，校．上海：上海古籍出版社，1982：1664.

⑤ 黎翔凤，梁运华．管子校注·形势第二［M］．北京：中华书局，2004：21.

⑥ 袁珂．中国神话传说词典［M］．上海：上海辞书出版社，1985：383.

⑦ ［清］张英，［清］王士祯，［清］王掞，等．渊鉴类函·蛟［M］．上海：上海古籍出版社，2008：657.

⑧ 袁珂．中国神话传说词典［M］．上海：上海辞书出版社，1985：383.

有如下描述。

> 王蜀先主时，修斜谷阁道，凤州衙将白掌其事焉。至武休潭，见一妇人浮水而来，意其溺者，命仆夫钩至岸滨。忽化为大蛇，没于潭中。白以为不祥，因而致疾。愚为诵岑参《招北客赋》云：“瞿塘之东，下有千岁老蛟，化为妇人，炫服靓妆，游于水滨。”白公闻之，方悟蛟也，厥疾寻瘳。又内官宋愈昭，自言于柳州江岸，为二三女人所招，里民而止之，亦蛟也。①

蛟化人而去祸害人的故事较多。古人为防蛟害，便与之斗争，出现诸多斩蛟英雄。如《方舆胜览》曰：“赵昱常隐青城山，隋炀帝起为嘉州太守。时犍为潭中有老蛟为害，昱率甲士千人夹江鼓噪，昱持刀入水，有顷，潭水尽赤，昱左手提蛟头，右手持刀，奋波而出。”②

赵昱因斩蛟而成为川南的神人，一些地方视其为川主。全国各地斩蛟除害的英雄非常多，《汉书》曰：“元封五年，武帝自浔浮江，亲射蛟江中，获之。”汉武帝射蛟和刘邦母亲河边与龙“交”而生刘邦一样，都不可信，都是加强王权统治的手段。即便如此，历代斩蛟英雄仍层出不穷。《韩诗外传》曰：“东海有勇士菑丘䜣，过神泉，饮马。其仆曰：‘饮马此者，马必致死。’饮马果沉。䜣拔剑而入，三日三夜，杀二蛟而出，雷神随而击之，眇其左目。”③斩蛟英雄中最著名的人物是周处，他的故事带有深刻的教育意义。如《辞海》转引《晋书·周处传》曰：“南山白额猛兽，长桥下蛟，并子为三矣。”④《世说新语》将之收录，作为人“知错能改，善莫大焉”的典范。对此《世说新语·自新》记载如下。

> 周处年少时，凶强侠气，为乡里所患。又义兴中，水中有蛟，山中有邅迹虎，并皆暴犯百姓。义兴人谓为“三横”，而处尤剧。或说处杀虎斩蛟，实冀三横唯余其一。处即刺杀虎，又入水击蛟，蛟或浮或没，行数十里。处与之俱，经三日三夜，乡里皆谓已死，更相庆，竟杀蛟而出。闻里人相庆，始知为人情所患，有自改意。……处遂改励，终为忠臣孝子。⑤

在古人眼里，水中蛟龙和山林猛虎都是对人类造成巨大威胁的动物。《抱朴

---

① ［五代］孙光宪．北梦琐言·武休潭蛟［M］．林艾园，校．上海：上海古籍出版社，1981：170.

② ［清］张英，［清］王士祯，［清］王掞，等．渊鉴类函·蛟二［M］．上海：上海古籍出版社，2008：659.

③ ［唐］欧阳询．艺文类聚·蛟［M］．汪绍楹，校．上海：上海古籍出版社，1982：1664.

④ 辞海编辑委员会．辞海（1979年版）［M］．上海：上海辞书出版社，1980：1883.

⑤ 朱铸禹．世说新语汇校集注［M］．上海：上海古籍出版社，2002：536.

子·地真卷》曰："陆辟恶兽，水却蛟龙；不畏魍魉，挟毒之虫。"[①]因此，斩蛟刺虎的人便成为英雄。《五杂组·人部》曰："斩蛟者，子羽、佽飞、菑丘䜣、周处、邓遐、赵昱，而许真君不论也。刺虎则多矣，……可谓盖代神力也已！若徒搏之，世不乏人也。"[②]在中国斩蛟文化中，李冰为最重要的文化源头。

四、镇蛟英雄和斩蛟英雄

李冰为蜀守，修建都江堰，使巴蜀成为"天府之国"。《风俗通义》记载："秦昭王听田贵之议，以李冰为蜀守，开成都两江，造兴溉田，万顷以上，始皇得其利以并天下，立其祠也。"[③]李冰在四川享有无与伦比的地位，被人们供奉为神，名号"川主"。四川川主庙众多，而四川人在外省建会馆或神庙往往也称之为"川主庙"。李冰的功劳非常大，明代王士性《广志绎》指出："千万世永赖之，不减神禹也。今新都诸处，飞渠走浍，无尺土无水至者，民不知有荒旱，故称沃野千里。"[④]这是因为"李冰有德于民，人民自然要祭祀他。李冰既为地方水神，又为地方保护神，被尊为川主"[⑤]。

《李公父子治水记》记载："因其治蜀治水，益州始为天府，故世称曰'川主'。"[⑥]四川川主庙非常多，如《四川省巫溪县地名录》记载的巫溪县菱角镇川主庙，"曾有一座庙，供奉李冰父子，故名"；巫溪县蒲莲镇川主庙，"当地有一座庙，供奉李冰父子，故名"；巫溪县尖山镇川主庙，"以前有一座庙，供奉李冰父子，故名"[⑦]。又如《贵州省铜仁县地名录》记载的铜仁市川主庙，"坐落在铜仁城南江宗门对岸。明洪武初，长官李渊修建。川主庙靠山临水，雄伟壮观。正中有三间大殿和一座戏台，两侧有厢房，皆雕梁画栋，寺门外的平台，四

① ［东晋］葛洪．抱朴子内篇全译·地真卷十八［M］．顾久，译．贵阳：贵州人民出版社，1995：461．

② ［明］谢肇淛．五杂组·人部一［M］．傅成，校．上海：上海古籍出版社，2012：89．

③ ［东汉］应劭．风俗通义校注［M］．北京：中华书局，1981：584．

④ ［明］王士性．广志绎·西南诸省［M］．周振鹤，校．北京：中华书局，2006：304．

⑤ 黄权生，罗美洁．长江镇水（蛟）铁牛的历史地理考察［J］．中华文化论坛，2015（7）：134-145．

⑥ 冯广宏．都江堰文献集成：历史文献卷（先秦至清代）［M］．成都：巴蜀书社，2007：753．

⑦ 四川省巫溪县地名领导小组．四川省巫溪县地名录［G］．1982：39，93，226．

周有石栏杆，可览江之胜。庙中神龛神像俱毁，原建筑尚存”[①]。笔者实地考察，发现位于铜仁市市内的川主庙供奉李冰。

为民除害是李冰最大的贡献，此害便是江河里的蛟。在春秋战国时期，蛟为江神。唐代卢求《成都记》曰：“李冰为蜀郡守，有蛟暴，入水戮之；已，为牛形。约曰：‘江神亦必牛形。白带者，我也。’须臾，有二牛斗；武士射其神毙。蜀不复病水。由是，斗牛之戏今世尚或有之，盖自秦世之始也。”[②]在春秋战国和秦汉时期，巴蜀、荆楚文化交流频繁，故有关斩蛟的神话传说也有相似之处，这与长江作为“黄金水道”促成的文化传播密切相关。《艺文类聚·蛟》曰：“荆有佽飞者，得宝剑，还涉江。有两蛟夹绕其船，佽飞拔剑赴江，刺蛟杀之。荆王闻之，仕以执圭。”[③]又如《方舆胜览·湖北路·岳州》记载的杨子洲，“在华容县，昔日荆佽飞斩蛟之所”[④]。《岳阳风土记》曰：“此洲之间，常苦蛟患，昔荆佽飞将大雾渡江，蛟夹船飞入水，斩蛟而去。今庙在洲上。”[⑤]楚地斩蛟、巴蜀斗蛟深深影响了长江流域的蛟文化。就镇蛟文化而言，它受到李冰的影响更大。《成都记序》记载：“李冰为蜀守……作石犀五以压毒蛟，命曰犀牛里；后更为耕牛（当作石牛）二。……江之龙大怒，冰乃持刀入水与龙斗，龙死；遂无水害，迄今蒙利。”[⑥]石犀镇蛟后来逐步演变为铁牛镇蛟。“李冰治水之法，用犀牛（古人将之视为牛类）镇水，其犀牛以及后来铁牛镇水之法流播到全国各地。”[⑦]李冰斩蛟的故事流传甚广，成为镇蛟、斩蛟文化的源头。《风俗通义》记载李冰斗蛟传说如下。

> 秦昭王听田贵之议，遣李冰为蜀郡太守，开成都两江，溉田万顷，无复水旱之灾，岁大丰熟。江水有神，岁取童女二人以为妇，不然，为水灾。主者白：“出钱百万以行聘。”冰曰：“不须，吾自有女。”到时，装饰其女，当以沉江水，径至神祠，上神座，举酒酹曰：“今得傅九族，

① 贵州省铜仁县人民政府. 贵州省铜仁县地名录［G］. 1986：202.

② 冯广宏. 都江堰文献集成：历史文献卷（先秦至清代）［M］. 成都：巴蜀书社，2007：128.

③ ［唐］欧阳询. 艺文类聚·蛟［M］. 汪绍楹，校. 上海：上海古籍出版社，1982：1664.

④ ［南宋］祝穆，［南宋］祝洙. 方舆胜览·湖北路·岳州［M］. 施和金，校. 北京：中华书局，2003：513.

⑤ ［北宋］范致明. 岳阳风土记［M］. ［明］吴琯，校. 台北：成文出版社，1976：38.

⑥ 冯广宏. 都江堰文献集成：历史文献卷（先秦至清代）［M］. 成都：巴蜀书社，2007：50.

⑦ 黄权生，罗美洁. 长江镇水（蛟）铁牛的历史地理考察［J］. 中华文化论坛，2015（7）：134-145.

> 江君大神，当见尊颜，相为进酒。”冰先投杯，但澹澹不耗，冰厉声曰：“江君相轻，当相伐耳。”拔剑，忽然不见，良久，有两苍牛斗于岸旁，有间，冰还，流汗，谓官属曰：“吾斗大极，当相助也，若欲知我，南向腰中正白者，我绶也。”主簿乃刺杀北面者，江神遂死，后无复患。蜀人慕其气决，凡壮健者，因名冰儿。[①]

李冰斗蛟的传说流传甚广。“李冰治水的功绩，因其使用石犀（牛）镇水，故石牛、铜牛、铁牛（犀）则成为中国各地江河镇水神兽，其影响到大江南北，以牛镇水的信仰深入中华文化的骨髓，深深影响后世的治水文化和信仰。”[②]《渊鉴类函·蛟》记载无名叟斩蛟除害的传说如下。

> 黄河之南阳武下埽，在汴京西北，数为湍潦所败。……金皇统中，尝决溢。发卒塞之，朝成夕溃。汴守募能泅者探水底。一渔叟自言能潜伏一昼夜。遂命备牢醴，先祭河神。然后遣之入，半日而出，曰：“下有长蛟为害，故埽不能坚，非杀之不可，须得宝剑乃济……”守取镇库古剑付之。……渔叟携蛟头奋而登舟，洪流陡落，即时埽宁。守欲奏以武爵，辞不受，多与金帛亦辞。旋踵而死。守为立祠于其处，请于朝，封为四将军。……识者疑为神云。[③]

无名叟斩蛟除害的传说，事实上主要受李冰入水斩蛟的影响。斩蛟在宋代以前较多，宋元以后，铁牛镇蛟的文化影响越来越广泛。毕竟人入水斩杀水中蛟龙不切实际，而铁牛镇水（蛟）更符合人们治水的心理需要。《岳阳风土记》记载：“江岸沙碛中有冶铁数枚，俗谓铁枷，重千斤。古人铸铁，如燕尾相向，中有大窍，径尺许，不知何用也。或云以此厌胜，辟蛟蜃之患；或以为矴石，疑其太重，非舟人所能举也；或以为植木其内，编以为栅，以御风涛，皆不可知。”[④]

用铁（牛）治蛟成为唐宋时期最重要的文化传统，基本上都是国家行为，每次消耗的金属也非常多。为何用铁镇蛟？清乾隆皇帝认为：“盖因蛟龙畏铁，又牛属土，土能制水，是以铸铁肖形用示镇制。此次荆州被灾甚重，闻系蛟水为患。”[⑤]事实上“国家政权以国家的意志推动对铁牛治水的信仰，对镇水铁牛的推崇，与

---

① ［东汉］应劭．风俗通义校注［M］．王利器，注．北京：中华书局，1981：583．

② 黄权生，罗美洁．长江镇水（蛟）铁牛的历史地理考察［J］．中华文化论坛，2015（7）：134–145．

③ ［清］张英，［清］王士祯，［清］王掞，等．渊鉴类函·蛟［M］．上海：上海古籍出版社，2008：660–661．

④ ［北宋］范致明．岳阳风土记［M］．［明］吴琯，校．台北：成文出版社，1976：11–12．

⑤ ［清］倪文蔚．荆州万城堤志·卷首·谕旨［M］．毛振培，栾临滨，李锋，校．武汉：湖北教育出版社，2002：27．

民间信仰的结合，铁牛镇水成为江河险段最主要的镇水神物了”[①]。李冰斗蛟或斩蛟形成的文化应该是自然流传的，而李冰用（铁）牛镇蛟的行为也被国家纳入治理江河的实践。《蜀王本纪》记载：“江水为害。蜀守李冰作石犀五枚，二枚在府中，一枚在市桥下，二在水中，以厌水精。因曰石犀里也。”[②]《灌记初稿·地舆记》记载：“冰初封昭应公，孟蜀封大安王，又封应圣灵感王。宋封广济王。元封圣德广裕英惠王。”[③]《重修通佑王殿碑》记载，雍正四年“敕封公为‘敷泽通佑王’，二郎为‘广惠显英王’”[④]。

李冰成为川主及其相关文化的传播是受到国家力量推动的。而江西许旌阳（许逊）斩蛟更多受到明清“江西填湖广，湖广填四川”移民文化的影响。苏轼《神女庙》诗云：“深渊鼍鳖横，巨壑蛇龙顽。旌阳斩长蛟，雷雨斩长蛟，雷雨移沧湾。”由此可见，宋代时许旌阳斩蛟的传说已经流传到巴蜀地区，尤其在长江中游的江汉平原、鄱阳湖、洞庭湖等地区影响甚广。

晋永嘉之乱后，人口大量南迁，江西迁入大量人口，此时许旌阳射蛟的传说便产生了。如《读史方舆纪要》记载的江西石门山，“（湖口）县东南十里有黄牛湫山，一名射蛟浦。相传晋永嘉中，许逊射蛟于此”[⑤]。许旌阳射蛟显然与汉武帝射蛟相似，它更可能是人们将汉武帝射蛟传说本地化的结果。至今江西仍留下大量关于许旌阳射蛟的地名和传说。

又如《读史方舆纪要》记载的江西瑞华山，“在府（吉安府）北五里，俯瞰大江。相接者曰真君山，峰峦巑巢，俯瞰城郭，周围十里，上祀许旌阳，故名”；江西惜母岭，“相传许旌阳逐蛟到此，小蛟回顾其母，故名”[⑥]。又如《江西省奉新县地名志》记载的奉新县候龙渡张家村，“传说，许旌阳（许逊）追斩蛟龙时，曾在此候龙过河。明永乐年间，张民由冈前水碓迁此建村”；奉新县索陂里，“传说许逊追捕蛟龙到此，眼看许逊快要赶上，蛟龙便隐藏在一座水陂下。后同音演

---

① 黄权生，罗美洁．长江镇水（蛟）铁牛的历史地理考察［J］．中华文化论坛，2015（7）：134-145．

② 冯广宏．都江堰文献集成：历史文献卷（先秦至清代）［M］．成都：巴蜀书社，2007：3．

③ 冯广宏．都江堰文献集成：历史文献卷（先秦至清代）［M］．成都：巴蜀书社，2007：380．

④ 冯广宏．都江堰文献集成：历史文献卷（先秦至清代）［M］．成都：巴蜀书社，2007：732-733．

⑤ ［清］顾祖禹．读史方舆纪要·江西［M］．贺次君，施和金，校．北京：中华书局，2005：3938-3939．

⑥ ［清］顾祖禹．读史方舆纪要·江西六［M］．贺次君，施和金，校．北京：中华书局，2005：4008，4080．

变为‘索陂’。村以此而得名”①。江西和湖广相连，故该传说迅速流传至洞庭湖。

产生于江西的许旌阳斩蛟传说，在湖南、湖北流传甚广，主要原因是人口流动。如《方舆胜览·湖北路·岳州》记载的道岩山，“在巴陵县，有巨石，中窾而邃，东西可以舆马往返，容屋百楹。上下流泉不竭，有断石，云许旌阳常以砺剑斩蛟”②。又如乾隆《岳州府志·山川·巴陵》记载的龙洞，“在县东北二十里，相传许旌阳逐蛟路过此山，遂斩”③。蛟文化显然是一种神话传说，并非信史，但其产生和传播的过程本身已然成为历史。

在古人眼里，蛟造就了无数英雄。故郭璞《蛟赞》曰：“匪蛟匪龙，鳞采晖焕。腾濯涛波，蜿蜒江汉。汉武饮羽，佽飞叠断。”诗中赞扬蛟，尤其突出了长江中游以及荆楚之蛟。巴蜀因为李冰修都江堰，成为“天府之国”，蛟害比较少。但李冰斗蛟的传说和用牛镇蛟的文化流播全国各地。“在民间牛成为镇水之神兽和五谷之神，在我国江河有诸多镇水铁牛。铁牛成为镇水的神兽，与远古大禹治水得牛帮助和李冰化牛治水尤其巴蜀石牛崇拜文化的传承和流播有很大的关系。”④

巴蜀地区的水神主要是李冰和其儿子二郎，如《太平寰宇记》记载的成都府华阳县（现已撤销）李冰祠，“在府西南三里。为蜀郡太守有功；及唐，节帅李德裕重立祠宇”；永康军导江县（故地在今都江堰市）李冰祠，“在县西三十三里。为蜀太守”⑤。《重修通佑王殿碑》曰：“有功德于民则祀之。”李冰有德于民，人民自然要祭祀他。李冰既是地方水神，又是地方保护神，被尊为川主。又如《李公父子治水记》记载：“因其治蜀治水，益州始为天府，故世称曰‘川主’。”⑥巫溪县有四个川主庙，如《四川省巫溪县地名录》记载的巫溪县蒲莲镇川主庙，“当地有一座庙，供奉李冰父子，故名”⑦。明清时期的四川会馆就叫川主庙，主要供奉李冰。李冰在云南、贵州、四川等地成为水神，也随着四川人口外迁，以川主庙或川主宫为名，及其儿子二郎庙，存在于全国各地。李冰靠什么神物或神器

---

① 江西省奉新县地名办公室．江西省奉新县地名志［G］．1983：108，151．

② ［南宋］祝穆，［南宋］祝洙．方舆胜览·湖北路·岳州［M］．施和金，校．北京：中华书局，2003：511–512．

③ ［清］谢仲坃．岳州府志（乾隆）·山川·巴陵［M］．南京：江苏古籍出版社，2002：32．

④ 黄权生，罗美洁．长江镇水（蛟）铁牛的历史地理考察［J］．中华文化论坛，2015（7）：134–145．

⑤ 冯广宏．都江堰文献集成：历史文献卷（先秦至清代）［M］．成都：巴蜀书社，2007：85–87．

⑥ 冯广宏．都江堰文献集成：历史文献卷（先秦至清代）［M］．成都：巴蜀书社，2007：733，753．

⑦ 四川省巫溪县地名领导小组．四川省巫溪县地名录［G］．1982：93．

治水或降服水怪的呢?

《蜀王本纪》记载："江水为害。蜀守李冰作石犀五枚，二枚在府中，一枚在市桥下，二枚在水中，以厌水精。因曰石犀里也。"①《华阳国志·蜀志六》记载："外作石犀五头以厌水精。穿石犀溪渠于江南，命曰'犀牛里'。后转置犀牛二头，一在府中市桥门，今所谓石牛门是也。一在渊中。"《成都记序》记载："李冰为蜀守……作石犀五以压毒蛟，命曰犀牛里；后更为耕牛（当作石牛）二。……江之龙大怒，冰乃持刀入水与龙斗，龙死；遂无水害，迄今蒙利。"②由此可见，李冰治水之法在于用犀牛（古人视为牛类）镇水，该法随后流播到全国各地。

石犀镇蛟和李冰化牛杀江神的传说流传甚广，随着时间的推移，该传说也吸纳其他地方的水文化。司马迁《史记·滑稽列传》记载："民人俗语曰：'即不为河伯娶妇，水来漂没，溺其人民。'"③此处河伯是指漳河河神，为河神娶妻的传说发生在北方黄河流域。李冰入水杀江神的传说与河神娶妻的传说发生碰撞，彼此影响。《艺文类聚·牛》引用《风俗通义》记载了李冰入水杀江神的传说。

李冰与江神二牛斗于江中，成为现代斗牛的雏形。《成都记》记载："李冰为蜀郡守，有蛟暴，入水戮之；已，为牛形。约曰：'江神亦必牛形。白带者，我也。'须臾，有二牛斗；武士射其神毙。蜀不复病水。由是，斗牛之戏今世尚或有之，盖自秦世之始也。"④李冰是否影响中国斗牛习俗尚待考证，但李冰治水的功绩，因其使用石犀（牛）镇水，故石牛、铜牛、铁牛（犀）成为中国各地江河镇水的神兽，影响到大江南北。以牛镇水的信仰深入中华文化的骨髓，对后世的治水文化和信仰影响深远。

五、"走蛟"与"蛟水"之说

在西南山区，"洪灾、山崩、泥石流、水土流失等灾害频发的地区，这些往

① 冯广宏．都江堰文献集成：历史文献卷（先秦至清代）[M]．成都：巴蜀书社，2007：3.

② 冯广宏．都江堰文献集成：历史文献卷（先秦至清代）[M]．成都：巴蜀书社，2007：17，50.

③ [西汉]司马迁．史记·滑稽列传第六十六[M]．北京：中华书局，1959：3211.

④ 冯广宏．都江堰文献集成：历史文献卷（先秦至清代）[M]．成都：巴蜀书社，2007：128.

往归为‘走蛟’”“古人确定了蛟龙的存在后，把三峡水路滩多水急、礁石密布、航道危险难行，归因于蛟龙作怪所致”①。《辞海》释“蛟”曰：“古代传说中的动物，民间相传以为能发洪水。如发蛟；出蛟。”②

在古人眼里，巴蜀是“蛟龙之宫”。《巴蜀古文选解》收录清代周伯寅的《前游金佛山记》曰：“蜀山之甲天下有二，曰险，曰奇。奇则有蛟龙之宫，有仙圣之馆，有木石羽毛之异，有风云雷雨之灵。”③

蛟，民间相传能发洪水，但也有认为“起蛟见龙”生成洪水是附会之说，如道光《石泉县志·地理志》曰：“每当夏秋涨发之际，洪涛巨浪甚于往日，下流壅塞，则上游泛滥，……道光二年八月，大雨弥旬，石瓮为木筏横梗，水泄不及，汹涌澎湃，而大坝、饶风、珍珠河之水障于城西，红河之水障于城东，诸水混一，茫无际涯，数十里皆成泽国，城亦崩陷倾圮。东西房屋漂没无存，为从来未有之灾。或以为起蛟见龙，盖附会之说也。”④

关于蛟水和蛟害，《渊鉴类函·蛟》曰：“蛇雉遗卵于地，千年而为蛟，其出壳之日，害于一方，洪水飘荡。吴人谓之发洪。”⑤《万历野获编·龙子》曰：“得雉则结卵成蛟，最为大地灾害。其遗体石罅中，数十年后，始裂山飞出，移城郭，夷墟市，所杀不胜计。”⑥如《湖北省咸丰县地名志》记载的咸丰县杨泗坝，“中建河岸平坝建有石桥，每逢山洪暴发，就冲桥，坝被淹，传说是蛟龙经过”⑦。又如《乐山县志·祥异志》曰：“道光二十六年丙午六月初十日，灌县起蛟，发水眉、彭，田堤淹没，坏庐舍。蛟随水行至嘉定，势极汹涌，诸寺庙及张公桥皆崩塌，城外成巨浸，大舰直泊迎春门内，盖百年未有之灾也。”⑧

清代李本忠是一个治滩专家，他自己筹资治理峡江险滩，相信蛟水存在。李本忠《平滩纪略》记载：“牛口滩，上接川江水，出巫山大峡口，历来上下舟楫涉险往来。乾隆五十三年，滩脑上有一深溪，偶发蛟水，冲倒巨石垒垒高堆，泡漩接连，洩滩并增漫汗，仕宦商贾行李货物至此，莫不胆寒。”⑨每逢山洪暴发，

① 黄权生．三峡走蛟文化［J］．中国三峡，2012（8）：39-45

② 辞海编辑委员会．辞海（1979年版）［M］．上海：上海辞书出版社，1980：1883.

③ 罗应涛．巴蜀古文选解［M］．成都：四川大学出版社，2002：359.

④ ［清］舒钧．石泉县志（道光）·地理志［M］．台北：成文出版社，1969：16-17.

⑤ ［清］张英，［清］王士祯，［清］王掞，等．渊鉴类函·蛟［M］．上海：上海古籍出版社，2008：657.

⑥ ［明］沈德符．万历野获编·龙子［M］．北京：中华书局，1959：191.

⑦ 湖北省咸丰县地名办公室．湖北省咸丰县地名志［G］．1984：161.

⑧ ［民国］唐受潘，［民国］黄熔．乐山县志（民国）·祥异志［M］．成都：巴蜀书社，1992：956.

⑨ ［清］李本忠．平滩纪略［M］．北京：中国线装书局，2004：73.

庐舍人畜被山水推去，人们迷信以为蛟龙经过，俗称“走蛟”。如《湖北省保康县地名志》记载的保康县过渡湾镇大水潭村，“据该村老人说，1920年6月29日因‘走蛟’将沟水阻断，形成了一个二亩面积的水潭（后潭被填），故名”[①]。蛟害发生后，容易形成次生灾害。如光绪《巫山县志·救生船》曰：“离城七十里，系乾隆四十年出蛟，新增之滩。”[②]又如《巫山县志·艺文志》曰：“所谓蛟龙云雨，实发轫于此也，厥功不亦伟欤！”[③]古人面对洪灾、山崩等恶劣的自然灾害，毫无办法，只能将之归因于蛟。

古人认为，蛟化龙之前有较大的破坏性，洪水容易形成泥石流、地陷、决堤等灾害，这种破坏性是蛟化龙成功与否的外部条件。如《淮南子·说林训》指出：“人不见龙之飞举而能高者，风雨奉之。”[④]龙飞天需要风雨的帮忙，蛟化龙更需要外部条件，就是发洪水。如《湖南省沅陵县地名录》记载的沅陵县龙海冲村，“村居之冲，相传原有蛟龙，忽一日大雨滂沱，巨澜翻滚，蛟龙随之归海，故名龙海冲，村以此得名”[⑤]。

蛟龙生于水，无水无暴雨，蛟则难以生成。《辞海》释“蛟龙得水”曰：“相传蛟龙得水，即能兴云作雾，腾踔太空。比喻有才能的人获得施展的机会。”[⑥]《荀子》曰：“积土成山，风雨兴焉；积水成渊，蛟龙生焉。”[⑦]有水方有蛟，如《管子·形势解》曰：“蛟龙，水虫之神者也。乘于水则神立，失于水则神废。”[⑧]没有水，蛟的神性顿消。故《抱朴子·明本卷》曰：“夫渊竭池漉，则蛟龙不游。”[⑨]《管子·形势》曰：“蛟龙得水而神可立也，虎豹托幽而威可载也。”[⑩]有蛟的地方必有水，如《山海经·中山经》曰：“荆山之首，曰翼望之山。湍水出焉，东流注于济。贶水出焉，东南流注于汉，其中多蛟。”“又东南三十里曰毕山。帝苑之水出焉，东北流注于瀙水，其中多水玉，多蛟。”[⑪]巴蜀、荆楚、潇湘多蛟，也因为这些地区多水。屈原《楚辞·湘夫人》曰：“帝子降兮北渚，目眇眇兮愁予。

---

① 湖北省保康县地名领导小组办公室．湖北省保康县地名志［G］．1982：47．

② 四川省巫山县志编纂委员会．巫山县志（光绪）·水利志船［G］．1988：59．

③ 四川省巫山县志编纂委员会．巫山县志·艺文志［G］．1988：364．

④ ［西汉］刘安．淮南子全译［M］．许匡一，注．贵阳：贵州人民出版社，1993：1019．

⑤ 湖南省沅陵县人民政府．湖南省沅陵县地名录［G］．1983：150．

⑥ 辞海编辑委员会．辞海（1979年版）［M］．上海：上海辞书出版社，1980：1883．

⑦ ［战国］荀况．荀子［M］．方勇，李波，注．北京：中华书局，2011：5．

⑧ 黎翔凤，梁运华．管子校注·形势解第六十四［M］．北京：中华书局，2004：1169．

⑨ ［东晋］葛洪．抱朴子内篇全译·明本卷十［M］．顾久，译．贵阳：贵州人民出版社，1995：251．

⑩ 黎翔凤，梁运华．管子校注·形势第二［M］．北京：中华书局，2004：21．

⑪ 袁珂．山海经校译［M］．上海：上海古籍出版社，1985：136-139．

袅袅兮秋风，洞庭波兮木叶下。……沅有茝兮醴有兰，思公子兮未敢言。荒忽兮远望，观流水兮潺湲。麋何食兮庭中？蛟何为兮水裔？朝驰余马兮江皋，夕济兮西澨。闻佳人兮召予，将腾驾兮偕逝。”[①]

在古人眼里，危害人类的水中生物皆称“蛟”，蛟是平常的神灵，故屈原才有“蛟何为兮水裔”的疑问。而古人曾在江河湖泊设警示牌，提醒蛟害。如《岳阳风土记》曰：“阁子镇有堤曰白荆堤，石壁潭在其下，亦谓之钓丝潭。其深莫测，夏秋水涨，一日之间或增或减。土人以为龙出入此潭。其间多蛟蜃，为行旅之患。滕子京作碑堤上，戒往来者使陆行。”[②]在古人眼里，蛟龙居水，害人是其“天地之性”。《淮南子·原道训》指出：“夫萍树根于水，木树根于土；鸟排虚而飞，兽蹠实而走；蛟龙水居，虎豹山处；天地之性也。”[③]秦汉时期，蛟和龙具有神性，也有动物原型。随着时间的推移，龙的地位升高了，蛟的地位下降了。蛟化龙需要一个修炼的过程，蛟出洞窟，一路沿着溪流进入大江大河，然后入海。蛟所过之处，造成溪流甚至江河之水暴涨，并伴着狂风暴雨、飞沙走石。故学者指出：“宋元以来的野史杂记谈及当时的洪水灾害，更往往同蛟联系在一起，蛟患、蛟害、蛟水、出蛟、发蛟、起蛟等已成为洪水灾害的同义语。”[④]

中国民间有诸多与走蛟、过蛟、蛟水、出蛟、发蛟、起蛟等相关的地名，传说非常多。如《湖北省利川县地名志》记载的利川市蛟山坡，“山坡上早年走‘过蛟’，故名”[⑤]；利川市龙驹河，“传说河中曾走‘过蛟’，故名”[⑥]。又如《湖北省秭归县地名志》记载的秭归县蛟家湾，“相传，此地走‘过蛟’，故名”[⑦]。又如《湖北省保康县地名志》记载的保康县龙潭包村，“相传早年有一个水潭，潭内有一条蛟龙要走，因水小未能走动，蛟龙翻滚，泥沙淤积，形成小山包，故称龙潭包，村以此名”[⑧]。又如《湖北省兴山县地名志》记载的兴山县蛟过坪村，“传说山洪暴发时，有蛟龙过此，水退成坪，村以此得名”[⑨]。又如《湖北省宜都县地名志》记载的宜都县（现宜都市）蛟水岗，“因此地沟壑纵横，山洪暴发时，

---

① ［战国］屈原. 楚辞［M］. 林家骊，注. 北京：中华书局，2010：50-52.
② ［北宋］范致明. 岳阳风土记［M］. ［明］吴琯，校. 台北：成文出版社，1976：18.
③ ［西汉］刘安. 淮南子［M］. 顾迁，注. 北京：中华书局，2009：14.
④ 姚立江. 蛟龙神话与镇水习俗［J］. 中国典籍与文化，1998（4）：102-104，111.
⑤ 湖北省利川县地名领导小组办公室. 湖北省利川县地名志［G］. 1984：207.
⑥ 湖北省利川县地名领导小组办公室. 湖北省利川县地名志［G］. 1984：509.
⑦ 湖北省秭归县地名领导小组. 湖北省秭归县地名志［G］. 1982：109.
⑧ 湖北省保康县地名领导小组办公室. 湖北省保康县地名志［G］. 1982：119.
⑨ 湖北省兴山县地名领导小组. 湖北省兴山县地名志［G］. 1982：187.

犹如蛟龙翻腾，故名”[①]。又如《湖北省宜昌县地名志》记载的宜昌市龙窝，“传说，此地曾有龙起蛟所形成的低洼地形，故名龙窝”[②]。又如《湖北省远安县地名志》记载的远安县龙洞坪，“传说，发洪水时该洞走过蛟龙，故名龙洞坪”[③]。又如《湖北省神农架林区地名志》记载的神农架龙沟，“传说，此沟走过蛟龙，沟口原有一座龙王庙，得名‘龙沟’”[④]。又如《四川省奉节县地名录》记载的奉节县罗汉乡化龙溪，“传说旧时走蛟，龙死于此，故名”；奉节县野茶乡龙池卡，“传说，过去走蛟的必经之路，故名”；奉节县三桥乡（三桥乡现已并入兴隆镇）龙潭坪，“早年坪里走过蛟，冲成一坪”[⑤]。

《四川省巫山县地名录》记载了一则巫山神话传说：“西王母的小女儿瑶姬，劈开十二条混江蛟龙以后，爱上了高峰入云、江水碧绿的巫山，便在此定居下来，帮助夏禹开凿三峡，疏通江水，为樵夫驱虎豹，为农人保丰收，为病人种灵芝，为行船谋安全。日久天长，她的身躯化为一座石峰，每天她第一个迎来朝霞，最后一个送走晚霞，故名望霞峰。”[⑥]长江洪水暴涨，世人便认为是“走蛟”。如乾隆《屏山县志》曰：“屏邑千岩万壑，怪石崚嶒，淫雨浃旬，每有崩裂之患。滨水穷民贪隙土以资生。筑室罔知避忌。一旦山水骤来，盈溪满谷，漂没庐舍。急不能避，往往遇害，岂尽蛟之为患哉。”[⑦]

蛟害危害严重，它造成山崩，可漂没庐舍，甚至危害人的生命。对此《归州志·伐蛟说》有如下描述。

> 《月令》季夏之月，命渔师伐蛟者，何除民害也。先王之爱民也，至而卫民也。周凡妖鸟、猛兽之属，无不设官以治之。蛟之为害也尤酷，故声其罪而致其讨，又著之为令，以昭后世也。在江南，蛟患时闻广原深谷之间，大率数载一发，其最盛者宣城石峡山，一日发二十余处，六安州平地水高数丈也。江西缨山带湖，本蛟龙所窟宅，旌阳遗迹，其来尚矣。近世出蛟之事，在元一见于新建，在明一见于宁州，再见于瑞州，三见于庐山，四见于五老峰，五见于太平宫。
>
> 国朝一见于永宁，皆记在《详异志》，彰彰可考。余来抚之，次年，

① 湖北省宜都县地名领导小组. 湖北省宜都县地名志［G］. 1982：239.

② 湖北省宜昌县地名领导小组. 湖北省宜昌县地名志［G］. 1982：264.

③ 湖北省远安县地名领导小组. 湖北省远安县地名志［G］. 1982：365.

④ 湖北省神农架林区地名领导小组办公室. 湖北省神农架林区地名志［G］. 1982：55.

⑤ 四川省奉节县地名领导小组. 四川省奉节县地名录［G］. 1988：165，188，359.

⑥ 四川省巫山县地名领导小组. 四川省巫山县地名录［G］. 1983：27.

⑦ ［清］张曾敏，［清］陈琦. 屏山县志（乾隆）［M］. 成都：巴蜀书社，1992：786.

适兴国等处，蛟水大发，漂没我田禾，荡析庐舍尽焉。[①]

蛟如猛虎，独来独往，蛟水大发，漂没田禾，荡析庐舍，可一年一次，一月一次，甚至一日多次，难以防范。《淮南子·说林训》曰："一渊不两蛟，水定则清正。""日月不并出，狐不二雄，神龙不匹，猛兽不群，鸷鸟不双。"[②]在古人眼里，蛟因自然而生，事实上蛟害也因人而生。对此，魏源《湖北堤防议》有如下阐述。

汉水则发源汉中，挟兴安、郧阳万山溪涧之水以东，又受德安、安陆之水于郧口，皆山潦横暴，每夏秋汛，与江争涨，则分派入江陵之长湖，下达潜、监、沔阳之沌口，港汉纵横，数百里弥望，是为汉患。斯二者，或委之天时焉，谓蛟水骤涨数丈，所至溃突，非汛水日长尺寸之比，则其发有时，固不应天灾之岁告也。或委之人事焉，谓秦、蜀老林棚民垦山，泥沙随雨尽下，故汉之石水斗泥，几同浊河，则承平生齿日倍，亦不能禁上游之不垦也。[③]

魏源看到了人们乱砍滥伐对森林造成的极大破坏，农业垦殖造成水土流失，进而加剧蛟水的危害性。在治理和防止人为制造的蛟害方面，《再续行水金鉴·长江卷》有如下阐述。

言此者亦多端矣，或以为蛟水之屡发也，或以为海口之不纳也。夫蛟水之发，病在上游，海口不纳，病在下游，余皆不谓之然。蛟居深山之中，感风雨而发，其力足以崩决山阜，破坏川谷，水之所至，高或数丈，远或千里，然率一直注，乘溪而入大河，其迹遂泯。使一蛟之水，措之于江，则不能加毫末也。若聚千百蛟之水，同时并发，则蛟之产，不能约而同，蛟之出，不能比而合。又山中蛟患，于古有之，不闻频岁相仍，若操左券。且人所称为蛟者，非真见蛟，水中有所指，实不过山水骤发，其势汹涌，遂以为蛟。

其实深邃之山，数日骤雨，则涧水奔腾如注，一昼夜可长丈许，半日雨止，则遂消退，是蛟非蛟，乌从深辨。即曰是蛟，而江能容之于往年，不能纳之于今日，是江已失其常度，病因蛟见，而实不起于蛟。海为百川所归，海水或高，则江流不纳，坐致壅溃，于理最近。然既由海水不纳，则江流入海之处，必先受病。滨海居民，当早被淹。下游未淹，何至上游先受其害。且频年江水骤发，皆先闻豫章、汉阳大水，次至皖江。

① ［清］李炘，［清］沈云骏．归州志（光绪）·伐蛟说［M］．台北：成文出版社，1976：159-160.

② ［西汉］刘安．淮南子全译［M］．许匡一，注．贵阳：贵州人民出版社，1993：1019.

③ ［清］魏源．魏源集（上册）［M］．北京：中华书局，1976：391.

及皖江淹，而金陵瓜步以下，尚不闻有水患。迟之又久，始与上游相同。此可知患不起于海水。非熟察情势，乌能知之！[①]

清人认识到，“蛟者，非真见蛟，水中有所指，实不过山水骤发，其势汹涌，遂以为蛟”，更深刻认识到“是江已失其常度，病因蛟见，而实不起于蛟”。明清以来，长江的自然环境破坏严重，容纳江水尤其洪水的湖泊遭围垦，洪水无所蓄、无所潴，造成洪涝灾害。

明代治水专家陈瑞在《川江石坝志略》中记载了自己梦到黄陵神即黄牛神，得黄牛神的神谕而修三峡石坝的故事。

一夕，宿夷陵署中。忽梦神人，黑面绛衣，谒余曰：“吾黄陵神也。”觉而惊讶。翌日，询诸父老，云：西去二百里即三峡。峡之上有神名黄陵，极灵异。……余闻之喜。即日□（余）又（撰文）令所司具牲醴，竭诚偕巡道马宪副，署州辜、蔡二守御驺从，操小舟冒险穿峡，恭拜祠下。酹毕，默祝曰：“某来为拯溺计，惟神一视古今，其佑之。”是夕，宿于舟中，复梦神谢余起伏若垒石状。既寤，尤香气袭人。心窃喜曰：思之思之，鬼神将通之信之。

夫平明放舟，顺流而东。回视三峡，不啻天上。噫！水涨时势若建瓴，一无停滞，瞬息千里。其冲激溃决，弥漫江浒，何怪其然。及环视，沿江两岸多积石，且横有石梁插入江中者。余及复思维，乃翻然曰：嘻！神之所示，其在斯乎。

夫治水之策二，在杀其源，疏其委。今源委既远，难于为力。若于上流少加阻遏，以缓水势，使下流以渐而通，是亦治水之一策也。况岸有积石及天生石梁，因以垒石坝数十座，或者可挽狂澜万一。

陈瑞是对蛟害发起挑战的古代地方官员。为了推行建坝防洪的措施，他附会说是得黄牛神的神谕，因此减少了建坝的阻力，“在进行了这样一种附会以后，在峡江上建坝遏水防洪的水利思想就更能为大多数人所接受，峡江石坝的兴修也就能更顺利地出炉，工程也就能更快速地上马并竣工”[②]。《川江石坝志略》继续写道——

复加酌量地势、水势所宜，可以坝者二十余处。夷陵七、归州九、巴东四，各量动仓粟，计值银不过六十（千）两，募工垒砌。沿江居民欣然子（自）来，不日告竣。

---

① 中国水利水电科学研究院水利史研究室．再续行水金鉴·长江卷·长江附编七·论江水十二篇［M］．武汉：湖北人民出版社，2004：978．

② 尹玲玲．明清两湖平原的环境变迁与社会应对［M］．上海：上海人民出版社，2008：160．

坝身长十丈，阔五丈，高一丈五尺，屹然相向。盖据高为坝，当时之水中淹而行，坝若无功。间值洪水横流之时，则遇坝而阻，水势回合转折，停蓄盈科徐下，不复向之澎湃直泻。

是岁，松滋、江陵、公安、石首、监利一带，江堤晏然如故。虽堤外低田亦无淹溺。①

自古就有神人（女）降蛟龙的传说，如大禹在三峡治水曾得神女帮助的传说，有三峡黄牛镇蛟、许旌阳（许逊）斩蛟、杨泗斩蛟、李冰入水杀蛟（牛）、汉武帝射蛟的传说。《汉书·武帝本纪》曰："五年冬，行南巡狩，至于盛唐，望祀虞舜于九嶷。登灊天柱山，自寻阳浮江，亲射蛟江中，获之。舳舻千里，薄枞阳而出。"②汉武帝在湖南射蛟的传说较多，有射蛟台和射蛟屋等古迹。蛟龙生于水，无水，蛟则难以生成。《管子·形势解》曰："蛟龙，水虫之神者也。乘于水则神立，失于水则神废。"③《管子·形势》曰："蛟龙得水而神可立也，虎豹托幽而威可载也。"因此，预防或消除蛟害，成为人们应对其危害的必然选择。严如熤《三省边防备览·策略》指出："百姓不知伐蛟之法，蛟起摧山裂石，坡坳之间，庐舍人畜被山水推去，往往有之，山民频受其害，无可如何。蛟将起时有声，阁阁似雉鸣，而较闳以此侦之，可以预避。"④

六、伐蛟、避蛟和镇蛟之法

1. 伐蛟法

有学者指出："传统水文化中，有水必有水灵。古人为求伏波安澜、风调雨顺，无论江河湖海，甚至水塘、水井、房屋建筑，都择地安置神物以镇水求安。用于

① 见明代万历吴守忠所编的《三峡通志》卷四《归峡》。尹玲玲认为《川江石坝志》遗漏"千"字，即认为"六十"可能就是"六千"。六千偏少，故笔者认为六万最合适。清代李本忠《平滩纪略》记载，道光年间凿滩巴东、归州和东湖（今宜昌夷陵地界）"用过工费炭银四万一千八百六十余两"。以此相类，笔者认为陈瑞使用银两为六万两更为接近这些工程的实际。

② ［东汉］班固．汉书·武帝本纪第六［M］．［唐］颜师古，注．北京：中华书局，1962：196．

③ 黎翔凤，梁运华．管子校注·形势解［M］．北京：中华书局，2004：1169．

④ 蓝勇．稀见重庆地方文献汇点（上）［M］．重庆：重庆大学出版社，2013：371．

镇水的神物有佛、塔、庙、祠、亭、铁镬、石人、宝剑、神兽……”[①]其他镇水之物还有铁枷、铁械、铁釜镬、石犀、怪兽、金人（铁人）、宝剑、趴蝮（蚣蝮、叭嗄、吸水兽、吞水兽）等。

不论是伐蛟法还是捕蛟法，提出这种方法的人必然相信蛟存在。乾隆十一年（1746 年），江西按察使翁藻《掘蛟镇蛟法》曰：“奏为敬陈管见，仰请睿裁事。窃惟旱潦系乎天时，补救藉乎人事。上年江浙、四川所属及江西之德兴、宜黄等县，偶以水患见告。荷蒙皇上天恩发帑赈恤，固已民庆更生矣。然臣查其被水之由，多系蛟发所致。”人们不仅相信蛟存在，而且相信蛟是可以预避和防止的。光绪《归州志·伐蛟说》曰：“谨按《月令》渔师伐蛟，则蛟之宜伐也，明矣。”[②]

蛟害危害太大，乾隆年间，有地方官员上奏乾隆皇帝提出捕蛟的方法。对此《归州志·伐蛟说》有如下阐述。

惟是伐之之法不传，询之山野父老，凿言：生蛟之地，冬雪不存，夏苗不长，鸟雀不集，其土赤色。其气朝黄而暮黑，星夜视之，气浊于霄。未起三月前，远闻似秋蝉鸣。此夜蛟能动，不能飞，可以掘得。及渐起离地三尺，声渐大。不过数日，候雷雨而兴，多在夏末秋初之间。善识者察气辨色，掘土三五尺余，其卵即得，多备利刃剖之，其害遂绝。

或云：蛟非龙引不起，龙非雷电不行。宜用铁与犬血及不洁物以镇之，又云：蛟畏金鼓，夜畏火。夏月田间作金鼓声以督农，则蛟不起。若连日雨，夜竖高杆，悬以灯火，亦可避蛟。凡此搜捕之方，防御之术，体察物理，未必无征。臣以为御灾捍患，惟虑不得其法耳。

苟得其法，似宜试行之，况蛟水为暴发，则为害匪轻。历查各直省内，每于山深谷邃之区，多被蛟患。若将前项御蛟之法，通行各省，令地方官晓示居民，不时留心察看，如果掘得蛟卵，永除民害。否则如法镇之，俾不得上腾，亦可防患于未萌。此人力所能为，似未便置之勿论也。臣愚昧之见，是否有当理合恭折，奏请皇上训示。谨奏奉旨。此折着抄录，寄与江南、浙江督抚阅看。如有可仿照之处，令其酌量办理。钦此。

偶翻旧箧中得前江西按察使翁藻奏陈《掘蛟镇蛟法》，考核详明，深得御灾捍患之道。因思归邑崇山峻岭，恐致蛟患，爰录其奏，于邑乘中，俾州人知所防御云尔。

---

① 王培君．镇水兽与中国传统镇水习俗［J］．河海大学学报（哲学社会科学版），2012，14（2）：53-57．

② ［清］李炘，［清］沈云骏．归州志（光绪）·伐蛟说［M］．台北：成文出版社，1976：151-152．

李炘记。[①]

捕蛟法共有四种。第一，除蛟卵。等到雷雨来临或在夏末秋初之间掘土三五尺，破其卵，潜在的蛟患就根除了。第二，镇蛟。有三种不同的镇蛟之物，即铁、犬血及不洁物。如《四川省奉节县地名录》记载的奉节县铁柱溪（位于白帝城附近），“传说溪中有锁大江蛟龙的铁柱”[②]。又如《湖北省当阳县地名志》记载的当阳县（现当阳市）石龙冲，“传说冲中原藏有蛟龙，伤害人畜，造成灾害，后杀黑狗祭山，蛟龙被气死，故名‘失龙冲’。后演变为‘石龙冲’”。第三，用声音防蛟患，即用金鼓声。如《湖北省当阳县地名志》记载的当阳市龙泉镇铜鼓包，“传说包上曾埋有铜鼓镇邪，故名”[③]。第四，夜竖高杆，悬以灯火。这四种方法来自江西按察使翁藻的《掘蛟镇蛟法》，乾隆皇帝得到此法后，命人抄录寄与江南、浙江督抚阅看，并令其酌量办理。为了能顺利推行《掘蛟镇蛟法》，归州地方官员还施行奖励政策。对此《归州志·伐蛟说》记载如下。

光绪六年，秋奉抚宪彭，札因楚北滨江、汉，每遭水患，乃有不因江汉之水，亦足以涌波涛，而浸田庐，戕生命者，则毒莫如蛟。《周礼》：“秋官氏、壶涿氏、掌除水虫。”《月令》：“季夏之月，渔师伐蛟。”自古伐蛟之说不一，求其恺切著明者，则国朝陈文恭公伐蛟之说，法至备也。复经光侍御奏请饬仿，各宪因转行遵办，实为加惠民生。州属丛山幽谷，溪间临江，深虑藏有蛟孽。比即出示晓谕，如有掘获一蛟，赏银十两。在案尤冀州之绅耆，究心伐蛟遗制，素与僻壤愚民。究其原委，察其情形。鉴洪灾于既往，消隐患于将来，则轸念黎民之至意也。谨录于志，永追昭垂，勿视为细故云。[④]

面对自然灾害，人们归因于蛟，而事实上蛟并不存在。古人找出各种理由让人相信伐蛟是可信可行的。乾隆时大臣陈宏谋（谥文恭）《伐蛟说》有如下阐述。

心伤思所以案验，而剪除之，未得其要领也。书院主讲梁先生博物君子，出一编示余，言蛟之情状与所以戢之之法，甚详，且核有土色之可辨，有光气之可瞻，有声音之可听，其镇之也有具；其驱之也有方循。是则蛟虽暴，不难剪除矣。云蛟似蛇，而四足，细颈有白瘿，本龙属也。其孕而成形，率在陵谷间，乃雉与蛇当春而交，精沦于地，闻雷声则入

① ［清］李炘，［清］沈云骏．归州志（光绪）·伐蛟说［M］．台北：成文出版社，1976：152-155.

② 四川省奉节县地名领导小组．四川省奉节县地名录［G］．1988：466.

③ 湖北省当阳县地名领导小组．湖北省当阳县地名志［G］．1982：210，549.

④ ［清］李炘，［清］沈云骏．归州志（光绪）·伐蛟说［M］．台北：成文出版社，1976：157-158.

地成卵。渐次下达于泉，积数十年，气候已足，卵大如轮。其地冬雪不存，夏苗不长，鸟雀不集，土色赤有气，朝黄而暮黑，星夜视之，黑气上冲于霄。卵既成形，闻雷声，自泉间渐起而上，其地之色与气，亦渐显而明，未起三月前，远闻似秋蝉鸣。闷在手中，或如醉人声。此时蛟能动，不能飞，可以掘得。及渐上距地面三尺许，声响渐大，不过数日，候雷雨即出。出多在夏末秋初，善识者，先于冬雪时视其地，围圆（园）不存雪，又素无草木。复于未起二三月，春夏之交，观地之异气，掘至三五尺，其卵即得，大如二斛瓮，预以不洁之物，或铁与犬血镇之，多备利刃剖之，其害遂绝。又蛟畏金鼓及火，山中久雨，夜立高竿，挂一灯可以辟蛟。夏月，田间作金鼓声以督农，则蛟不起。即起而作波，但叠鼓鸣钲，多发火光以拒之，水势必退。皆得之经历之。故老凿凿有掠据者也。余乃稽往验，今征物推义，为之印证其说。

曰：《月令·季夏》："夏正之六月也。"今言蛟之出在夏末秋初，其可信一也；《志》称："宏（弘）治十七年，庐山鸣金三日，雷电大雨，蛟四出。"今言蛟渐起地，声响渐大，候雷雨即出，知向所谓山鸣乃蛟鸣也。其可信其二也；许旌阳镇蛟以铁柱，今言蛟畏铁，其可信三也；《兵法·潜师》曰："侵声罪曰：伐。"今震之以金鼓烛之，以火光如雷如霆，俨若六师之致，讨兴伐之义相合，其可信四也。

夫以蛟之不难制，若此而数千百年以来，罕有言者。盖田夫野老知，而不能言；文人学士鄙其事，而以为不足言；司牧之官又鞅掌于薄书，而不暇致详也。一旦横流猝发，载胥及溺，然后开仓廪以赈恤之，则已晚矣。天下狃于故常，而忽于远虑，贻害可胜道哉。余故亟录其说，广为刊布，且悬示赏格，有掘得者，官给银十两。使僻远乡村之地，转相传说，人人属耳目，注精神。先时而侦侯，临事而周防，庶几，大害可除。此邦永蒙其福，而他省之有蛟患者，皆可踵而行之幸，毋以为不急之迂谈也。①

陈宏谋《伐蛟说》除了重复李炘《捕蛟法》的四种方法外，还提出伐蛟是可信的，为何如此？这是因为清朝末年时代在变化，人们的认知水平逐步提升，已经有很多人不相信蛟的存在，认为这是臆说。陈宏谋找出四个"令人信服"的理由：第一，有古书《月令·季夏》的记载；第二，有地方志记载蛟害的情况；第三，有许旌阳镇蛟、铁柱镇蛟和斩蛟的传说；第四，金鼓火烛避蛟，与兵书上"讨

① ［清］李炘，［清］沈云骏．归州志（光绪）·伐蛟说［M］．台北：成文出版社，1976：160-165．

兴伐之义相合”。前两点是文献记载，第三点是传说，第四点纯属附会之说。

为什么《伐蛟说》和《捕蛟法》没有广泛流传呢？陈宏谋找出三条理由：第一，“田夫野老知，而不能言”；第二，“文人学士鄙其事，而以为不足言”；第三，“司牧之官又鞅掌于薄书，而不暇致详”。这三条理由，似乎条条有理，其实都是牵强附会之说。这表明蛟害虽非真实存在的文化思想，但在古人心中根深蒂固。

2. 用符除蛟

古人认为，四季变化有规律，万物皆有因果，彼此相生相克。《易纬通卦验》曰：“震东方也，至春分日，出青气也。出直震，此正气也，气出右，万物半死，气出左，龙蛟出。”①《三峡通志·黄陵庙事迹记》曰：“黄牛，土星所化，五行之中，土能克水，黄牛之色乃中央土也。”②董仲舒《春秋繁露·五行对》将之发展为“天有五行：木、火、土、金、水是也。木生火，火生土，土生金，金生水”③。《草木子·管窥篇》曰：“水中滓浊，历岁既久，积而成土，水土震荡，渐加凝聚，水落土出，遂成山川。故山形有波浪之势焉。于是土之刚者，成石而金生焉，土之柔者，生木而火生焉。五行既具，乃生万物。万物化生而变化无穷焉。”④

古人认为，五行和自然规律是可以被人利用的。蛟作为自然的一部分，是可以被控制的。《寻阳记》曰：“城东门通大桥，常有蛟为百姓害，董奉疏一符与水中，少日，见一蛟死，浮出。”⑤用符咒除蛟的方法主要来自道教，这便是葛洪的“涉江渡海辟蛟龙之道”。对此《抱朴子内篇·登涉卷》阐述如下。

> 或问涉江渡海辟蛟龙之道。抱朴子曰：“道士不得已而当游涉大川者，皆先当于水次，破鸡子一枚，以少许粉杂香末，合搅器水中，以自洗濯，则不畏风波蛟龙也。又佩东海小童符及制水符、蓬莱札，皆却水中之百害也。又有六甲三金符、五木禁。又法，临川先祝曰：‘卷蓬卷蓬，河伯导前辟蛟龙，万灾消灭天清明。’又《金简记》云：以五月丙午日日中，捣五石，下其铜。五石者，雄黄、丹砂、雌黄、矾石、曾青也。皆粉之，以金华池浴之，内六一神炉中，鼓下之，以桂木烧为之，铜成以刚炭炼之，令童男童女进火，取牡铜以为雄剑，取牝铜以为雌剑，各长五寸五分，

① ［唐］欧阳询．艺文类聚·蛟［M］．汪绍楹，校．上海：上海古籍出版社，1982：1664.

② 蓝勇．稀见重庆地方文献汇点（上）［M］．重庆：重庆大学出版社，2013：154-155.

③ ［西汉］董仲舒．春秋繁露·五行对三十八［M］．周桂钿，注．北京：中华书局，2011：144.

④ ［明］叶子奇．草木子·管窥篇［M］．吴东昆，校．上海：上海古籍出版社，2012：9.

⑤ ［唐］欧阳询．艺文类聚·蛟［M］．汪绍楹，校．上海：上海古籍出版社，1982：1664.

取土之数，以厌水精也。带之以水行，则蛟龙巨鱼水神不敢近人也。欲知铜之牝牡，当令童男童女俱以水灌铜。灌铜当以在火中向赤时也，则铜自分为两段，有凸起者牡铜也，有凹陷者牝铜也，各刻名识之。欲入水，以雄者带左，以雌者带右。但乘船不身涉水者，其阳日带雄，阴日带雌。又天文大字，有北帝书，写帛而带之，亦辟风波蛟龙水虫也。”①

用符除蛟有三种方法。第一，避蛟龙的符咒有东海小童符、制水符、蓬莱札、六甲三金符、五木禁等；第二，避蛟之物有雄、雌铜剑；第三，“天文大字，有北帝书，写帛而带之”，也可以避蛟龙。

《抱朴子内篇·遐览卷》指出其他不同和相似的方法。

或问：“仙药之大者，莫先于金丹，既闻命矣，敢问符书之属，不审最神乎？”抱朴子曰：“余闻郑君言：道书之重者，莫过于《三皇内文》《五岳真形图》也。古者仙官至人，尊秘此道，非有仙名者，不可授也。受之四十年一传，传之歃血而盟，委质为约。诸名山五岳，皆有此书，但藏之于石室幽隐之地。应得道者，入山精诚思之，则山神自开山，令人见之。如帛仲理者，于山中得之，自立坛委绢，常画一本而去也。有此书，常置清洁之处。每有所为，必先白之，如奉君父。其经曰：家有《三皇文》，辟邪恶鬼，温疫气，横殃飞祸。若有困病垂死，其信道心至者，以此书与持之，必不死也。其乳妇难艰绝气者持之，儿即生矣。道士欲求长生，持此书入山，辟虎狼山精。五毒百邪，皆不敢近人。可以涉江海，却蛟龙，止风波。

由此可知，除蛟之法有符书、金丹、宝剑、“天文大字”、《五岳真形图》和《三皇内文》（又称《三皇文》），等等。但其效果如何不得而知，相关的文献记载并不多。古人的理解是，得其法，方法才有效。故《抱朴子内篇·遐贤卷》同时指出：“家有《五岳真形图》，能辟兵凶逆，人欲害之者，皆还反受其殃。道士时有得之者，若不能行仁义慈心，而不精不正，即祸至灭家，不可轻也。”②书中认为，方法处理不当就会危害自身。

《抱朴子》中提出的各种避蛟、镇蛟之法，唯有金属镇蛟在国家层面得到推行。实践证明，镇蛟的效果无法达到，很多镇蛟铁牛没于江底。但就国家意识形态来看，这对铁牛镇水信仰的影响是深远的。“荆江江堤康熙、乾隆、道光、咸丰四代铁牛均受皇帝诏令而建，洪泽湖明清铁牛也如此，颐和园昆明湖是乾隆帝封，在明

① ［东晋］葛洪．抱朴子内篇全译·登涉卷十七［M］．顾久，译．贵阳：贵州人民出版社，1995：441．

② ［东晋］葛洪．抱朴子内篇全译·遐览卷十七［M］．顾久，译．贵阳：贵州人民出版社，1995：485．

清国家意识形态影响下，全国以铁牛镇水的做法逐渐取得了主体地位，成为地方镇水的第一选择。”[①]

3. 镇蛟之物

（1）桥梁镇蛟。中国各地镇水的方法多种多样，民间有诸多治理蛟害的土方法，而这些方法往往与风水相关。如《湖南省大庸县地名录》记载的大庸县立功桥，“原名雷公桥。据传是阴阳先生取名，目的是克另一地名。因带有迷信色彩，后改为立功桥”。雷公一般用于镇蛟或镇妖，“雷公桥”显然是克水患的地名。又如《湖南省大庸县地名录》记载的大庸县逼龙湾，“传说此地有一条孽龙常伤害人，为治服孽龙，人们在溪湾中修桥一座，逼龙于山中，故名。至今，当地人称此地为逼龙里”[②]。“治服孽龙”是建桥的重要目的。又如《通城县地名志》记载的通城县水口村，“村居山冲，此地有龟、蛇二山，中间一条小溪流。自古传说‘夜合山龟蛇塞水口’的神话，即龟、蛇二山晚上自然合龙，白天又分开。后来在小港上架一座石拱桥，撑住了夜合山，水口永远畅通”[③]。又如《四川省奉节县地名录》记载的奉节县化龙桥，“传说早年有龙要走蛟，乃建桥镇之，故名”[④]。又如《蒲圻县地名志》记载的蒲圻县禹门桥谢家村，“村前有一座小石桥，传说是大禹治水时所建”[⑤]。又如《湖北省咸丰县地名志》记载的咸丰县杨泗坝，“中建河岸平坝建有石桥，每逢山洪暴发，就冲桥，坝被淹，传说是蛟龙经过。相传将军杨泗在此安剑斩龙，以平水患。后来为纪念杨将军功德，在桥上刻‘杨泗将军’的名字，故名”[⑥]。桥上刻‘杨泗将军’的名字以镇蛟，是以桥镇蛟和神人镇蛟相结合的方式。也有镇蛟之桥和镇水神物牛相结合的，如《湖南省长沙县地名志》记载的长沙县（现长沙市）沙坪镇牛头桥，“桥之两端，竖有牛头石柱，因名牛头桥。屋建桥头，亦以桥名”[⑦]。桥除了可以镇蛟，还是祈雨之地，如《湖北省黄梅县地名志》记载的黄梅县望云桥（即南山花桥），“每岁大旱，土人入山祷雨，至桥上望云气，以占雨候故名”[⑧]。

---

① 黄权生，罗美洁. 长江镇水（蛟）铁牛的历史地理考察［J］. 中华文化论坛，2015（7）：134–145.

② 湖南省大庸县人民政府. 湖南省大庸县地名录［G］. 1982：19，135.

③ 湖北省通城县地名领导小组. 通城县地名志［G］. 1982：169.

④ 四川省奉节县地名领导小组. 四川省奉节县地名录［G］. 1988：9.

⑤ 湖北省蒲圻县地名领导小组. 蒲圻县地名志［G］. 1982：141.

⑥ 湖北省咸丰县地名办公室. 湖北省咸丰县地名志［G］. 1984：95.

⑦ 湖南省长沙县人民政府. 湖南省长沙县地名志［G］. 1982：282.

⑧ 湖北省黄梅县地名领导小组办公室. 湖北省黄梅县地名志［G］. 1985：47.

（2）金属镇蛟。金属镇蛟法最为普遍，如《读史方舆纪要》曰："堰将合，淮水漂疾，辄复决溃。或谓江淮多有蛟龙，能乘风雨，决坏崖岸，其性恶铁，因引东西二冶故铁器，大则釜鬲，小则镬锄，数千万斤，沉于堰所。"①此为金属沉江治蛟法，虽然使用此方法镇蛟是徒劳的，但反映了金生水、水不反母的朴素观念。金属可以破坏蛟龙形成的脉气，如《湖南省花垣县地名录》记载的花垣县金牛村，"在村子上方有一岩似牛，雅化称金牛。传说，清朝嘉庆年间，此村有一位苗族首领石宗四，带领苗民反抗清廷。清廷派钦差大臣傅鼐平叛，傅鼐到金牛村以后，问地理先生金牛的龙脉，地理先生作诗曰：'金牛金牛像条牛，不出帝王出封侯。山环水绕金牛出，青龙白虎拜前头。'金牛村以前出举人，现在出石宗四，充分说明此地龙脉很好。因此傅鼐派人用铁钉把金牛钉死（后称钉牛），然后派人在金牛上方的银子山修一个大水塘水淹银子山。在金牛下方修一座拦河坝（现称下坝）破坏龙脉"②。又如《湖北省秭归县地名志》记载的秭归县童庄河，"相传，在河边修建观音阁挖基脚时，天天挖，泥土天天长。某天夜里，有人得梦'不怕你千人挖万人挑，只怕铜桩钉我腰'。第二天，人们就用铜柱在此钉下去，从此泥土不长了，故名铜柱河，后演变为童庄河"③。又如《湖北省宜昌县地名志》记载的宜昌市鸦鹊岭镇挖断山，"传说此处要出天子，皇帝得知便派人挖山以破坏风水，但屡挖屡起，后由龙神托梦说'不怕千人挖万人挑，只怕桐树钉山腰'，人们采用此法果然把山挖断了，故名"；宜昌市下堡坪乡铜钉河，"相传过去此村百姓，为报复一个有钱有势的恶人，用桐木桩钉在他家祖坟上，从此恶人家就破败了，故名桐钉河，后演变为铜钉河"④。又如《贵州省岑巩县地名志》记载的岑巩县凯本镇海龙溪，"西北是大山，东南有小溪，山洪暴发，溪水漫溢，当地人认为是'二龙抢宝'，于是人们在山上钉铜桩，以防水灾"⑤。中国古代以铜柱镇蛟，镇住的似乎更多是地脉和龙气，传达出的风水文化意味更浓。如《湖北省光化县地名志》记载的光化县张集，"这里主要有黑虎庙、陕西会馆、三官庙和帝主庙。传说，张集和柳堰集是同时兴起的集镇。起初柳堰集比张集兴盛。张集商人迷信，派人夜窃柳堰集之土藏于张集东街十字路口地下。为防止盗土，上建庙宇，以示镇守。因庙内有黑虎爷神像，故名黑虎庙。此后柳堰集逐渐萧条，张集日益兴盛。由于张集市场繁荣，

① ［清］顾祖禹. 读史方舆纪要［M］. 贺次君，施和金，校. 北京：中华书局，2005：997.

② 湖南省花垣县人民政府. 湖南省花垣县地名录［G］. 1982：114.

③ 湖北省秭归县地名领导小组. 湖北省秭归县地名志［G］. 1982：481.

④ 湖北省宜昌县地名领导小组. 湖北省宜昌县地名志［G］. 1982：83，412.

⑤ 贵州省岑巩县人民政府. 贵州省岑巩县地名志［G］. 1987：91.

经常遭受烧杀抢劫。有一位道士说，张集属龟形地，要想平安无事，必须有铁龟镇守，于是当地商人筹款，铸一个两百多斤、满身花纹的大铁龟，摆放在街头流水沟的出口。龟头向西尾朝东，上砌一座小拱桥，只露龟头，以示镇气”①。

（3）铁柱和铁枷镇蛟。金属能镇蛟，铁柱和铁枷也能镇蛟，都江堰堰底一直有卧铁，为镇蛟所设。《读史方舆纪要》记载：“（吉水县）县北四十里有石牛潭，为墨潭之下流，每江水暴涨，见石牛浮水上。又北即玄潭也，亦曰悬潭，相传古有蛟龙为害，行舟者凿山为路避之，今有铁柱镇焉。”②如《四川省奉节县地名录》记载的奉节县铁柱溪，“传说溪中有锁大江蛟龙的铁柱”③。此为铁柱镇蛟法。除了铁柱镇蛟外，洞庭湖铁枷也非常有影响力，宋代范致明《岳阳风土记》记载：“江岸沙碛中有冶铁数枚，俗谓铁枷，重千斤。古人铸铁，如燕尾相向，中有大窍，径尺许，不知何用也。或云以此厌胜，辟蛟蜃之患；或以为矴石，疑其太重，非舟人所能举也；或以为植木其内，编以为栅，以御风涛，皆不可知。”④

洞庭湖宋代铁枷如图 6-1 所示。

图 6-1 洞庭湖宋代铁枷（黄权生摄）

古人铸铁枷“以御风涛”，主要目的是镇水，用于锁住洞庭湖中产生“风涛”的鬼怪，保护洞庭湖舟帆安全。洞庭湖铁枷出现于宋代，距今一千多年，难以想象能够完整保留至今。目前所知，铁枷一共有三枚，两枚在洞庭湖边，一枚在岳阳楼下展览。还有两枚铁枷尚未被人发现，光绪《巴陵县志·舆地志·胜迹》记载：“铁械在城西门外水次，制度甚工。凡五，其一较小。”⑤

---

① 湖北省光化县地名领导小组办公室．湖北省光化县地名志［G］．1982：212-213.

② ［清］顾祖禹．读史方舆纪要［M］．贺次君，施和金，校．北京：中华书局，2005：4016.

③ 四川省奉节县地名领导小组．四川省奉节县地名录［G］．1988：466.

④ ［北宋］范致明．岳阳风土记［M］．［明］吴琯，校．台北：成文出版社，1976：11-12.

⑤ ［清］姚诗德，［清］郑桂星．巴陵县志（光绪）·舆地志·胜迹［M］．南京：江苏古籍出版社，2002：491.

铁枷中心有一大孔，两侧各一孔，共三孔。关于洞庭湖铁枷，《洞庭湖志·古迹》有如下描述。

在岳州府城西门外湖岸下。《风土记》：“江岸沙碛中，有治铁二枚，重逾千斤，长一丈，厚二尺，四端平分燕尾，若两块相向，各有巨窍，径尺许，不知何用也。或云以御风波。”明胥文相《铁械辨》：“或以为厌胜，辟蛟龙之害；或以为矴石，疑其大重，人不能举；或以为植木其中，编之为栅，以御风涛。”张元忭《巴陵游览记》：“城外有铁铸方佛五尊，盖晋伐吴，人以铁锁横截之，此殆植标系锁之具耳。”按：明《一统志》作“铁枷”，岳州旧志作“铁杻”。①

《洞庭湖志·古迹》描述铁枷“重逾千斤，长一丈，厚二尺，四端平分燕尾，若两块相向，各有巨窍，径尺许”与2017年笔者在洞庭湖考察的铁枷相似。

铁枷的主要作用是“辟蛟龙之害”“以御风波”和“以御风涛”。清代诗人卢鹏《江岸铁械》诗曰：“洞庭称泽国，铁械镇湖滨。浪啮形难化，沙沉迹未湮。以刑齐水族，悬象儆波臣。却怪龙宫闷，传疑悟后人。”② 卢鹏认为的“铁械镇湖滨”和“辟蛟龙之害”“以御风波”及“以御风涛”等思想基本一致。许缵曾《东还纪程·铁杻》记载洞庭湖铁杻形态和样式如下。

门外砂碛中，置铁杻五，其一较小，不知起于何代，俗称铁枷。长八九尺，广五尺余，厚尺许。度其轻重每一杻不下万斤，形如叉字。其交叉处，广二尺，中有圆窍，径一尺，每叉平分四端，端广尺许，其两端复有两窍，大如栝，制度甚工。其一小杻，交叉处无大窍，而旁有小窍四，竟不知何用，强名之曰杻耳，或以为厌胜辟蛟蜃之类。庶乎近之，不然得非系舟之具，古人所以备风涛者耶。③

《东还纪程·铁杻》是目前记载洞庭湖铁杻形态和样式最详细的资料，其中“以为厌胜辟蛟蜃之类”只是一个推断。张元忭《巴陵游览记》认为，铁杻是三国时期的古物且为锁江之用，三孔可作穿铁链之用，但其相关资料有限，尚待考证。古人认为其“不知何用”且不知何物，故名称并不统一，有“铁枷”“铁械”和“铁杻”等，如《洞庭湖志·古迹》将其总称为“铁兽”，似乎更为合理。但就其功用而言，作为镇蛟之法无疑。

（4）庙宇镇蛟。古人认为，修庙可以镇蛟压邪气。如《湖北省宜城县地名志》记载的宜城市白庙村，“传说，此地原有白虎气，为了压邪，人们在村前修建

① ［清］陶澍，［清］万年淳．洞庭湖志·古迹［M］．长沙：岳麓书社，2003：109.

② ［清］陶澍，［清］万年淳．洞庭湖志·艺文四［M］．长沙：岳麓书社，2003：448.

③ ［清］许缵曾．东还纪程［M］．北京：商务印书馆，1936：7.

一座庙”[①]。又如《通城县地名志》记载的通城县上漂垄村，“传说，山洪暴发时，此地有蟒蛇化龙，洪水漂洗了农田与村庄。因村在山垄，后改‘龙’为‘垄’”；通城县三条垄村，“传说有三条蟒蛇化龙从门前小港中游走，后因村在高山垄内，改‘龙’为‘垄’”；通城县龙印桥，“传说，有龙从门前港中游走时，一脚踩在桥石板上留下了脚印”；通城县杨四庙村，“本村原是庙宇，庙内有一位杨四将军菩萨”；通城县罗堂村，“又名把水庙，本村原是庙宇，坐落在苦砾尖西北麓山冲窄处小港桥头，古人以庙把守山水龙脉，祈求吉泰平安”[②]。蛟龙引发洪水，因此必须镇压，修庙宇是镇蛟方法之一，故通城的杨四庙和把水庙都作镇水之用。如《湖北省巴东县地名志》记载的巴东县九龙观，“相传，大禹治水时曾从这里路过，发现半山腰有活宝（九条龙），后来在此山上建庙宇，取名‘九龙观’”[③]。又如《湖北省宜昌县地名志》记载的宜昌市蛟龙寺村，“此地原有一座大庙，名高粱寺，因明代被洪水冲走，后来修复更名为蛟龙寺，村名由此派生”[④]。又如《湖北省神农架林区地名志》记载的神农架宋洛乡回龙寺，“传说叉河走蛟，蛟龙因中途被山石阻挡不能跨越，于是返回原地，当地人在此修建庙宇，取名‘回龙寺’，故名”[⑤]。又如《四川省巫溪县地名录》记载的巫溪县镇泉乡，“相传此地昔有白马，夜出害稼，农人发现，追马至南坡山麓，马忽不见，因此修庙镇之，而后神座之下涌出清泉，长流不竭，溉田千亩。乃称此泉为白马泉，亦名镇泉”[⑥]。又如《四川省奉节县地名录》记载的奉节县八角庙，“传说此地飞来一对八哥，人们认为有地脉，为镇风水建庙，故名”[⑦]。又如《四川省巫溪县地名录》记载的巫溪县龙台乡王爷庙，“曾有一座庙，供奉镇江王爷，故名”；巫溪县菱角镇川主庙，“曾有一座庙，供奉李冰父子，故名”；巫溪县高楼乡镇江坪，“传说该坪一庙能‘镇江’，故名”[⑧]。又如《湖北省枝江县地名志》记载的枝江市镇江寺，“传说过去靠人力和风力驶船时代，大小船只上行，船工常到此求神镇住江怪”[⑨]。又如《湖北省建始县地名志》记载的建始县鹰嘴观，“此地有一座山岩，顶部岩石形状像鹰子嘴；岩下有一个大溶洞，

① 湖北省宜城县地名领导小组．湖北省宜城县地名志［G］．1982：21．
② 湖北省通城县地名领导小组．通城县地名志［G］．1982：57，61，123，129．
③ 湖北省巴东县地名领导小组．湖北省巴东县地名志［G］．1983：378．
④ 湖北省宜昌县地名领导小组．湖北省宜昌县地名志［G］．1982：91．
⑤ 湖北省神农架林区地名领导小组办公室．湖北省神农架林区地名志［G］．1982：357．
⑥ 四川省巫溪县地名领导小组．四川省巫溪县地名录［G］．1982：13．
⑦ 四川省奉节县地名领导小组．四川省奉节县地名录［G］．1988：347．
⑧ 四川省巫溪县地名领导小组．四川省巫溪县地名录［G］．1982：39，280，348．
⑨ 湖北省枝江县地名领导小组．湖北省枝江县地名志［G］．1982：291．

吞噬东龙河水，伏流入马水河，在鹰嘴岩上原建有神庙镇水，远观如雄鹰突起，岿然壮观，故名”[①]。三峡工程附近的三斗坪有黄陵庙，葛洲坝也有黄陵庙，洞庭湖也有黄陵庙。如《湖北省宜昌市地名志》记载的宜昌市西坝庙嘴，“系西坝南端凸向大江的部分。因这里原建有黄陵庙（清末已坍塌），故名”[②]。《洞庭湖志·古迹》记载的黄陵碑“在湘阴县黄陵庙。唐元和十四年，韩愈谏佛骨，斥守潮州，地多烟瘴，惧不得免，过庙而祷，后移刺袁州。明年九月，拜国子祭酒，刺史王堪新其庙。长庆元年，刺史张愉复立碑记其事，碑词载《艺文志》”，湘夫人旧碑“在黄陵庙。汉荆州牧刘表景升立，题曰‘湘夫人碑’”[③]。西坝黄陵庙和三斗坪黄陵庙都是供奉大禹和黄牛神的庙宇，洞庭湖黄陵庙主要供奉尧之二女（舜之二妃），都有镇蛟防洪的作用。《洞庭湖志·艺文一》记载：“湘旁有庙曰黄陵，自前古立以祠尧之二女、舜二妃者。”[④]如《湖北省松滋县地名志》记载的松滋市黄陵庙，“相传人们为了纪念治水功臣黄陵，在此村建庙，故名”[⑤]。该黄陵庙是为“纪念治水功臣黄陵”，显然“黄陵”并非人名，而是指大禹或助大禹治水的黄牛神。当然，该黄陵也可能是为纪念湘妃。松滋市的黄陵庙可能受到宜昌两座黄陵庙的影响。大禹是治水之神，故建庙宇可作镇蛟防水之用。

由此可见，修建镇江庙宇，实际上是借庙宇镇蛟，这些庙宇供奉的神像，大多是神话传说中的治水英雄，以大禹、李冰等为主。今天，这些庙宇成为人们祭祀、聚会和游玩赏景的好去处。

（5）塔楼镇蛟。古人认为，在江河边建塔或楼阁可作镇蛟之用。江河波涛多，对过往船只威胁极大，古人认为洪水或风浪是蛟龙或水怪造成的。洞庭湖有后羿斩蛟和汉武帝射蛟的传说。《洞庭湖志·古迹》记载：“在岳州府北门月池内。旧有池，相传白鼋为怪。”鼋也为蛟龙一族，故民间认为其喜欢在洞庭湖中作怪，是洞庭“水孽”之一。镇压洞庭“水孽”，有建塔镇压之法。《洞庭湖志·古迹》记载：“在岳州府城南，临湖，高七级。晋沙门妙吉祥建，宋制使孟珙修。明正德间知府张举毁寺，塔存……康熙三十五年，郡人重修。《风土记》：‘日出之初，影射重湖，镇洞庭水孽。’”[⑥]如《长阳县地名志》记载的长阳县高家堰镇塔坪村，“相传有一位地理先生，说此地有崩滑危险，需要镇住，于是修建一座宝塔，故

① 湖北省建始县地名办公室．湖北省建始县地名志［G］．1983：182．
② 湖北省宜昌市地名委员会．湖北省宜昌市地名志［G］．1984：62．
③ ［清］陶澍，［清］万年淳．洞庭湖志·古迹［M］．长沙：岳麓书社，2003：113．
④ ［清］陶澍，［清］万年淳．洞庭湖志·艺文一［M］．长沙：岳麓书社，2003：233．
⑤ 湖北省松滋县地名领导小组办公室．湖北省松滋县地名志［G］．1983：133．
⑥ ［清］陶澍，［清］万年淳．洞庭湖志·古迹［M］．长沙：岳麓书社，2003：109．

名塔坪”[①]。又如《湖北省当阳县地名志》记载的当阳市半月镇有关于半月山的传说，“宋代，长江三峡有一条蛟龙兴风作浪，危害百姓。为镇压蛟龙，人们在南海铸造一座铁塔，观音菩萨用伞将塔挑起，驾起云彩从南海日夜兼程送往长江三峡镇压之，行至半月山，观音菩萨见月明星稀，误认为时间尚早，遂落下云头，意欲休息。正当云头落地，忽闻鸡叫，观音菩萨惊道：‘半夜了！’于是挑起铁塔，驾起彩云，急忙奔往长江三峡。因为观音菩萨的一句话，从此这座山得名半夜山，后演变为半月山”[②]。

古代宜昌，人们在江河边建有天然塔，对此乾隆时宜昌知府王春煦《重修天然塔记》记载如下。

> 东湖为古彝陵州，西南滨江，江之南有葛道山，为客山，屹然高耸。城东主山卑弱，受其镇压。且江水自西峡一束，经县城而东，直泻荆门，非高标凌跨，无以束其势。故城南青草铺有塔，岿然耸峙江干。旧传晋郭景纯侨寓时所建，培地脉，壮文峰，制客山，镇水口，咸于塔乎是赖。

可见，宜昌天然塔起着“镇水口”的作用。

荆州万寿塔坐落在荆江大堤险段观音矶上，人称“镇江塔”[③]。如《沙市志略》记载的清道光戊申年（1848 年）的塔顶铜钵：“钵口忽开，飞出泥金书尊胜经二页，为辽藩毛太妃手笔，随风吹至江南岸，寺僧军舟拾回。咸丰中，为荆州太守庙际盛借观未还，今钵口仍合，亦一异也。”民间还有“宝塔镇妖”等传说[④]。该塔于明嘉靖二十七年（1548 年）动工修建，三十一年（1552 年）落成，系明藩第七代辽王朱宪熘遵嫡母毛太妃之命，为嘉靖皇帝拜寿而建，故名“万寿塔”。对此《辽府宪王〈鼎建万寿宝塔记〉》记载如下。

> 荆故无塔，始先太妃毛以贞静端一之性，究心内典，宫政清暇，焚香危坐，诠演奥义，日以为常。若有所得，寂感以通，形见梦寐。遒命予矢心创建浮图，范金庄严，接引尊佛，修人天供，惜此无上真乘妙法，祝延我圣天子万万寿，用敷赐余福以庇下民。爰协灵辰，肇基观音阁之净土。于是远近归依，财力弗戎以集。盖再期而功成，则我太妃已厌世上仙矣。每思懿恩罔极，姆训孔昭，上祝君年，实遗安以忠孝；慈宗象教，永作世之津梁。不谷率我境内臣民，只事斋心。和南称赞，祈天永命，无疆惟休，与佛同春。而茅土席荫，罔俾本支百世，专美周宗矣。谨熏沐纪厥始事如右。嘉靖辛亥岁霜降日。钦赐清微忠教真人辽王种蓬子撰。

1954 年荆堤加固时，万寿塔底层被埋入堤身，但六层仍然雄踞堤上。塔身虽

① 湖北省长阳县地名领导小组办公室．长阳县地名志［G］．1982：122．

② 湖北省当阳县地名领导小组．湖北省当阳县地名志［G］．1982：386．

③ 《江陵堤防志》编写组．江陵堤防志［G］．1984：166．

④ 湖北省沙市市地名委员会．沙市市地名志［G］．1994：65．

显古老，但经过多次修葺，宏伟壮丽不减当年。滔滔荆江水，巍巍万寿塔，成为沙市人民心目中的美好象征①。万寿塔能否镇妖，只是古人思想和观念的体现，今天荆州万寿塔具有的是水文资料的作用，体现了荆江大堤的沧桑巨变。

（6）污秽镇蛟。民间认为，狗尤其狗血可以对蛟起到消除灵性和神性的作用。在民间，狗等动物具有灵性，如《湖南省吉首市地名录》记载的吉首市狗咬坪村，“相传村建寨前，铁匠寨的狗常来此地相咬，人们迷信此地屋场好，后迁居成寨，故名狗咬坪”②。又如《湖南省凤凰县地名录》记载的凤凰县大龙洞，“由于地形险要，洞内飞泉气势吓人，附近苗民过去在迷信思想的影响下，方圆数十里不敢养鸡喂狗，害怕触犯洞神，引起灾祸”③。狗、鸡的粪便、血迹和尸体具有消除灵性和破坏风水的作用。如《湖北省当阳县地名志》记载的当阳市石龙冲，“传说冲中原藏有蛟龙，伤害人畜，造成灾害，后杀黑狗祭山，蛟龙被气死，故名‘失龙冲’，后演变为‘石龙冲’”④。又如《湖北省公安县地名志》记载的公安县黑狗垱村，“该村位于虎渡河边，1860 年多次倒口，人们为镇邪，用一只黑狗奠基筑堤，故名”⑤。狗尤其是黑狗有镇蛟的功能，而狗有感知天象和地变（尤其是洪水和地震）的功能。如《湖北省孝感县地名志》记载的孝感市太子岗村，“相传村里一户人家生了一个小孩，家里有一只狗，每天早上向北叫三声，叫得朝廷不安，皇帝派人暗访，听说小孩是太子，长大要反朝廷，于是皇帝派人将小孩杀了，葬于山岗，故名”⑥。

传说沙市宝塔湾“以临近万寿宝塔得名，又名‘狗头湾’，系因沮漳河入江处河道弯曲形如狗头之故”。沙市万寿塔是镇水的，而宝塔湾又名“狗头湾”，因为狗有镇蛟的功能。长江流域还有“以山镇妖”的传说。如《沙市市地名志》记载的沙市市熊口镇龙角山村，“传说此地逢旱，百姓焚香求雨，感动了天神，于是派一条龙到此降雨，龙与旱魃奋战，愤怒之下触断龙角，化为小山镇住妖魔。后人修龙角山庙以示纪念，村以此得名”⑦。又如《湖北荆门市地名志》记载的荆门市车桥镇石牛庙村，“此村原有一块大石，状如牛，百娃奉之如神，后建有庙，俗称石牛庙，村以此得名”⑧。牛可以镇水，庙宇可以镇水，大石如山，山、牛、

① 湖北省沙市市地名委员会．沙市市地名志［G］．1994：65.
② 湖南省吉首市人民政府．湖南省吉首市地名录［G］．1982：102.
③ 湖南省凤凰县人民政府．湖南省凤凰县地名录［G］．1983：208.
④ 湖北省当阳县地名领导小组．湖北省当阳县地名志［G］．1982：210.
⑤ 湖北省公安县地名委员会办公室．湖北省公安县地名志［G］．1984：90.
⑥ 湖北省孝感县地名领导小组．湖北省孝感县地名志［G］．1982：320.
⑦ 湖北省沙市市地名委员会．沙市市地名志［G］．1994：47，65，217.
⑧ 湖北省荆门市地名领导小组办公室．湖北荆门市地名志［G］．1982：75.

庙三者结合也能起到镇水作用。

建桥、建庙宇、建塔，用铁柱和狗以及污秽镇蛟，只是各种镇蛟形式的一部分。其中铁牛镇蛟更深入人心。如今，各地镇水铁牛已成为文化遗产和旅游文化资源。古人针对蛟害的所作所为，今人要批判地看待，既要看到其愚昧的一面，也要看到古人对大自然的敬畏之心，这才是今人应持的态度。

七、铁牛镇蛟

各种镇蛟方法中，最为普遍的是铁牛或石牛镇蛟法，黄河、长江、淮河、海河流域，普遍使用铁牛镇蛟。中国以农立国，水利为农业命脉，故《都江堰灵异记》指出："益州古称天府，所恃水利耳。"[①] 镇水神物中，与农业生产最为密切的自然为牛。在五行中，牛属土，土克水，故防洪所用之土为土牛。而铁牛为金，因金生水，故铁牛成为主要的镇水之物。可见，经济基础影响思想信仰，而精神文化也影响以农业为主的政治社会和经济社会。

1. 川江黄牛，助禹开峡

李冰修都江堰用石犀镇水后，蜀地便流传用牛镇水的文化。传说大禹治水时是黄牛帮忙凿开三峡的，如诸葛亮所作《黄陵庙记》曰："趋蜀道，履黄牛。……神有功助禹开江，不事凿斧，顺济舟航，当庙食兹土。仆复而兴之，再建其庙貌，目之曰黄牛庙，以显神功。"[②] 历代文献对黄陵庙多有记载，如范成大《吴船录》记载："八月戊辰，朔。发归州。五里，至白狗滩。二十里，至新滩。此滩恶名豪三峡。八十里，至黄牛峡。上有洺川庙，黄牛之神也，亦云助禹所疏川者。"[③] 后来宋代欧阳修被贬谪三峡，将黄牛庙改为黄陵庙，其《黄牛峡祠》记载如下。

> 大川虽有神，淫祀亦其俗。石马系祠门，山鸦噪丛木。……江水东流不暂停，黄牛千古长如故。峡山侵天起青嶂，崖崩路绝无由上。黄牛不下江头饮，行人惟向舟中望。朝朝暮暮见黄牛，徒使行人过此愁。山

① 冯广宏. 都江堰文献集成：历史文献卷（先秦至清代）[M]. 成都：巴蜀书社，2007：769.

② ［清］严可均. 全上古三代秦汉三国六朝文[M]. 北京：中华书局，1958：1376.

③ 蓝勇. 稀见重庆地方文献汇点（上）[M]. 重庆：重庆大学出版社，2013：116.

高更远望犹见，不是黄牛滞客舟。[①]

欧阳修自作主张，将黄牛庙改名为黄陵庙。欧阳修只是改名，狄仁杰却是摧毁庙宇。有学者指出："唐之狄仁杰任官江南时，他认为吴、楚'淫祠'甚多，因此奏请朝廷同意摧毁1700多所，只留下夏禹、吴太伯、季札、伍员（伍子胥）等四人之祠。所谓'淫祠'，可以理解为华夏主流体系之外的地方性祖先、鬼神之庙祠。"[②]唐宋时期，还没有如明清时期那样对地方信仰的神灵给予敕封，铁牛镇水也没有得到朝廷认同，故宋代黄牛庙被改成黄陵庙是时代意识形态的反映。

图 6-2　宜昌黄陵庙新塑黄牛像
（罗美洁摄）

图 6-3　宜昌黄陵庙新塑大禹像
（罗美洁摄）

宜昌地区有两座黄陵庙，一座坐落在今三峡大坝附近，另一座坐落在今葛洲坝西坝庙嘴。如《湖北省宜昌市地名志》记载的宜昌市西坝庙嘴，"系西坝南端凸向大江的部分。因这里原建有黄陵庙（清末已坍塌），故名"[③]。今天，西坝黄陵庙和三峡大坝附近的黄陵庙成为三峡治水文化的象征。黄陵庙文化沿着长江产生了重要的影响。如《湖北省松滋县地名志》记载的松滋市涴市镇黄陵庙，"相传人们为了纪念治水功臣黄陵（人们借用黄陵庙之庙名指代大禹），在此村建庙，故名。庙西靠长江干堤"[④]。宜昌黄陵庙新雕塑黄牛像和大禹像分别如图6-2和图6-3所示。

今天，"凿石安澜"成为大禹治水的点金之语，虽然欧阳修改黄牛庙为黄陵庙，但在人们心中，黄牛也有一席之地。民间有神牛的传说，如《湖北省宜昌市地名志》记载的宜昌市寻山头，"传说此山出现过一头金牛，每晚到农户家里喝水，人们为了捉住它，曾到山头寻找，故名寻山头"；

① ［清］金大镛，［清］王柏心．续修东湖县志（同治）·艺文志［M］．南京：江苏古籍出版社，2013：619．

② 王明珂．英雄祖先与弟兄民族：根基历史的文本与情境［M］．北京：中华书局，2009：90．

③ 湖北省宜昌市地名委员会．湖北省宜昌市地名志［G］．1984：62．

④ 湖北省松滋县地名领导小组办公室．湖北省松滋县地名志［G］．1983：133．

宜昌市金牛垭，“传说这里有一位小媳妇，每天都挑水，头天挑满缸隔夜水没了，因此经常挨打，有一天夜晚她突然发现一头金牛正在缸里喝水，她一怒之下就把金牛打跑了，故名金牛垭”[①]。《三峡通志·黄陵庙事迹记》描述如下。

禹乃焰魔帝天伊祈王之子，素为大力神，遇上帝怜水之大劫，故降生禹以治之。后遣五星佐其行事，俱生于世。禹伤父鲧之无功，为父雪耻，兼塞帝命，仍发愤刻意，周访四海，搜罗决策，能号召天地灵祇，天之五星、六丁、六甲，地之五行、九宫、八卦，悉集听命。太白金精炼丙丁火，铸造锥、锸、斧、凿、镐、锄、锤、钻。岁星、苍龙驱木，公刘削椎桩、杵桩、轮舆、舟车，土星、黄牛以耕于岷山，导江洺川。当从岷字以洺川，为黄牛祠。

大禹与黄牛、神牛之间，融入了五行学说。《三峡通志·黄陵庙事迹记》曰：“黄牛，土星所化，五行之中，土能克水，黄牛之色乃中央土也。”[②]这便是牛能镇水的原因。

2. 黄河铁牛，将厌水物

在今天山西黄河岸边，尤其是在永济县，黄河铁牛的故事可谓家喻户晓。当地民谣曰：“站在城墙（古蒲州城）往下看，四个铁牛镇河湾。”民谣所说的铁牛得到了正史和考古的证实。此铁牛位于黄河流域，故称黄河铁牛；其造于唐代，也叫唐代铁牛；具体年代为唐代开元，故也叫开元铁牛；其用途是镇黄河洪水，也叫镇河铁牛；其功能原是固定蒲州蒲津浮桥，也称蒲津铁牛，而当地人叫它镇河牛。关于黄河铁牛，《唐代黄河铁牛》有如下描述。

开元十二年，唐玄宗皇帝为避免蒲津桥又被冰块毁坏，他下达诏书相其宜、授彼有司、冶铁伐竹，取坚易脆、图其始而可久，终其终而就逸。以铁熔而为伏牛，偶立于两岸，锁以持航，牛以系缆，亦将厌水物，奠浮梁。……铁牛目如视、耳如听，角形为顺风，颈短厚，口鼻宽大，体躯宽深，肌肉发达，体质结实，结构匀称，雄壮有力，头戴笼头，缀髻，作伏卧牵引状。作者以晋南黄牛为造型依据，同时吸收了役用秦川黄牛的特征，创造了黄河铁牛典型的艺术形象。[③]

该文用美术手法，对开元铁牛进行了非常细致入微的描写。事实上开元铁牛出土于黄河古道东岸。《永济县志》记载：“开元铁牛亦称唐代铁牛，位于永济

① 湖北省宜昌市地名委员会. 湖北省宜昌市地名志［G］. 1984：255.

② 蓝勇. 稀见重庆地方文献汇点（上）［M］. 重庆：重庆大学出版社，2013：154-155.

③ 王泽庆，秦兰亲. 唐代黄河铁牛［J］. 美术观察，1997（2）：55-56.

市城西十五公里，蒲州城西的黄河古道两岸，各四尊。铸于唐开元十二年（724年），为稳固蒲津浮桥，维系秦晋交通而铸。元末桥毁，久置不用，故习称'镇河铁牛'。因黄河变迁，逐渐为泥沙埋没。1989年8月在蒲津渡遗址上发掘，位于黄河古道东岸的四尊铁牛全部出土。距蒲州城西墙51米，距西城门110米。铁牛头西尾东，面河横向两排。伏卧，高1.5米，长3.3米，两眼圆睁，呈负重状，形象逼真，栩栩如生。牛尾后均有横铁轴一根，长2.33米，用于拴连桥索。牛侧均有一铁铸高鼻深目胡人作牵引状，现已露出地面部分高1.5米，肩宽0.6米。四牛四人形态各异，大小基本相同，据测算，铁牛各重约30吨，下有底盘和铁柱，各重约40吨，两排之间有铁山。"①

唐代诗人李商隐《游蒲津桥》诗云："万里谁能访十洲，新亭云构压中流。河鲛纵玩难为室，海蜃遥惊耻化楼。左右名山穷远目，东西大道锁轻舟。独留巧思传千古，长与蒲津作胜游。"诗人主要从浮桥改善交通的角度抒发情感。铁牛用作稳定浮桥的设施是毫无争议的，其身在黄河，不仅为桥所用，还有其他综合性功能。古代封建帝王和民众大多迷信神灵，牛为水兽，可耕用，为吉祥之物，可镇河②。唐代张说《蒲津桥赞》曰："锁以持航，牛以縻缆，亦将厌水物，奠浮梁。"乾隆《蒲州府志》记载："唐之为此，虽曰以成河桥。亦犹阴阳相压之意焉。既观而伟古人之功。"③其中，"将厌水物""阴阳相压之意"是用铁牛的重要原因。有学者指出，"蒲津浮桥铁牛与铁人的铸造，是我国劳动人民对世界冶金铸造业的卓越贡献。唐开元年间，全国年产铁量100余万公斤，产锡量2.5万余公斤，铸造铁牛、铁人和索链用铁锡36万余公斤，占铁锡年产量的28.5%"④。由此可见，建设浮桥、设立铁牛，是为了展现"圣皇之道，咏功无极"的大唐盛世。《开元铁牛铭》曰："牛元壮硕，厥状雄特。所谓一元大武，此实称之。"《开元铁牛铭》总结道："牛之壮兮若山峙，角矫矫兮触苍兕。河流安兮天吴逝，牛戢戢兮载闲。怒浪息兮无凌湍，东静魏壤兮西晏秦关。不奔不斗从尔友，万岁千秋尔斯守。"⑤

黄河有洪涝灾害，还有初春的冰凌灾害，《开元铁牛铭》总结铁牛的功能是"河流安兮""怒浪息"和"无凌湍"。唐玄宗仿古人先例，以维护浮桥堤坝之名，铸造镇河大铁牛，借助神灵制胜黄河水患⑥。此处所谓的"古人先例"体现了蜀人牛崇拜和李冰用牛镇水的文化传承。《开元铁牛铭》指出："余观秦李冰为蜀

① 永济县志编纂委员会．永济县志［M］．太原：山西人民出版社，1991：430.
② 龙天水．沉睡千年唐代镇河铁牛出土面世［J］．黄牛杂志，1990（4）：90.
③ 永济县志编纂委员会．永济县志［M］．太原：山西人民出版社，1991：412-413.
④ 黄国强．论唐开元铁牛的文物价值［J］．沧桑，2008（5）：22-23.
⑤ 永济县志编纂委员会．永济县志［M］．太原：山西人民出版社，1991：412-413.
⑥ 龙天水．沉睡千年唐代镇河铁牛出土面世［J］．黄牛杂志，1990（4）：90.

守，导江刻石为三牛于岸侧，盖牛之足以胜水怪而镇其患者久矣。”[①]在人们眼里，蜀守李冰治水、以牛镇水是中国牛厌水怪思想最重要的源头。历代用牛镇水的事例非常多，文化认同深入人心。唐代大铁牛如图 6-4 所示。

图 6-4 唐代大铁牛（黄权生摄于山西蒲州古城）

黄河流域有很多铁牛，其中蒲州城对岸有四头大铁牛尚未发现。明万历四十四年（1616 年）《齐音》中的《铁牛》诗曰：“铁牛镇水深藏处，还似石鲸晚啸风。月下依稀头角出，时将黑犊饮池中。”清乾隆五十九年（1794 年）《广齐音》中的《铁牛》诗曰：“铁牛原是铁精英，欲借神鞭叱尔行。好伴劝农贤大尹，年年努力事春耕。”诗前题记曰：“府学启圣祠前玉带河西南，有石陷入地中，黝黑而光泽，如卧牛状，而微露其脊，俗呼铁牛。《齐音》以为建城之镇，又谓夜中或见其出人，疑为神物，皆附会不信。”[②]

明朝名臣于谦曾为官河南，他非常重视水利，对黄河河堤安全十分重视。为顺应民心，增强百姓的治黄信心，于谦命人铸造了一尊镇水铁犀，铁犀铸成后，被安放在黄河边新建成的回龙庙中，并亲撰《镇河铁犀铭》，铸于犀背。

百炼玄金，镕为真液。变幻灵犀，雄威赫奕。填御堤防，波涛永息。安若泰山，固如磐石。水怪潜形，冯夷敛迹。城府坚完，民无垫溺。雨顺风调，男耕女织。四时循序，百神效职。亿万闾阎，措之衽席。惟天之庥，惟帝之力。尔亦有庸，传之无极。[③]

于谦治水，有史可考，有铭为证，功不可没。明崇祯十五年（1642 年），河决犀沉，庙祠均毁。清顺治年间，铁犀被发掘。康熙三十年（1765 年）巡抚阎兴邦捐俸重修庙宇，将回龙庙改为铁犀镇河庙，并亲撰《铁犀铭》，镌刻于石，立在庙内。

昔明中叶，河悍未戢。维于中丞，铸犀镇压。冯夷效顺，水怪潜蛰。越二百年，莫绳旧业。庙背而倾，犀残而溺。我来豫土，黄流宂翕。天

① 永济县志编纂委员会．永济县志［M］．太原：山西人民出版社，1991：412-413.
② 胡思永．济南挖掘出“镇城之宝——铁牛”［J］．走向世界，2001（6）：62-63.
③ 王蔚波．河南古代镇河铁犀牛考略［J］．文博，2009（3）：23-26.

子圣神，百灵环集。尔宅尔田，不汜不啮。既厘庙貌，作亭树碣。嶷嶷者犀，铮铮者铁。以卫金堤，以丰玉粒。爰勒兹铭，用绍前哲。①

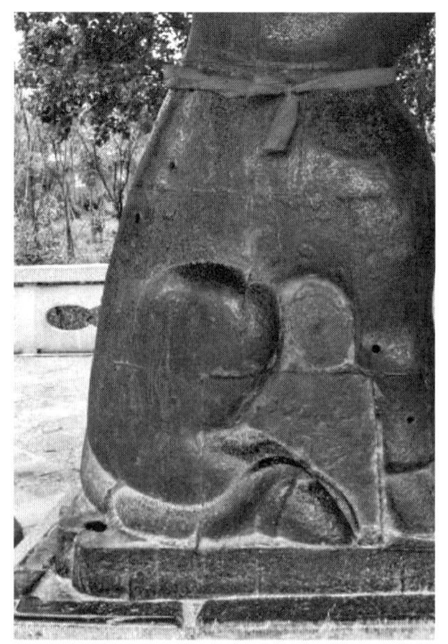

图 6–5　河南开封明代黄河铁犀侧面图（吴朋飞摄）

《镇河铁犀铭》和《铁犀铭》已成为黄河水文变迁的重要资料文献，黄河铁犀是中华民族黄河治水的精神见证。河南开封明代黄河铁犀侧面图如图 6–5 所示。

有学者指出，按照阴阳五行的说法，牛属土类，土自然能克水，即如“水来土掩”之说。铁属金类，金又能生水。金既然能生水，就与水形成母子关系。故人们会立即想到铁犀，将其当作河神，虔诚供奉，在镇水过程中发挥威力②。

3. 洪泽铁牛，维土制水

元、明、清时期，南北运河成为王朝的生命线。在历史上，洪泽湖是黄河、淮河和大运河交汇而形成的人工湖，成为调剂运河的水库，水丰则蓄，水歉则泻水入运河。传说，明朝刘基（刘伯温）曾在洪泽湖铸造了“九牛二虎一只鸡”，但这些镇水神物下落不明。清朝康熙年间，人们在洪泽湖再次铸造了九头铁牛。洪泽湖铁牛均安置在淮河险段，希望铁牛能够镇水，保护淮河、洪泽湖和运河安全。

洪泽湖三河闸一尊铁牛肩胛刻有楷书阳文：“维金克木蛟龙藏，维土制水永镇此邦。康熙辛巳端阳日铸。”

洪泽湖三河闸另一尊铁牛肩胛刻有楷书阳文：“维金克木蛟龙藏，维土制水龟蛇降，铸犀着证奠淮扬，永除昏垫报吾皇。康熙辛巳午日铸。”

三河闸镇水铁牛和铁牛铭文分别如图 6–6 和图 6–7 所示。

图 6–6　三河闸镇水铁牛（黄权生摄）

洪泽湖高家堰渡口的一尊铁牛背上也刻有铭文，因损坏严重，字迹模糊不清，铭文如下。

□□□□□□□，□□□水龟

① 王蔚波．河南古代镇河铁犀牛考略［J］．文博，2009（3）：23–26.
② 侯甬坚．龙的故乡［M］．西安：未来出版社，1989：242.

蛇降，□□□□莫淮扬，□□□垫报吾□。康熙辛巳午日铸。

图 6-7 三河闸镇水铁牛铭文（黄权生摄）

笔者考察得出，该铭文可能与三河闸其中一尊铁牛的铭文相同，铸造时间都是康熙四十年（1701 年），也就是说，两地铁牛于康熙四十年同时铸造。同时铸造的铁牛还有邵伯铁牛。洪泽湖高家堰铁牛和邵伯铁牛分别如图 6-8 和图 6-9 所示。

图 6-8 洪泽湖高家堰铁牛（黄权生摄）

图 6-9 洪泽湖邵伯铁牛（王英华摄）

洪泽湖原有九头铁牛，目前仅存五头。黄河和淮河的铁牛都是为防洪而设，洪泽湖的铁牛既有黄牛也有水牛，这体现了南北自然分界线及南北水文化的相互交融。

4. 海河铜牛，夏禹传颂

北京颐和园昆明湖畔有一尊铜牛，于乾隆二十年（1755 年）铸造。该铜牛全身渡金，牛背上刻有乾隆皇帝撰写的《金牛铭》。

夏禹治河，铁牛传颂。义重安澜，后人景从。制寓刚戊，象取厚坤。蛟龙远避，讵数鼍鼋。潆此昆明，潴流万顷。金写神牛，用镇悠永。巴邱淮水，共贯同条。人称汉武，我慕唐尧。瑞应之符，逮于西海。敬兹降祥，乾隆乙亥。

图 6-10 北京颐和园铜牛（黄权生摄）

北京颐和园铜牛和牛背上的《金牛铭》分别如图 6-10 和图 6-11 所示。

大禹治水用牛安澜，是因为大禹生于蜀地，

图 6-11 北京颐和园铜牛牛背上的《金牛铭》（黄权生摄）

自然有蜀人崇牛信仰。北京颐和园铜牛全身镀金，展现了乾隆时期的繁荣富强，同时体现了乾隆皇帝以治水君王自居的心态。但事实上，当时长江上游人口剧增，大量森林被砍伐，水土流失和洪涝灾害越来越严重，而荆江是长江之险，故人们在荆江铸造了十一头镇江铁牛，其中，乾隆五十三年（1788 年）湖广总督毕沅奉旨铸造了九头铁牛。黄河铁牛体现了河防的重要性，同时体现了铁牛在治水镇河文化中的重要地位。

5. 荆江铁牛，镇蛟安澜

俗语说："长江万里，险在荆江。"荆州"人在地下走，水在头上流"。江陵谚语云："水来打破万城堤，荆沙便是养鱼池。""不怕荆州动干戈，只怕荆堤一梦终。""铁打的荆州易得破，纸糊的宜昌难得攻。"[①]《沙市市地名志》记载："荆沙不怕刀兵动，只怕南柯一梦终。水来打破万城堤，荆沙便是养鱼池。"[②]由此可见江汉洪涝灾害之严重，荆江大堤防水任务之重。荆州安危系于荆江大堤，故江陵谚语有"荆堤巩固，永镇春秋"之说[③]。清乾隆五十三年秋，毕沅"复授湖广总督。江决荆州，发帑百万治工"。毕沅上任后，做了大量改造荆江堤坝和整治长江险滩的工作，"江自松滋下至荆州万城堤，折而东北流，南逼窖金，荆水至无所宣泄。请筑对岸杨林洲土坝、鸡嘴石坝，逼溜南趋，刷洲沙无致壅遏"。毕沅修筑荆江堤坝得到了乾隆皇帝的支持，"又请修襄阳老龙堤、常德石柜堤、潜江仙人堤，凿四川、湖北大江险滩，便云南铜运"[④]。也就是说毕沅确实做到了"职事修举"。乾隆五十三年十二月，毕沅奉旨铸造九头镇水铁牛，《荆州万城堤志》记载毕沅所造铁牛如下。

> 万城铁牛一具；中方城铁牛一具；上鱼埠头铁牛一具；李家埠铁牛一具；中独阳铁牛一具；杨林矶铁牛一具；玉路口铁牛一具；黑窑厂铁牛一具；观音矶铁牛一具。凡九具，安砌石台九座，每座长一丈，宽六尺，

---

① 中国民间文学集成全国编辑委员会，中国民间文学集成湖北卷编辑委员会．中国谚语集成·湖北卷·荆州地区谚语集［M］．北京：中央民族大学出版社，1994：287.

② 湖北省沙市市地名委员会．沙市市地名志［G］．1994：68.

③ 中国民间文学集成全国编辑委员会，中国民间文学集成湖北卷编辑委员会．中国谚语集成·湖北卷·荆州地区谚语集［M］．北京：中央民族大学出版社，1994：287.

④ 赵尔巽．清史稿·列传一百十九·毕沅［M］．北京：中华书局，1977：10977.

> 高二尺。乾隆五十三年十二月毕制军奉旨铸造。每具半身，自额至尾长九尺，肩至蹄高五尺，额宽一尺八寸，肩宽三尺，角二支在额中，前角长八寸，后角长一尺二寸；尾右盘，长三尺。头身俱空，余俱实，背有铭，载艺文。[①]

《荆州万城堤志》详细记载了九头铁牛的安置地点、安置方式、尺寸大小和形态等。为了感谢皇恩，彰显政绩，毕沅撰写了《铁牛铭（并序）》。

> 乾隆五十三年六月江陵水溢，皇帝诏大学士诚谋英勇公阿桂会同臣毕沅度地行水，大为之防，且俾铸铁牛九，分置沙市观音寺、玉路口、上鱼埠、黑窑厂、中独阳、中方城、杨林洲、李家埠、万城堤以镇之，而臣沅实司其事。铭曰：
>
> 屹屹金城，既筑既楗。有牛冯焉，嶷然大件。西峡委波，云奔山动。帝制五材，聿神其用。相尔欣犌，土德之精。奉天明威，以来百灵。罔象阳侯，盱睢却顾。雷渊九回，安流东注。夏后导江，云梦既陂。筑鼎知奸，百物是宜。穆穆我皇，明德同美。缵禹成功，南国之纪。[②]

“帝制五材，聿神其用”有一语双关的意思，一是指制牛之材料，二是暗喻自己这头“牛”受到重用。这与“奉天明威，以来百灵”彼此呼应。铁牛之所以能起到如此巨大的作用，是“夏后导江”之黄牛开峡文化的传承，人们希望用铁牛镇江之神力，达到“缵禹成功，南国之纪”之治理荆江洪水的目的。

6. 李埠铁牛，金堤巩固

李埠铁牛是毕沅所造铁牛之一。清道光二十四年（1844 年），李家埠堤溃冲开府城西门闸板，城内水深四五尺。《荆州万城堤志》记载道光二十四年七月二十三日上谕曰:“裕泰等奏荆江水涨堤段漫缺被淹一折。据称本年水势异常泛涨，将李家埠五号内老堤漫溢成口，刷宽十余丈，郡城间有渗漏，并西门闸板北水冲翻，灌入汉城……钦此。”[③]另外，当年七月二十六日道光皇帝亲自发了上谕，八月十七日道光皇帝发了两次上谕，八月二十三日道光皇帝又发了上谕，九月十一日内阁奉上谕一次，十月初四内阁奉上谕两次。由此可见朝廷对李家埠堤段漫缺非常重视。堤岸修复后，道光二十五年（1845 年）又漫缺，如《荆州万城堤志·艺文》

① ［清］倪文蔚. 荆州万城堤志·建置·附铁牛［M］. 毛振培，栾临滨，李锋，校. 武汉：湖北教育出版社，2002：89-90.

② ［清］倪文蔚. 荆州万城堤志·艺文［M］. 毛振培，栾临滨，李锋，校. 武汉：湖北教育出版社，2002：270.

③ ［清］倪文蔚. 荆州万城堤志·卷首·谕旨［M］. 毛振培，栾临滨，李锋，校. 武汉：湖北教育出版社，2002：35.

记载“乙巳乃道光二十五年李家埠溃口事也”[①]。笔者考察发现，李家埠在荆江堤中确实为凶险堤段。《荆州万城堤志·建置·大堤》引用《湖广通志》记载李家埠堤曰：“自万城堤至镇流砥六十里，当水势之冲。明弘治十三年堤决，淹溺甚众，知府吴彦华重修。”[②]关于李家埠堤，《荆州万城堤志·图说·说略·官工》记载如下。

> 上李家埠堤：长四百九十四丈，计二里七分，系属要工，距沮漳河一百三十四丈有差。据闻向有泉眼，累年估帮压浸。
>
> 下李家埠堤：长六百六十八丈，计三里七分，距沮漳河一百六七十丈有差。累年估帮压浸。[③]

“泉眼”即今日所谓管涌。也就是说，李家埠堤段受到来自长江和沮漳河两股江水的冲击，为水势冲要之地，且历史上堤决事故较多，加之该地管涌非常多，且“累年估帮压浸”，年年有溃决风险，故该地为“要工”堤段。如此难以治理的江堤段，统治者和地方官员以及群众必然会用铁牛镇守。朝廷在李家埠堤段三建（至少两次）镇江铁牛，可见李家埠堤段之重要。光绪《荆州府志》记载：“李家埠铁牛，在镇江亭侧，道光二十五年铸。按：镇江亭今圮，铁牛铭无作者姓名。是年堤溃复堵，或督工人为之。”[④]《荆州万城堤志》记载《铁牛铭》曰：“岁当乙巳，铸此铁牛。秉坤之德，克水之柔。分墟列宿，砥柱中流。威驯泽国，势戢阳侯。沮漳息浪，禾稼盈畴。金堤巩固，永镇千秋。”[⑤]李家埠《铁牛铭》如图6-12所示。

图6-12 李家埠《铁牛铭》（黄权生摄）

李家埠《铁牛铭》与“道光二十五年孟夏八月□旦李家

① ［清］倪文蔚. 荆州万城堤志·艺文·杂著·铭［M］. 毛振培，栾临滨，李锋，校. 武汉：湖北教育出版社，2002：271.

② ［清］倪文蔚. 荆州万城堤志·建置·大堤［M］. 毛振培，栾临滨，李锋，校. 武汉：湖北教育出版社，2002：86.

③ ［清］倪文蔚. 荆州万城堤志·图说·说略·官工［M］. 毛振培，栾临滨，李锋，校. 武汉：湖北教育出版社，2002：45.

④ 荆州市地方志办公室. 荆州府志（光绪）［M］. 武汉：湖北人民出版社，2006：449.

⑤ 《江陵堤防志》编写组. 江陵堤防志［G］. 1984：164.

□堤工总局□□”的铭文和倪文蔚《荆州万城堤志》所载“乙巳乃道光二十五年李家埠溃口事也”[①]的按语相符。如《江陵堤防志》记载，李家埠铁牛系道光二十五年铸造，1976年被毁，1982年李埠长江管理段对铁牛进行了修复，现置于荆江大堤桩号776＋963处[②]。笔者经过实地考察，得知荆州市长江河道管理局于2000年投资30万元对铁牛进行修复，另修建一处管理房和三角亭，并对周边环境进行整治，形成现在小公园式的风景点。更为重要的是，李家埠作为长江和沮漳河交汇之地，今天已成为南水北调中线“引江济汉”工程的取水点（或引水点），可见其水利地位。

7. 镇安铁牛，守捍江滨

《荆州万城堤志·建置·工局》记载郝穴工局曰：“设于镇安寺旁，临江石矶，形势扼要。自上潭子湖起，至上双渊止，计九工。”[③]也就是说郝穴江堤和李家埠江堤一样，形势扼要，是江堤要害，为“要工”之地，必须严加防范的堤段。郝穴是荆江少有的修建有石矶（条石护岸）的江段，《荆州万城堤志·建置·石矶》对此记载如下。

> 一官修，咸丰年间兵乱停工，老庙台石岸崩塌入江，设法退筑。上湾砌碎石，迎面嵌版石抛石护脚，加撑内帮，岁费巨万，今为要工。一里人黄义迁、义模等捐修。[④]

抛石护岸在《万城堤志·建置·附铁牛》中有所记载，如荆江大堤上有一个郝穴镇矶，因堤旁有一尊铁牛，故名铁牛矶。铁牛矶于咸丰年间战乱停工，后人修筑。“上湾砌碎石，迎面嵌版石抛石护脚，加撑内帮”[⑤]，这样可以减少洪水对石矶的冲击。

毕沅建镇江九牛时，郝穴镇并没有设铁牛，直到道光年间，郝穴镇乌龙洲方设有铁牛。《沙市市志·大事记》记载：“道光二十年（1840年）甘福兴炉坊铸镇江铁牛于郝穴镇乌龙洲上，甘氏铁牛长3米，高1.8米，重2吨余。”[⑥]该铁牛

---

① ［清］倪文蔚. 荆州万城堤志［M］. 毛振培，栾临滨，李锋，校. 武汉：湖北教育出版社，2002：271.

② 《江陵堤防志》编写组. 江陵堤防志［G］. 1984：164.

③ ［清］倪文蔚. 荆州万城堤志·建置·工局［M］. 毛振培，栾临滨，李锋，校. 武汉：湖北教育出版社，2002：92.

④ ［清］倪文蔚. 荆州万城堤志·建置·石矶［M］. 毛振培，栾临滨，李锋，校. 武汉：湖北教育出版社，2002：89.

⑤ ［清］倪文蔚. 荆州万城堤志·建置·附铁牛［M］. 毛振培，栾临滨，李锋，校. 武汉：湖北教育出版社，2002：89.

⑥ 沙市市地方志办编纂委员会. 沙市市志［M］. 北京：中国经济出版社，1992：29.

图 6-13 郝穴铁牛正面铭文（黄权生摄）

具体存失情况待考。而咸丰年间荆州知府唐际盛在今镇安寺铸有一尊铁牛，至今犹存。笔者和李都安实地考察确认，铁牛保存较为完好。倪文蔚对毕沅《铁牛铭》所加按语指出："郝穴镇安寺铁牛一具知府唐际盛筑，按：不在九牛之数。"①郝穴铁牛正面铸有63字篆书铭文，正面铭文如图6-13所示，铭文誊抄如下。

维咸丰九年夏，荆州太守唐际盛修堤成，铸角端镇水于郝穴，而系以铭曰：嶙嶙峋峋，与德贞纯；吐秀孕宝，守捍江滨；骇浪不作，怪族胥驯；繄千秋万代兮，福我下民。②

经过辨识、比对，铭文内容与今人点校的《荆州万城堤志》有所出入③，点校本中所记的"吐和孕宝""系千秋万世兮，福我下民"中的"和""系"应按铭文更改为"秀""繄"。而铁牛另一侧铸有首事者、监铸者、书法人和金火工的63字隶书铭文，经笔者考证，光绪《荆州府志》、1990年版湖北人民出版社《江陵县志》、1996年版红旗出版社《荆州地区志》和2002年版湖北教育出版社点校本《荆州万城堤志》《万城堤续志》均无记载。郝穴铁牛背面铭文如图6-14所示，铭文誊抄如下。

图 6-14 郝穴铁牛背面铭文（黄权生摄）

① ［清］倪文蔚. 荆州万城堤志·建置·附铁牛［M］. 毛振培，栾临滨，李锋，校. 武汉：湖北教育出版社，2002：90.

② 荆州市地方志办公室. 荆州府志（光绪）［M］. 武汉：湖北人民出版社，2006：450.

③ ［清］倪文蔚. 荆州万城堤志［M］. 毛振培，栾临滨，李锋，校. 武汉：湖北教育出版社，2002：270.

即补同知荆州粮捕府　忻　承
候补府经历　朱　森
候补县丞署郝穴主簿　王广任
府幕　董　墉
胡本祥
董　筠
监铸于窿江堤址
工书　李瑞先
萧华绪
刘学渊
金火工　甘福兴

今天郝穴铁牛处建有公园，该地又是抗战纪念地，铁牛和抗战碑刻相互映衬，成为该地文化积淀的标志性符号。真正能够镇水的不是牛，而是像牛一样的人。铁牛俨然是一种精神象征。

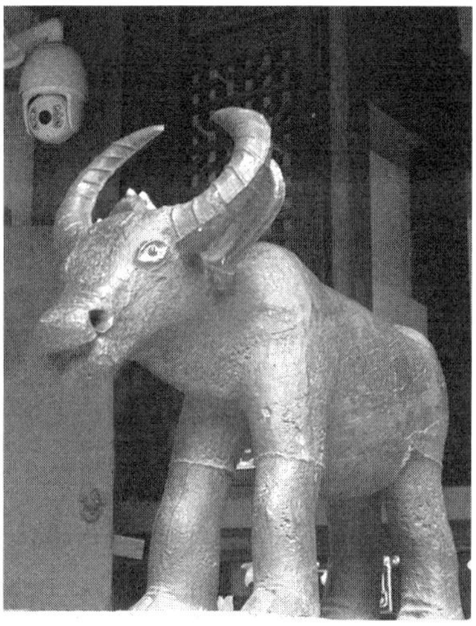

图 6-15　镇水铁牛（黄权生摄）

8. 洞庭铁牛，五行克制

中国除江河有铁牛镇水外，大湖也有铁牛镇水。如前文所说，洪泽湖有多头铁牛，北京颐和园昆明湖也有铁牛，都江堰曾有铁牛（后改为铁柱）。中国四大名楼中滕王阁、黄鹤楼、岳阳楼都曾铸有铁牛。

2019 年 5 月 12 日，笔者曾在禹稷行宫中考察镇水铁牛（图 6-15）。该铁牛疑似铸造于清代，据说 1985 年重建禹稷行宫时出土或从黄鹤楼附近搬迁于此陈列，具体情况待考。

如今，滕王阁铸造了一尊铁牛，如图 6-16 所示。岳阳楼则铸有仿古镇蛟铁牛，与铁枷功能一致，如图 6-17 所示。

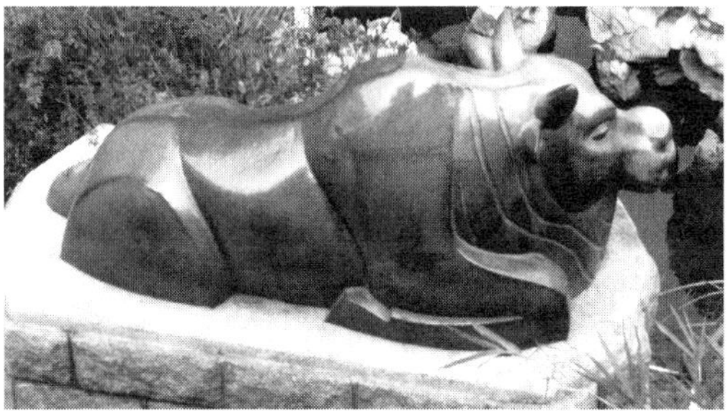

图 6-16　滕王阁铸造的铁牛（黄权生摄）

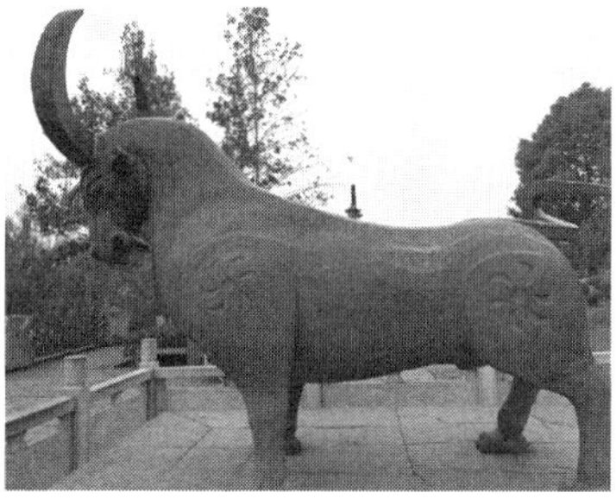

图 6-17　岳阳楼仿古镇蛟铁牛（黄权生摄）

洞庭湖铁牛在清代已存在，《东还纪程·铁牛》记载："岳州城门左侧有铁牛一尊，踞西望，而张其口，若有吞湖之意。想亦五行克制之理。与滇省铜牛制水之义同。"①

洞庭湖铁牛至今去向不明，但宋人有"铁牛飞过洞庭湖"的诗句，而洞庭铁枷在宋代文献《岳阳风土记》中有详细描述。关于洞庭湖铁牛，《广阳杂记》有如下描述。

余闻洞庭湖中，近亦有巨木作怪。盖木有生性，较飞潜之物，特未脱根于地耳，不如金石之冥顽也。木既经数百年之久，其得于天者既厚，而复脱根于地，又漂没于水中，常得水土之滋，其为怪也，不亦宜哉。②

洞庭湖中多蛟龙，"木有灵性"，而铁牛显然更有灵性。洞庭湖支流沅江上有安澜阁，意思是"安抚波澜，平安顺利"，据说安澜阁正前方有一头镇水铁牛。这说明中国的镇水铁牛分布广泛，尚待田野考察补全。

在我国，铁牛是镇水神物，源于远古牛图腾和牛崇拜，今天凭借荆江大堤、荆江分洪工程，结合三峡工程，整个荆江乃至长江的防洪能力大大增强。加之长江上游各支流的水利建设，如南水北调工程、"引江济汉"工程等开展得如火如荼，我国的水利发展达到一个新的阶段。

9. 邵伯铁牛，犀奠淮扬

邵伯铁牛位于大运河沿岸，在江苏省江都县（今扬州市江都区）。邵伯湖属于淮河水系，淮河出洪泽湖后，一条支流经过江苏省第三大湖泊高邮湖，南下则是邵伯湖，该水系称"入江水道"，在扬州市东南流入长江。邵伯铁牛位于邵伯运河漕运大堤。邵伯是淮南运河南下扬州运河的枢纽。清代李国宋《广陵竹枝词》曰："吴沟遥接汴河开，江上春潮日日回。半夜桨声听不住，南船才过北船来。"③广陵即扬州，是南北运河通衢之地，水运繁忙，水运之重在于漕运，南方则是运河入江交汇点。对此《宋史·河渠志七·东南诸水下》记载如下。

扬州运河，惟藉瓜洲、真州两闸潴积。今河水走泄，缘瓜洲上、中二闸久不修治，独潮闸一坐，转运、提盐及本州共行修整，然迫近江潮，水势冲激，易致损坏；真州二闸，亦复损漏。令有司葺理上、下二闸，以防走泄。④

① ［清］许缵曾．东还纪程［M］．北京：商务印书馆，1936：7.

② ［清］刘献廷．广阳杂记［M］．汪北平，夏志和，校．北京：中华书局，1957：139.

③ 吴雨．扬州竹枝词选［G］．1993：3.

④ 周魁一等．二十五史河渠志注释［M］．北京：中国书店出版社，1990：187.

扬州运河“迫近江潮，水势冲激，易致损坏”，故在扬州邵伯铸造铁牛，有保障运河畅通之意。铁牛置于该地后，该地被称为铁牛湾，正如张允生在《铁牛》一文中描写道：“我从小常到铁牛湾去玩，在古庙前一侧有一条铁牛，头向运河，曲腿卧伏在铁板基座上，头微昂，很威武地蹲着。”[①]顾一平《古镇邵伯》记载：“铁犀呈俯卧状，翘首凝视，腹中空，扣之有声，现存文化站内。”《邵伯诗词》记载，铁犀即铁牛，原置于邵伯镇南（俗名铁牛湾），康熙三十八年（1699年）六月，邵伯镇南更楼水决为塘（名南塘），长五十六丈五尺，深四丈。据说，当时河水下注，奔腾湍急，田庐莫保，河道总督张鹏翮至，沿河焚香痛哭者数千人，张鹏翮亦大哭，遂令即动工筑土，堵塞决口。康熙三十九年，张奉朝命，下埽堵塞，克日成功。康熙四十年，置铁犀一座于运河口大墩上镇之[②]。

董醇（后改名董恂）《甘棠小志·建置》记载如下。

镇南更楼水决为塘，引漕堤西曲，为铁犀镇之。张文端《河防志》言：“邵伯更楼康熙三十八年六月冲决，长五十八丈五尺，水深四丈，难堵塞。三十九年，鹏翮恭奉圣谟下埽堵塞，克日成功。四十年，置铁犀一座镇之。”按河水冲决深四丈，即今南塘，引漕堤向西曲。江都陆志言自仓巷口西向折而南至南，至南大王庙筑坝。避深塘也。[③]

邵伯铁牛由河道总督张鹏翮奉旨铸造，起因是运河水灾，期望铁牛能起到镇水的作用。这些铁牛铭文大多相同。董醇《甘棠小志·建置》记载如下。

咸丰二年，醇奉命漕楚南粟过此。为《铁犀铭并序》。录之张文瑞奏议言：康熙四十年置铁犀于运口大墩上，刻铭词于犀曰：

维金克木蛟龙藏，维土制水龟蛇降。铸犀着证奠淮扬，永除昏垫报吾皇。

当时淮河和大运河沿线有九头铁牛，铁牛规制和铭文都基本相同，由此可见，邵伯铁牛铭文和三河闸铭文是一致的。随着时间的推移，邵伯铁牛铭文亦模糊不清。董醇《甘棠小志·建置》补写铭词如下。

邵伯埭铁犀亦置于康熙四十年，今尚完整。独无铭词。拟此补之。

淮水北来何泱泱，长堤如虹固金汤。冶铁作犀镇甘棠，以坤制坎柔克刚。容民畜众保无疆，亿万千年颂平康。

董醇所补铭词指出了铁牛的地理空间。淮水自北来，修建的长堤固若金汤，保护了两岸的安全，实现“以坤制坎柔克刚”的作用，保护了沿岸民众、牲畜的

---

① 江都县邵伯区政协委员会小组．古今邵伯［G］．1992：158．

② 张健，顾一平．邵伯诗词［G］．1987：8-9．

③ ［清］董醇．甘棠小志（咸丰）·建置［M］．南京：江苏古籍出版社，1992：11．

安全。董醇同时指出，邵伯（甘棠）的交通位置极其重要，“冶铁作犀镇甘棠”，保佑的不仅是甘棠的平康，还有运河的平康。因为甘棠所在的交通和经济位置十分重要，人们习惯称铁牛镇水之地为“铁牛湾”。对此董醇《甘棠小志·建置》记载如下。

> 铁牛湾设扬关分收税局。扬州关务巡抚委常镇道督理，关在府城东南隅，挹江门外，今所称钞门也。邵伯东运堤铁牛湾武庙迤南设分收税局，收落地税。镇当南北水陆孔道，行旅往来，代有记叙云。江都《陆志》言：邵伯南北水陆孔道，百货屯聚，烟火万灶。①

由此可见，铁牛湾是收税之地，是“钞门”所在，是国家税收的重要地方。而邵伯是水陆交通要道，铁牛湾是“行旅往来”之地，是“百货屯聚”之地，也是“烟火万灶”之地。古代有“扬一益二”之说，而邵伯铁牛湾设有“扬关分收税局”，是扬州税收之地，可见扬州府十分重视此地，故“扬州关务巡抚委常镇道督理”。

邵伯铁牛镇水显然不尽如人意，褚树森《铁牛》诗曰：“千里哀鸿万里愁，千年降水万年流。安民巧弄愚民术，无计排洪铸铁牛。”②即便如此，当地人还是把铁牛神化了。对此张允生在《铁牛》一文中有如下描述。

> 铁牛前面“香火”很甚，信男善女带着小孩去敬香，在铁牛角上系上红布条，说小孩就能像铁牛一样长命百岁，把铁牛“神化”了，这只能是一种愿望而已。稍有文化的人就不这样了。他们常常讲些故事给孩子们听，什么“九牛二虎一只鸡”，还有“明朝刘伯温能看风水，置铁牛镇水”等，听得孩子们入了迷。我小时候也听老人们讲过，觉得他们很有学问。③

文中所说铁牛显然与刘伯温无关，但是当地人对铁牛十分崇拜，带小孩去敬香，因此在过去铁牛湾是香火旺盛之地。王文干《咏铁牛》诗曰：“大浸稽天万骨浮，悠悠铁证几千秋。今朝此物通灵性，诉尽沧桑喜泪流。”朱自清回忆儿时在邵伯时写道：“邵伯有个铁牛湾，那儿有一条铁牛镇压着。父亲的当差常抱我去看它、骑它、抚摩它。”朱自清心目中的铁牛是儿时的记忆，是最亲的玩伴。朱自清的感受，同是邵伯许许多多人的感受。汤杰《铁牛》诗曰：“铸犀镇水祝安澜，此日权当古物看。遥忆当年舣棹处，乡心常系铁牛湾。”铁牛本无神性，都是人赋予的。戴月《邵伯铁牛》诗曰：“潮平牛颈苦年年，苦尽甘来乐舜天。洪水千寻堤万丈，

① ［清］董醇．甘棠小志（咸丰）·建置［M］．南京：江苏古籍出版社，1992：11-13.

② 张健，顾一平．邵伯诗词［G］．1987：117.

③ 江都县邵伯区政协委员会小组．古今邵伯［G］．1992：158.

任君闲伴石头眠。”[①]

随着时代的发展，铁牛后被安放在文化站内，成为邵伯人的记忆，成为旅游观光的一部分。

八、铁牛成为镇蛟神物的原因

接下来探讨铁牛成为镇水（蛟）神物（器）的原因。

1. 中国牛成为神物的自然条件

牛在中国普遍存在，但犀牛不常见。在古代，野生犀牛分布广泛。蓝勇指出，“唐宋时期，中国西南印度犀牛分布向北延伸可达北纬34°；北纬31°的万州、渠州、梓州、益州也有印度犀牛分布，北纬20°～30°地区则广泛分布野生印度犀。到明代，中国野生印度犀分布范围急速缩小，渝东南地区可能还有生存”[②]。蓝勇指出，四川盆地南缘，唐宋时期大量分布野生犀牛，有三个原因：第一，先秦时期这个地区曾是野生犀牛产地；第二，唐宋时期这个地区气候比今天温湿得多；第三，明清时期嘉陵江支流西汉水又称犀牛江，由此可见这个地区曾有野生犀牛生存过的历史遗存[③]。中国南方曾广泛存在犀牛，并且留下大量有关犀牛的地名，如《湖北省秭归县地名志》记载的秭归县卧沙溪，“相传，青干河边一个洞里有一头犀牛，常卧在河边沙滩上，故名”[④]。又如《湖北省利川县地名志》记载的利川市犀牛洞，“传说，早年发现村后的山洞里有犀牛，故名”[⑤]。

中国南方地区各种治蛟之法并不完全是民间迷信，它体现了人类在和自然相处过程中，面对自然灾害时产生的一种敬畏心，这也是一种心理慰藉。虽然将洪水、山崩等自然灾害代之以“蛟害”，但是人们并没有排除科学的治理。事实上蛟作为生物是不存在的，人们以之比喻灾害，蕴含着古人认识自然、敬畏自然的一种文化心态。

---

① 张健，顾一平．邵伯诗词［G］．1987：8-9，91，110，125．

② 蓝勇．野生印度犀牛在中国西南的灭绝［J］．四川师范学院学报（自然科学版），1992，13（2）：92-95．

③ 蓝勇．历史时期中国野生犀象分布的再探索［J］．历史地理，1995（12）：54-56．

④ 湖北省秭归县地名领导小组．湖北省秭归县地名志［G］．1982：195．

⑤ 湖北省利川县地名领导小组办公室．湖北省利川县地名志［G］．1984：441．

2. “牛化万物”思想的影响

民间各种镇蛟神物、神器和方法中，铁牛和铁牛镇蛟最为普遍。《太平寰宇记》记载：“铁牛，《汉书·地理志》云：‘皖有铁官，铸铁作牛，埋于城北十步，以镇此地。’至北齐皇建二年，刺史王洪乃遣掘牛，遂举入城，未铭铸时，城中人马俱死，因问巫觋，咸曰‘铁精为祟’。遂使人送牛本处当埋之地，时土没牛六寸，自以来牛见出地一尺五寸。”[①]又如《四川省奉节县地名录》记载的奉节县铁牛坝，“传说此坝出现过铁牛”[②]。

我国的布依族、哈尼族、珞巴族、布朗族等民族认为，“龙牛、神牛、犀牛之毛化作了万物”，这种“牛化万物”思想本质上认为“牛等于物，牛化作了世上万物，牛成为万物的始祖，自然也是人类的图腾（即祖先）”[③]。牛为万物始祖的观念流传不广，但是牛为镇水之物的理念流传甚广。明代陈鎏《都江堰铁牛记》记载，“牛凡二，各长丈余，首合尾分，如人字状，以其锐迎水之冲，高与堰嘴等”。铁牛鱼嘴是都江堰工程史上的壮举，铁牛身上还铸有铭文：“问堰口，准牛首；问堰底，循牛趾；堰堤广狭，顺牛尾；水没角端诸堰丰，须称高低休减水。”[④]有学者指出：“受中国传统厌胜思想的影响，古人在治水过程中逐步形成了镇水习俗。用于镇水的物什多种多样，其中以镇水神兽最为普遍，尤其是镇水铁牛。”[⑤]

3. “铁（石）牛有灵”观念的影响

民间认为铁牛具有灵性，是能活动的神物。李冰时代因为铁器十分珍贵，故以石牛代之，石牛（犀）也具有灵性。如《湖北省巴东县地名志》记载的巴东县溪丘湾乡红堰塘，“传说此地原有一头石牛偷吃平阳坝的禾苗，有人用钻子把牛头钻掉，牛流红水成堰，故名”；巴东县溪丘湾乡牛肉岭，“传说此地有一头石牛偷吃平阳坝的禾苗，有人用钻子把牛头钻掉，只剩下胸腹石尸，故名”[⑥]。石牛具有神性，铁牛则更有神性。如《湖北省麻城县地名志》记载的麻城市铁牛塆，“村原名杨林塆。传说村中有一头牛吃了村民的麦苗，被村民打断牛角后遂变成

---

① ［北宋］乐史．太平寰宇记·淮南道三［M］．北京：中华书局，2000：226．

② 四川省奉节县地名领导小组．四川省奉节县地名录［G］．1988：105．

③ 宋长宏．中国牛文化［M］．北京：民族出版社，1997：39-41．

④ 四川省地方志编纂委员会．都江堰志［M］．成都：四川辞书出版社，1993：180-181．

⑤ 王培君．镇水兽与中国传统镇水习俗［J］．河海大学学报（哲学社会科学版），2012，14（2）：53-57．

⑥ 湖北省巴东县地名领导小组．湖北省巴东县地名志［G］．1983：91，94．

铁牛，故名”；麻城市铁牛熊村，“过去，村附近的河堤边有一头生铁铸成的牛，居民姓熊，故名”①。又如《湖北省郧西县地名志》记载的郧西县童袁乡铁牛沟，“传说村沟里跑进了一头铁牛，故名”②。又如《湖北省竹山县地名志》记载的竹山县铁牛沟，“传说有一头铁牛路过此沟，在大石头上留下牛碲印，故名”③。又如《湖北汉川县地名志》记载的汉川市铁牛沟，“此乃望天湖汉之一，传说铁牛浴澡成沟，故名”④。又如《湖北省神农架林区地名志》记载的神农架福牛山，“传说此山出过神牛，神牛又称‘神福’，故名‘福牛山’”⑤。又如《湖北省宣恩县地名志》记载的宣恩县牛场村，“传说有九头神牛，常在山坡上吃草，到九牛塘洗澡，故名”⑥；宣恩县高罗集镇慢牯牛村，“为苗族聚居的村寨。村旁的山梁形似漫步行走的村寨，传说是被九把金锁锁住的神牛，故名。此地原为满族姑娘用私房钱换来的，故名满姑娘，后讹称慢牯牛。苗族语，意指山”⑦。又如《咸宁市地名志》记载的咸宁市石牛垴，“传说此地原是荒山野岭，常有两头神牛在夜晚破坏庄稼，后被仙人所治，变成两头石牛，故名”⑧。又如《湖南省芷江县地名录》记载的芷江县牛塘坳，“村居山坳，原有一头牛碾塘，传说是天上神牛，常到此洗澡，故名”⑨。

4. “牛属土，土克水”之五行观的影响

《三峡通志·黄陵庙事迹记》曰：“黄牛，土星所化，五行之中，土能克水，黄牛之色乃中央土也。”汉代董仲舒《春秋繁露》将之发展为“天有五行：木、火、土、金、水是也。木生火，火生土，土生金，金生水”。《易经·说卦传》曰：“乾为马，坤为牛。”上卦为兑，兑为泽；下卦为坤，坤为地。牛被定性为坤土。乾隆皇帝指出：“盖因蛟龙畏铁，又牛属土，土能制水，是以铸铁肖形用示镇制。此次荆州被灾甚重，闻系蛟水为患。”⑩牛属土，能克水，是铁牛镇蛟文化中五行相生相克的文化基础。

① 湖北省麻城县地名领导小组．湖北省麻城县地名志［G］．1984：402，674．

② 湖北省郧西县地名委员会办公室．湖北省郧西县地名志［G］．1983：499．

③ 湖北省竹山县地名领导小组办公室．湖北省竹山县地名志［G］．1983：543．

④ 湖北省汉川县地名领导小组．湖北省汉川县地名志［G］．1981：595．

⑤ 湖北省神农架林区地名领导小组办公室．湖北省神农架林区地名志［G］．1982：201．

⑥ 湖北省宣恩县地名办公室．湖北省宣恩县地名志［G］．1983：192．

⑦ 湖北省宣恩县地名办公室．湖北省宣恩县地名志［G］．1983：233．

⑧ 湖北省咸宁市地名领导小组．咸宁市地名志［G］．1982：162．

⑨ 湖南省芷江县人民政府．湖南省芷江县地名录［G］．1982：62．

⑩ ［清］倪文蔚．荆州万城堤志·卷首·谕旨［M］．毛振培，栾临滨，李锋，校．武汉：湖北教育出版社，2002：27．

5. 牛图腾崇拜的影响

中国民间普遍存在牛图腾崇拜，即牛为神牛、仙牛的信仰。如《湖北省公安县地名志》记载的公安县牛头寺村，“传说曾有一座供奉神牛的牛头寺，村名沿用之”[①]。又如《湖南省沅陵县地名录》记载的沅陵县高坪村，“传说山顶原有一个天然水池，常有犀牛在池中洗澡，人们疑为仙牛，池为上天所造，故名天湖池。传说中的天湖池，现已成为良田，泥脚很深，耕田时偶有陷牛现象”[②]。又如《湖南省汉寿县地名志》记载的汉寿县白牛庵村，“传说有一头白牛从安化跑到此地不见踪影，人们认为是神牛，于是建庵祭祀，故名”[③]；汉寿县金牛山，“此山盛产沙金，传说有一位道人骑金牛路过此山，石头上留有牛蹄印，像刀刻一样，故名金牛山”[④]。

《酉阳杂俎》记载：“庄生言户内之雷霆，楚庄争随兕而祸移。”[⑤]兕即野生雌犀牛。早在春秋战国时期，犀牛就被认为是有灵性的神物，能避免灾害，而且楚地广泛分布，故存在将犀牛作为图腾崇拜的可能。有学者认为：“盘古神话起源于原来居住在中原地区的犀牛部落或氏族，盘古的原型为犀牛，而其垂死化身的情节则来源于早期的犀牛图腾化身信仰与传说。”[⑥]牛是远古时期人们崇拜的重要图腾之一，也是中华民族龙图腾崇拜的原型之一。古人认为牛生人，化万物，牛具有神性，能胜虎驱龙。如《湖北省潜江县地名志》记载的潜江市牛塆，“传说此地有一条小溪，溪里藏有一条恶龙，每逢水牛下溪，恶龙便与水牛斗，但水牛多被恶龙所伤。于是，人们把水牛的两只角缚上尖刀，后来水牛用尖刀刺死了恶龙，故名”[⑦]。

我国江河有诸多镇水铁牛，铁牛成为镇水神兽，与大禹治水得牛帮助和李冰化牛治水，尤其巴蜀石牛崇拜文化的传承和流播有很大的关系。唐朝建铁牛镇（河）水、乾隆建铁牛治（荆）江就是铁牛镇水传统最明显的表现。民间则以祭祀的实际行动表达对牛的图腾崇拜。

---

① 湖北省公安县地名委员会办公室．湖北省公安县地名志［G］．1984：170.

② 湖南省沅陵县人民政府．湖南省沅陵县地名录［G］．1983：247.

③ 湖南省汉寿县人民政府．湖南省汉寿县地名志［G］．1983：98.

④ 湖南省汉寿县人民政府．湖南省汉寿县地名志［G］．1983：148.

⑤［唐］段成式．酉阳杂俎・诺皋记上［M］．曹中孚，校．上海：上海古籍出版社，2012：76.

⑥ 吴晓东．盘古原型与苗族犀牛图腾［J］．中南民族学院学报（人文社会科学版），2001，21（4）：39-43.

⑦ 湖北省潜江县地名领导小组办公室．湖北省潜江县地名志［G］．1982：123-124.

6. 国家意识形态对铁牛镇水信仰的影响

荆江江堤上的铁牛，康熙、乾隆、道光、咸丰四代均有铸造，在国家意识形态的影响下，全国以铁牛镇水的做法逐渐取得主体地位，成为地方镇水的首要选择。乾隆五十三年（1788年）十一月，皇帝下诏在荆江铸造九头铁牛。

> 本年湖北荆州被水，现经修筑堤工，加高培厚，并改建城垣，永资巩固。因思向来沿河险要之区多有铸造铁牛镇水滨者，盖因蛟龙畏铁，又牛属土，土能制水，是以铸铁肖形用示镇制。此次荆州被灾甚重，闻系蛟水为患。现在该处新筑堤工，着传谕毕沅，于荆州万城堤及沙市等处形势扼要处所，相度紧要顶冲，酌量铸置铁牛，以镇堤坝，亦预弭水患之一法。钦此。[①]

乾隆皇帝指出："盖因蛟龙畏铁，又牛属土，土能制水，是以铸铁肖形用示镇制。此次荆州被灾甚重，闻系蛟水为患。"这是皇帝下诏官方认定铁牛治水的功能。民间牛镇水、司水的传说则更多，如《湖南省花垣县地名录》记载的花垣县犀牛潭，"在县城南二公里。传说有犀牛在其中，出游时水浑浊，人不能见，每遇天旱，农人掷秽物于潭中，则雨"[②]。又如《嘉鱼县地名志》记载的嘉鱼县塘湾，"东南角曾建有靖江王庙（已废），并有一尊石雕犀牛，名'犀牛望月'，传为'镇水之宝'"[③]。又如《湖南省凤凰县地名录》记载的凤凰板建业村，"系苗族语，'板'意为平地，'建'意为获救，'业'意为水牛，传说从前干旱无雨，水牛到此地，得水获救，故名"[④]。国家政权以国家的意志推动铁牛治水信仰，镇水铁牛推崇与民间信仰相结合，使铁牛镇水成为江河险段最主要的镇水之法。

侯甬坚《龙的故乡》指出，被人们赋予神奇力量的铁犀，不可能镇住桀骜不驯的黄河（长江也一样），更对付不了天灾人祸的双重压力。铁犀身躯庞大，重量可观，刻在它背上的颂词成了铭文，字字千斤，所折合出来的重量，比它本身重了千百倍。铁犀卧在人们给它指定的位置上，尽职尽守，把黄河（长江、淮河、海河等河流）的风云变幻全看在眼里，所以有人说，铸造铁犀的并不是铁液，而是融化黄河（长江）悠久的历史[⑤]。侯甬坚所言，揭示了铁牛（犀）文化的真谛，中华民族以农耕为主要生产方式，牛是农耕生产的基础条件，无论是从文化角度还是从传统生产力角度说，铁牛镇水都是历史的必然。

---

① ［清］倪文蔚. 荆州万城堤志・卷首・谕旨［M］. 毛振培，栾临滨，李锋，校. 武汉：湖北教育出版社，2002：27.

② 湖南省花垣县人民政府. 湖南省花垣县地名录［G］. 1982：232.

③ 湖北省嘉鱼县地名领导小组. 嘉鱼县地名志［G］. 1982：22.

④ 湖南省凤凰县人民政府. 湖南省凤凰县地名录［G］. 1983：133.

⑤ 侯甬坚. 龙的故乡［M］. 西安：未来出版社，1989：244.

第七章　多元一体水神崇拜的流播和国家认同

地域是有空间的，是有边界的，是有人群居住的。古代中国地域差异十分明显，例如近海盐碱地居多，故近海之地以商贸居多，而北方以游牧居多。各地域人们的生计是不同的，这与水的差异关系极大。从夏朝到北宋，整个华北平原、黄河和渭河地区是农耕最发达的地区，为人们的生产和生活提供给养。

时至今日，人们仍然相信大禹曾在全国各地治水，其圣迹遍布华夏大地。中华民族曾有文化中心区，即繁荣的中原文化区，昔日的吴越文化区和岭南文化区则由过去的文化边缘区成为文化中心区。虽然国家有民族识别，但是绝对独立的民族文化几乎不存在。

古代中国以农业立国，重视水利，衍生出多样化的水神崇拜。由于国家力量介入，对地方水神进行册封并推广，极大地推动了水神崇拜由地方向全国的流播。这一过程在某种程度上促进了中华民族的国家认同与文化认同。

一、多样性和主体性的选择：农业立国

古代中国以农业立国。《淮南子·天文训》曰：“中央，土也。其帝黄帝，其佐后土，执绳而治四方。其神为镇星，其兽黄龙，其音宫，其日戊己。”[①]也

① ［西汉］刘安．淮南子全译［M］．许匡一，注．贵阳：贵州人民出版社，1993：114.

就是说，中央五行属土，为华夏族，华夏族的祖先是黄帝，其得“后土”的帮助。今天看来，“土”应当是指华夏族所居平原之地，以农耕为主，对土地依赖很大；“兽”是指黄龙，即以龙为图腾，故中华民族自称“龙的传人”。这也是“华夏”“中央之土”“中央之国”“中原”“中州”“中夏”等称呼的来源。“夏”是指大禹之夏朝。

华夏族主要居平原之地，有很多河流，如黄河、海河、渭水、淮河、汾水等。就华北平原而言，北为高原，东为大海，西为高山，南为秦岭、大别山，诸多河流因地势而汇入华北，成为众水所居之地，交通便利，物产丰富，人口众多，人文积淀深厚。《淮南子·地形训》曰：“中央之美者，有岱岳以生五谷桑麻，鱼盐出焉。”①

土为中央，该“中央”除了指区域与方位外，还指中央国家，即汉朝核心统治区。董仲舒强调君权神授，汉朝统一天下，是五行得土，汉为土德。中原黄土高原和黄河中下游土色为黄，主要体现在服饰上以黄色为帝王专有色。《春秋繁露·五行之义》记载：“土居中央，为之天润。土者，天之股肱也，其德茂美，不可名以一时之事，故五行而四时者，土兼之也。金木水火虽各职，不因土，方不立，若酸咸辛苦之不因甘肥不能成味也。甘者，五味之本也，土者，五行之主也。五行之主土气也，犹五味之有甘肥也，不得不成。是故圣人之行，莫贵于忠，土德之谓也。人官之大者，不名所职，相其是矣；天官之大者，不名所生，土是矣。”②中央王朝居中，四夷拱卫，一切围绕“土”运作。中央多圣人，圣人得土德而治理天下，推动华夏农耕文化对外发展。

中国早在春秋战国时期就出现了华夏认同，在这一过程中，“许多地方原流行的‘弟兄祖先故事’成为乡野传说，或被根本遗忘，或者人们记忆中的这些始祖‘弟兄’随一个由南京、江西、湖广或河南来的‘父亲’迁于此地”③。这就是华夏农耕文化对周边地方的影响，由此带去了中原农耕方式，也带去了与水相关的水文化。但影响是双向的，中国地域水文化并不像“弟兄祖先故事”那般容易消失，而是以各种方式顽强地流传，甚至得到推广。

到汉代，虽然形成了绝对尊土的土德思想，国家在经济方面重农抑商，重视农耕，重视水利，但在治理方面以水治国，“一方水土养一方人”，水土不可分。以水治国，中国历代的实践体现在六个方面。第一，尊重水之本体，水来自自然，

① ［西汉］刘安. 淮南子全译［M］. 许匡一，注. 贵阳：贵州人民出版社，1993：238.

② ［西汉］董仲舒. 春秋繁露·五行之义第四十二［M］. 周桂钿，注. 北京：中华书局，2011：148.

③ 王明珂. 英雄祖先与弟兄民族：根基历史的文本与情境［M］. 北京：中华书局，2009：217-218.

无水物不生；第二，要用水，发展农业须重视水利；第三，君与民似“舟水”，“水能载舟，亦能覆舟”，民贵君轻，以“水”（民）为本；第四，上善若水，统治者须拥有一颗包容之心，包容天下；第五，对外及周边“四夷”要用水般的仁义怀柔之心；第六，陆上用马，水上用舟，南北治理同而有异。

农耕时代，需要风调雨顺，需要统一调配水资源，尤其需要重视水利事业，故有“治水安邦”之说。德裔美国学者魏特夫《东方专制主义》指出：“在合理地研究各种重要思想的时候，就像控制洪水一样，保护性的和生产性的行动应该是同时进行的。”[①]就中国广大地域而言，在长江和黄河流域确实需要有一个强有力的政府，协调水资源调配和预防洪涝灾害。故大禹或龙王便被国家作为国家崇拜的水神而予以祭祀，协调长江和黄河各支流的关系，这有利于国家的统一。古代中国以农业立国，并形成华夏集体意识以保护国家农业发展，不受周边游牧民族的破坏。李冰、马援、张夏、赛典赤等将水利带到边疆地区，使边疆地区得到发展，使之与内地联系加强。他们死后成为地方保护神，成为中华民族的水神之一。

这些水神信仰流传至全国各地，甚至得到国家的认同，最终纳入多元一体的水崇拜信仰中去。

二、水文化主体性的拓展：以龙治水

牛乃农耕之本，属土，金生水，故铁牛成为主要镇水之物。由此可见，经济基础影响思想信仰，而精神文化影响以农业为主的政治和经济社会。水利为农业命脉，故《都江堰灵异记》指出：“益州古称天府，所恃水利耳。”[②]

龙王为司水之神，在农业中地位显赫。因龙司水，故国家非常重视龙王祭祀，“正是国家祭祀使金龙四大王成为正祀之神，官方成为推动信仰传播的重要力量，信仰空间逐渐扩展，在明清数百年的时间里，金龙四大王信仰遍及数省，传播甚广”[③]。有水就有龙，溪、沟、泉、潭、河、江、湖、海、井、塘、堰、洞等，

① ［美］卡尔·A. 魏特夫. 东方专制主义：对于极权力量的对比研究［M］. 徐式谷，奚瑞森，邹如山，译. 北京：中国社会科学出版社，1989：435.

② 冯广宏. 都江堰文献集成：历史文献卷（先秦至清代）［M］. 成都：巴蜀书社，2007：769.

③ 王元林，褚福楼. 国家祭祀视野下的金龙四大王信仰［J］. 暨南学报（哲学社会科学版），2009（2）：209-214.

均可冠以龙名，例如龙泉、龙河、龙洞、龙潭、龙井、龙塘、龙溪等，全国各地皆是。如《湖北省神农架林区地名志》记载的神农架龙洞湾，“沟湾内有一个常年出水的山洞，传说是藏龙伏蛟的洞府，故名‘龙洞’”[①]。又如《湖北省远安县地名志》记载的远安县神龙潭，“传说有一个神洞，可在洞中借用碗具，又滑坡行龙，将溪河堵塞成深潭，故名神龙潭”；远安县神龙河，“传说有一个神洞，滑坡行龙，将溪河堵塞成潭，名神龙潭，溪名神龙河”[②]。民间祈雨之地很多，如《湖北省房县地名志》记载的房县起水庵，“早年人们常在龙王庙求雨得名”[③]。又如《湖北省黄冈县地名志》记载的黄冈县（今黄冈市）龙王寺，“外旁有庙，祀龙王极灵感，遇旱祷雨立应，四时多云，云生处产异草，以濯佩悦，清芬袭人，土人名曰濯云香。里人每瞻云出入，以决晴雨。谚云：崎山戴上帽，农人喜得跳”；黄冈市龙王井的祈雨仪式，“以前天旱祷雨时，举行仪式，先将井水汲干，以活鳖一只，后唇穿系虎骨，放之井内，为‘龙虎相斗’。鳖在井底即钻入泉眼，泉水就不外流。然后，向井底鸣铳三响，可能是鳖受惊钻入泉眼宽阔处，铳响过后，泉水突然流出，人们便将此水装入净瓶，抬着‘龙王’祷雨”[④]。又如《通城县地名志》记载的通城县畅周乡沉龙村，“传说古时求雨，有龙来此，洪水暴涨，龙在此沉下”[⑤]。又如《湖北省宜城县地名志》记载的宜城市雷河镇龙王冲，“传说一年干旱，人们到此冲求雨，凑巧天降喜雨，人们认为是龙王显圣，故名”[⑥]。又如《湖北省保康县地名志》记载的保康县白龙洞，“传说此洞有白龙，为百姓求雨处”[⑦]。

因地域不同，水神祈雨的对象也不同，因而祈雨的方式也不同。有的向龙王祈雨，有的向地方水神祈雨，有的向自然中的江、河、湖、洞、潭祈雨，甚至向云雾缭绕的山祈雨，还有烧山祈雨、晒龙王祈雨等。祈雨方法虽各异，目的却相同。因为雨水过后，春天农耕之时，“土膏脉动，今又雨其谷于水也。……盖谷以此时播种”[⑧]。

播种之时，若无雨，民间必然祈雨，故人们向城隍庙祈雨，向山洞祈雨，设

① 湖北省神农架林区地名领导小组办公室．湖北省神农架林区地名志［G］．1982：334．

② 湖北省远安县地名领导小组．湖北省远安县地名志［G］．1982：155，379．

③ 湖北省房县地名领导小组办公室．湖北省房县地名志［G］．1984：92-93．

④ 湖北省黄冈县地名领导小组．湖北省黄冈县地名志［G］．1982：473．

⑤ 湖北省通城县地名领导小组．通城县地名志［G］．1982：95．

⑥ 湖北省宜城县地名领导小组．湖北省宜城县地名志［G］．1982：119．

⑦ 湖北省保康县地名领导小组办公室．湖北省保康县地名志［G］．1982：261．

⑧ ［明］朗瑛．七修类稿·天地类［M］．上海：上海书店出版社，2001：29．

雨坛祈雨。如《湖北省枝江县地名志》记载的枝江市城隍庙，“相传明朝嘉靖年间，人们把松滋县城的城隍菩萨抬到此地求雨，并修庙，名‘城隍庙’”①。又如《湖北省神农架林区地名志》记载的神农架雨架山，“此山有一个终年积水的山洞，称为‘龙潭’。早年遇干旱，人们到此龙潭求雨，传说山顶架有甘霖，故名‘雨架山’”②。又如《湖北省远安县地名志》记载的远安县八仙洞，“传说有七男一女八位神人在此修仙，故名‘八仙洞’。洞底有一个石台和水坑，人称求雨台和洗手坑，每遇干旱村民到此拜神求雨”；远安县雨坛包，“相传昔日久旱不雨，人们在山包设坛求雨，故名”；远安县求雨台，“传说山上有一座庙，庙内有一个树桩，每逢干旱，人们到庙烧香求雨，摇一摇树桩辄应，故名求雨台”③。

古代祈雨乃国之大事。《五杂组》记载：“谅辅为五官掾，大旱祷雨，不获，积薪自焚，火起而雨大至。戴封在西华亦然。临武张熹为平舆令，乃卒焚死。有主簿小吏皆从焚，焚讫而澍雨至。水旱之数，圣帝明王不能却也。而以身殉之，不亦过乎？”古代旱涝乃自然现象，非人力所为，即便在科技发达的今天，人们对水旱的控制力也是局部的。古代燕、齐之地均有祈雨习俗。《五杂组》记载：“昔人谓亢旱之时，上帝有命，封禁五渎，此诚似之，每遇旱，即千方祈祷，精诚惫竭，杳无其应也。燕、齐之地，四五月间，尝苦不雨，土人谓有魃鬼在地中，必掘出，鞭而焚之，方雨。”“人家有小儿新死者，辄指为魃，率众发掘，其家人极力拒敌，常有从殴至死者。时时形之讼牍间，真可笑也！”④

数千年祈雨之俗有强大的生命力。早在三代，君王祈雨之俗已经流传。《淮南子全译·主术训》曰：“汤之时，七年旱，以身祷于桑林之际，而四海之云凑，千里之雨至。抱质效诚，感动天地，神谕方外；令行禁止，岂足为哉！”⑤文中所说，帝王怀有质朴之心，就能感动天地（帝）而降雨。

三、水神崇拜和流播

中国的江、河、湖、海几乎都有其独特的水神，如汉水女神、洛水女神、巫

① 湖北省枝江县地名领导小组. 湖北省枝江县地名志［G］. 1982：291.
② 湖北省神农架林区地名领导小组办公室. 湖北省神农架林区地名志［G］. 1982：225.
③ 湖北省远安县地名领导小组. 湖北省远安县地名志［G］. 1982：273，340，364.
④ ［明］谢肇淛. 五杂组·天部一［M］. 傅成，校. 上海：上海书店出版社，2001：14.
⑤ ［西汉］刘安. 淮南子全译·主术训［M］. 许匡一，注. 贵阳：贵州人民出版社，1993：460.

山神女、盐水女神、李冰、廪君、鳖灵、屈原、马援、关羽、张飞、伍子胥、杨泗、妈祖、无支祈、鲧、共工、夔、应龙等。这些水神有功于社会和人民，尤其在水利、防灾方面作出了巨大贡献，故人们立庙祭祀。这些水神中，杨泗的传说非常广泛，遍布大江南北。如《湖北省谷城县地名志》记载的谷城县庙滩，“在江边修建了船家供奉的杨泗爷庙，因庙建在江边的沙滩上而得名庙滩”①。又如《湖北省咸丰县地名志》记载的咸丰县杨泗坝，“中建河岸平坝建有石桥，每逢山洪暴发，就冲桥，坝被淹，传说是蛟龙经过。相传将军杨泗，在此安剑斩龙，以平水患。后来为纪念杨将军功德，在桥上刻‘杨泗将军’的名字”②。又如《四川省奉节县地名录》记载的奉节县四郎庙，“过去建有纪念杨四郎的庙”③。又如《湖南省桑植县地名录》记载的桑植县杨四庙，“人们早年为杨四将军修建庙宇”④。《祭法》指出：“‘有功于民则祀之’，礼固宜然。”⑤水神崇拜如杨泗、李冰、马援等，开始都不是全国性的，都有一个在原诞生地逐步流播发展的过程。其中，巴蜀水神崇拜衍生出对李冰和李二郎两个水神的崇拜。也有一个神取代其他水神的，如妈祖逐渐取代当地河神和海神，成为当地的主要水神，并随着人口流动深入各地，取代当地水神，体现出其强大的流播生命力。有专家认为，“妈祖是海神，确切地说是航海神或河海航行保护神。自从妈祖被塑造成航海神而具有总领四海的职能之后，我国古代旧有的河神、海神在人们的心目中都退居次要地位，甚至成为妈祖的下属”⑥。

杨泗水神崇拜，可能是许旌阳（许逊）、湖南杨泗、四川杨昱、洞庭湖杨幺、杨家将杨四郎、四川割据政权明玉珍部将杨泗、陕西杨从义等历史人物混合的结果。清政府曾加封杨四（泗）封号，如《请加封杨四将军奏》曰：“李冰父子，均拟如请敕加封号。至所称杨泗将军，治水安民，各省屡着灵应；查臣部档册，载有杨四将军，是否杨泗将军，抑或另有其人？应请饬下该督，查明年代、事迹，咨复核办。”⑦

地方督查的结果，其名为杨四，非杨泗，其人为杨从义，宋代凤翔人，又有杨四将军，河南温县人。礼部从历史视角出发，考证杨四之史实。殊不知民间水

① 湖北省谷城县地名领导小组办公室．湖北省谷城县地名志［G］．1985：258.

② 湖北省咸丰县地名办公室．湖北省咸丰县地名志［G］．1984：161.

③ 四川省奉节县地名领导小组．四川省奉节县地名录［G］．1988：432.

④ 湖南省桑植县人民政府．湖南省桑植县地名录［G］．1983：105.

⑤ 四川省巫山县志编纂委员会．巫山县志·艺文志［G］．1988：358.

⑥ 谢重光．妈祖与我国古代河神、海神的比较研究［J］．福建学刊，1990（3）：68-74.

⑦ 冯广宏．都江堰文献集成：历史文献卷（先秦至清代）［M］．成都：巴蜀书社，2007：638.

神来源于历史，又超越历史，融入了民间和地域人们的思想。

王明珂认为，“站在边缘研究的角度，我认为脱离主观认同没有所谓客观存在的民族”①。治水英雄不是客观存在的英雄，而是主观信仰的治水英雄，这些英雄成为保护地方，甚至国家的精神力量。最重要的是，这些水神有用于民，有德于民。就中国水神的形成和发展而言，我国多元一体的文化，既是国家力量推动的结果，也是各种地域文化相互作用、相互影响的结果，更是博大精深的华夏治水文化底蕴使然，亦是治水英雄个人魅力、国家力量、民间信仰和地域需要四者相互作用的结果。各地域在相互影响中彼此汲取营养，取长补短，但在特定地域又保持着相对完整的独立性。

四、国家对地方水神的册封和推广

我国古代多是中央集权国家，为了加强统治，国家对地方文化加强引导和控制。国家对地方水神进行册封与推广，在一定程度上促进了中华民族的国家认同与文化认同。

1. 国家对地方水神的册封

国家对地方水神多有册封、祭奠。雍正《海神庙碑文》记载：“俾斯民忻悚瞻诵，共喻朕钦崇天道，祇迓神庥，怀保兆民之至意。相与向道、迁善服教、畏神，则神明之日监在兹。顾答歆飨，其炳灵协顺，保护群生，奠安疆宇，与造物相为终始，有永勿替，朕实嘉赖焉！”②

关羽和屈原分别作为“义”和“忠”的典范，屡受加封并作为水神而得到推广。国家通过对关羽不断加封，彰其忠义，使关羽成为朝廷黎庶共同敬慕的楷模。对此乾隆《当阳县志》记载：“汉后主景耀三年，追谥壮缪侯。真宗祥符七年，封忠义神武王。徽宗崇宁元年，追封忠惠公。二年加封武安王。宣和五年，加封义勇武安王。高宗建炎二年，加封壮缪义勇王。淳熙十四年，加封英济王。明成化十七年，封崇宁义勇武安王。至称关圣帝君，神宗所封也。本朝康熙时，加封协天伏魔大帝。雍正五年，追封三代公爵官，其余为博士。州县皆建专祠。春秋

① 王明珂．华夏边缘：历史记忆与族群认同［M］．北京：社会科学文献出版社，2006：89．

② 闫彦，李大庆，李续德．浙江海潮·海塘艺文［M］．杭州：浙江大学出版社，2013：86．

二仲及其五月望三日，皆飨以太牢，地方官朔望行香，制如文庙。乾隆三十三年，奉加封忠义神武灵佑关圣大帝。乾隆四十六年，制宪舒以当阳章乡乃圣帝陵寝重地，与他处仅有庙祠不同，题请以宜昌总镇及其安陆府，就近轮流承祭，以昭诚敬。其章乡一切夫马采买军需，俱行豁免。”①

当然，关羽被神化，历代统治者尤其明清统治者的推崇起到了重要作用。故有学者指出：“封建统治者在历代帝王庙中专门设庙奉祀关羽，并不断加封，彰其忠义，使关羽的神位晋升为关圣大帝，使之成为朝廷黎庶共同敬慕的楷模，正是因为关羽的仁、义、礼、智、信符合了统治者所需要的封建道德规范。通过加强对关羽的崇拜，起到了教化臣民的作用。因而，关帝庙遍布中国城乡，神庙之外的家家户户都供奉关帝神像。”②关羽成为神，有其自身和民间信仰的原因，最关键的是国家的推广。国家对其敕封，从侯到王再到帝，使关羽的神位晋升为关圣大帝。“被神化的关羽早就进入到普通百姓的生活中。就是今天，人们说起关羽，仍然会想到这些地名和庙宇。这就是地名在地方历史上打下的深深烙印”③。

因屈原而得到推广的龙舟竞渡，与关羽受到尊崇如出一辙。明清中原王朝取关羽之“义”，取屈原之“忠”，故有学者指出：“在此多溪流而常使用舟船的地理环境中，将竞渡之戏强化为一种纪念屈原的南方华夏文化则更有其意义——在龙舟竞渡之夸耀与演展中，华夏文化与相关认同更容易传播。”④伍子胥和屈原同为楚国人，虽然同为水神，但伍子胥影响力没有屈原大，因为伍子胥逃离楚国，有叛国之嫌。如奉节县白帝庙，明代以前曾供奉后汉的公孙述，到明代换成刘（备）、关（羽）、张（飞）三人和诸葛亮，这是国家政权和意识形态选择的结果。

关羽成为无所不能的神，在一些地方被当作水神，如在荆江大堤、峡江关帝庙，关羽具有水神的功能。爱国诗人屈原也被认为是水神，我国台湾地区有一尊屈原水仙（神）像，有学者指出：“台湾民间将屈原作‘水仙尊王’崇拜祭祀，从游仙到水仙，显示了屈原生命意象的超越与永恒。”⑤道光《云梦县志略》记载端午节时写道：“于其脊中塑忠臣屈原、孝女曹娥及瘟神、水神各像，傍列水手十余，

① 湖北省当阳市人民政府，湖北省当阳市史志办公室，湖北省当阳市档案局（馆）. 当阳县志点校今译本（乾隆）·典礼志［M］. 香港：天马出版有限公司，2004：46-47.

② 李宏坤. 清代的关帝崇拜［J］. 历史档案，2004（2）：123-125.

③ 董玉梅. 武汉三国地名中的蜀国名［J］. 武汉文史资料，2005（10）：58-60.

④ 王明珂. 英雄祖先与弟兄民族：根基历史的文本与情境［M］. 北京：中华书局，2009：163.

⑤ 苏慧霜. 从游仙到水仙——屈原生命意象的自觉超越与永恒信仰［J］. 三峡论坛，2010（5）：31-37.

妆束整齐，金鼓箫板，旗帜导龙而游，曰‘迎船’。”[①]

大禹、李冰、李二郎、龙王、杨泗、马援等逐一受国家册封，成为国家祭祀的对象。地方官员守土守水，国家则治水安邦。事实上“国家祭祀中官方祀神求报、神人互惠的心理与民间无异”[②]。《重建蜀郡李公庙碑》曰：“奉旨封冰为敷泽兴济通佑王，封二郎为承绩广惠显英王。”[③]王元林指出：“国家以敕建庙宇、颁发匾额、赐予封号等祭祀方式祀神报功，祭祀也成为皇帝向民众施恩的工具。”[④]可见，龙神崇拜、祭祀大禹和李冰等祭祀水神的行为都是国家控制地方和维护统治的工具，随着祭祀文化的盛行，在一定程度上有助于促进中华民族的国家认同和文化认同。

2. 镇水铁牛的国家推广

牛能镇水源于南方牛崇拜，认为牛尤其犀牛具有神性。中国古代南方有大量犀牛，蓝勇指出，“唐宋时期，中国西南印度犀牛分布向北延伸可达北纬 34°；北纬 31° 的万州、渠州、梓州、益州也有印度犀牛分布，北纬 20° ～ 30° 地区则广泛分布野生印度犀。到明代，中国野生印度犀分布范围急速缩小，渝东南地区可能还有生存”[⑤]。犀牛喜水，古代南方曾以犀牛为图腾或崇拜之物。《酉阳杂俎》记载：“庄生言户内之雷霆，楚庄争随兕而祸移。”[⑥]可见，早在春秋战国时期，犀牛就被认为是能避免灾害之物，犀牛因而被认为是有灵性的神物。

民间牛镇水、司水的传说很多。如《湖北省潜江县地名志》记载的潜江市牛塆，“传说此地有一条小溪，溪里藏有一条恶龙，每逢水牛下溪，恶龙便与水牛斗，但水牛多被恶龙所伤。于是，人们把水牛的两只角上缚上尖刀，后来水牛用尖刀刺死了恶龙，故名”[⑦]。又如《湖南省花垣县地名录》记载的花垣县犀牛潭，“在

---

① 丁世良，赵放．中国地方志民俗资料汇编・中南卷［M］．北京：北京图书馆出版社，1991：341.

② 王元林，褚福楼．国家祭祀视野下的金龙四大王信仰［J］．暨南学报（哲学社会科学版），2009（2）：209-214.

③ 冯广宏．都江堰文献集成：历史文献卷（先秦至清代）［M］．成都：巴蜀书社，2007：760.

④ 王元林，褚福楼．国家祭祀视野下的金龙四大王信仰［J］．暨南学报（哲学社会科学版），2009（2）：209-214.

⑤ 蓝勇．野生印度犀牛在中国西南的灭绝［J］．四川师范学院学报（自然科学版），1992，13（2）：92-95.

⑥［唐］段成式．酉阳杂俎・诺皋记上［M］．曹中孚，校．上海：上海古籍出版社，2012：77.

⑦ 湖北省潜江县地名领导小组办公室．湖北省潜江县地名志［G］．1982：123-124.

县城南二公里。传说有犀牛在其中，出游时水浑浊，人不能见，每遇天旱，农人掷秽物于潭中，则雨”[①]。又如《嘉鱼县地名志》记载的嘉鱼县塘湾，“东南角曾建有靖江王庙（已废），并有一尊石雕犀牛，名‘犀牛望月’，传为‘镇水之宝’”[②]。又如《湖南省凤凰县地名录》记载的凤凰县板建业村，“系苗族语，‘板’意为平地，‘建’意为获救，‘业’意为水牛，传说从前干旱无雨，水牛到此地，得水获救，故名”[③]。

明清以后铁牛受国家册封，成为镇水神物。清代以皇帝下诏的名义，确认铁牛治水的功能。荆江存在的铁牛均为犀牛形象，荆江江堤上的铁牛，康熙、乾隆、道光、咸丰四代均有铸造，且均受皇帝诏令而造。乾隆五十三年十一月，皇帝就下诏在荆江铸造九头铁牛。

在国家意识形态的影响下，全国以铁牛镇水的做法逐渐取得主体地位，成为地方镇水的第一选择。可见，国家政权对镇水铁牛的推崇与民间信仰结合，使铁牛镇水成为江河险段最主要的镇水神物。

总之，我国各地水神信仰、镇水习俗有差异，也有共性。“官方与民间因共同的信仰而行为一致，国家和民间互相影响和塑造”[④]。对水资源进行整合和利用，有利于治水方式得到流播，也让水神信仰得到流播，如湖广的禹王宫、福建的天后宫、江西的许真君庙、山西的关帝庙、巴蜀的川主庙等。在国家认同的大环境下，不同的治水方法产生不同的水神文化。作为龙的传人，“治水安邦”是不变的定律。人与水的关系是以水为美则水美、以水为恶则水恶。我们要处理好人水关系，爱水、尊水、惜水、护水，使之成为每个人的“文化自觉”。

---

① 湖南省花垣县人民政府．湖南省花垣县地名录［G］．1982：232.

② 湖北省嘉鱼县地名领导小组．嘉鱼县地名志［G］．1982：22.

③ 湖南省凤凰县人民政府．湖南省凤凰县地名录［G］．1983：133.

④ 王元林，褚福楼．国家祭祀视野下的金龙四大王信仰［J］．暨南学报（哲学社会科学版），2009（2）：209-214.

后　　记

2017年，笔者成功申请2012年湖北省社科基金一般项目“中国长江流域水文化研究”。

本书同时得到“三峡大学学科建设项目”资助，编写过程中得到了诸多学者、专家的支持和帮助。

感谢三峡大学校长何伟军的肯定和鼓励；感谢三峡大学文学与传媒学院院长吴卫华的鼓励和帮助；感谢吴芳支持本书的出版工作；感谢学术委员会许文年和王作新，学科办周宜红和卢悦的关心和支持，以及胡绍华、黄悦华、邓新华、田强、彭红卫、王前程、邓莹辉、胡俊修、黄柏权、刘建新、朱华阳、周卫华、刘波、杜雪琴、徐英、刘自兵、王守文、曹大明、赵旭、杜华、刘兴亮、李超、李扬、杨华、王作栋、杨黎明、王明义、朱复胜、王英华的支持和帮助。

感谢蓝勇、马强的鼓励和指导；感谢葛剑雄带领笔者和郭永钦考察江南；感谢朱士光、侯甬坚、郭声波的指导和鼓励，以及李德藻、陶举虎、向承彦、李君鉴、许道权、黄权贵、易平、黄少兵、卢尧、叶明奉、丁丹、郑远林、江陵、向承勇、李桐、王尚翠、付绍权、张潜、雷宵飞的支持和帮助。

感谢杨伟兵、杨斌、张勇、严奇岩、梁勇、张利、罗权、王高飞、钱璐、李鹏、周妮、张亮、张铭、曾维嘉、陈俊梁、刘静、陈浩东、孙健、杨霄、吴大素、王文君、王毅、闫哲、郝家彬的指导和帮助。其中，李鹏和张亮提供资料帮助，王高飞、张亮等为实地考察提供车驾帮助。

感谢三峡博物馆彭学斌、岳精柱、龚义龙、杜芝明、夏娱提供资料。

感谢王雅雯、范晓钰、杨珑媛、彭凡洗、黄鹏、朱仝、雷鑫、谭波、张潇扬和陈文清提供资料。本书的出版工作得益于淡智慧、石金龙老师的具体指导，在此表示由衷的感谢！

本书主要由黄权生撰写，罗美洁、王雅雯参与了部分内容的撰写，在此深表感谢!

由于作者水平所限，书中难免存在不足之处，欢迎专家和学者批评指正，以便今后修订完善。

黄权生

2020 年 7 月 15 日